대학생을 위한

상담플래너

Arthur E. Jongsma, Jr. · Camille Helkowski · Chris E. Stout 공저

강순화 역

THE COLLEGE STUDENT COUNSELING TREATMENT PLANNER

학지사

역자 서문

우리나라는 세계 그 어느 나라보다도 빠른 속도로 발전하는 정보화 시대를 살아가고 있고, 이러한 환경의 우리나라 대학생들은 대학생활에서는 물론 일상생활 속에서도 정서, 행동, 학업, 대인관계 등과 관련된 다양한 갈등을 경험하고 있다. 이 때문에 대학뿐만 아니라 그들이 속한 지역사회에서도 이들을 위한 광범위한 상담서비스의 필요성이 절실하게 요청되고 있다.

대학상담센터에서 29년이라는 짧지 않은 시간을 대학생들과 함께한 역자는 그들의 다양한 고민과 좌절 속에서도 희망의 끈을 놓지 않고 최선을 다해 자신의 문제를 해결하고자 노력하는 과정에 동참해 온 상담자이자 삶의 동반자였다. 개인적 사정으로 오랫동안 몸담아 왔던 이화여자대학교 학생상담센터를 떠나면서 그동안 경험했던 대학생들의 다양한 고민을 정리하고픈 마음이 있던 차에 『대학생을 위한 상담플래너(*The College Student Counseling Treatment Planner*)』를 발견하였다.

미국에서는 최근 심리치료 업무에 설명 의무가 도입되고 있다. 따라서 상담자들은 이제 치료에서 무엇을 행하였는지, 앞으로 무엇을 할 것인지, 치료 개입으로 예상되는 결과는 무엇인지를 설명해야 한다. 점차 증가하고 있는 내담자들로 인해 한국도 조만간 비슷한 상황을 맞이하게 되리라 본다. 이 책은 설명 의무까지 요구되는 시대의 상담자들에게 질 높은 수준의 치료를 하기 위해 필요한 자원을 제공하고 서류 작성에 시간을 낭비하지 않고 보다 많은 시간을 환자 치료에 전념할 수 있도록 돕기 위한 것이다. 이에 역자는 한국의 대학생들을 위해 지도, 상담, 치료를 제공하는 상담자, 사회복지사, 심리학자 등과 같은 정신건강 전문가들에게 이 책을 하나의 지침서로 소개하는 것이 유용하다고 생각하였다.

대학생들의 모든 정신건강 문제는 과거력, 대학문화, 경험하고 있는 과도기적인 변화, 당면한 발달과업의 맥락에서 조망되어야 한다. 저자들은 이 책에서 "진단명을 붙이는 것이 항상 가장 유용하거나 가장 적절한 접근 방법은 아니며, 최선의 경우에도 좋은 진단은 위험을 무릅써야 하고 최악의 경우에는 내담자에게 해가 될 수 있어 진단은 매우 신중하게 내려져야 한다. 하지만 분명한 증상에 대해서는 신속하게 치료적 개입을 하는 것이 절대적으로 필요하다."라고 말한다. 이 말이 마음에 크게 와 닿아 번역을 결심하였다.

이 책은 대학생 집단의 특징에 대한 기본적인 이해에 초점을 맞추어 저술되었다. 대학생 집단은 다양한 환경에서 자란 젊은 성인들(18~30세)로 이루어져 있는데, 저자들이 이들이 호소해 오는 문제들은 다양할 뿐 아니라, 발달단계에 따른 문제나 과도기를 지나면서 수반되는 문제, 그리고 정신건강 관련 문제와도 혼합되어 나타나는 경향이 있음을 간파하고 있어 신뢰할 수 있다.

이에 치료 개입은 대학생들이 대학생활, 사회적 관계, 그리고 지역사회에서 적절하게 잘 기능할 수 있도록 돕는 것을 목표로 하고 있다. 여기에는 지적 · 신체적 · 개인적 자신감을 개발할 수 있는 능력, 긍정적/부정적 감정을 관리하는 능력, 정서적인 상호의존과 다른 사람들과의 분리와 관계 맺음을 이해하고 수용할 수 있는 능력, 핵심적인 특성(몸, 성, 사회적 · 문화적 자아개념)에 대한 일관성 있는 정체성을 확립할 수 있는 능력, 자신과 세상에 대한 신념을 반영하는 목적의식과 생활방식을 포용할 수 있는 능력 등이 포함된다.

이 책은 기본적으로 내담자인 대학생들의 문제를 정의하고, 치료 목표를 설정하며, 학생들이 상담을 통해 달성할 수 있는 목적의 윤곽을 잡고, 학생들이 목적을 성취할 수 있도록 도와주는 치료 개입을 간단히 기술한 메뉴를 제공하고 있다. 저자들도 언급했듯이 이 『대학생을 위한 상담플래너』가 효과적이고 효율적으로 치료적 개입을 할 수 있도록 관심이 있는 여러분에게 도움이 되기를 바란다.

이 역서를 국내 독자들에게 소개할 수 있도록 도와주신 김진환 사장님과 졸역의 편집과 난해한 교정 작업에도 불구하고 최선을 다해 애써 주신 편집부 이하나 선생님을 비롯한 직원 여러분께 깊은 감사의 마음을 전한다. 그리고 늘 바쁘다는 핑계로 제 역할을 다하지 못하는 역자에게 이 책이 나오기까지 한결같은 마음으로 묵묵히 외조를 해 준 남편과 소중한 동생들의 지지와 격려에 고마운 마음을 전하고 싶다.

역자 강순화

저자 서문

최근 미국 심리치료 업무에는 30년이나 20년, 아니 15년 전까지만 해도 존재하지 않았던 영역이 포함되었다. 바로 설명 의무다. 치료 프로그램이나 공공기관, 진료소, 심지어는 집단이나 단독으로 하는 심리치료사들까지도 이제는 환자에 대한 치료가 적절한지를 여러 치료비 지불 결정기관에 설명 또는 증명해야 한다. 이러한 변화는 많은 서류 작업을 폭발적으로 요구하게 되었다. 임상가들은 이제 치료에서 무엇을 행하였는지, 앞으로 무엇을 할 것인지, 치료 개입으로 예상되는 결과는 무엇인지를 설명해야 한다. 이 책은 이제 필수사항이 된 서류 작업을 심리치료사들이 보다 효율적이고 전문적으로 해낼 수 있도록 도와준다.

『대학생을 위한 상담플래너』는 대학생들에게 지도, 상담, 치료를 제공하는 상담자, 사회복지사, 심리학자 등 정신건강 전문가들을 위한 것이다. 대학생들이 학교생활을 하면서 겪는 정서, 행동, 학업, 대인 관련 갈등과 같은 광범위한 문제들을 다루고 있다.

대학생 집단은 다양한 환경 출신의 젊은 성인들이다. 이들이 호소하는 문제는 다양할 뿐 아니라 발달단계에 따른 문제들 또는 과도기 통과에 수반되는 문제들, 정신건강 관련 문제들이 혼합되어 나타나게 된다. 이러한 특징을 감안해서 치료 개입은 학생들의 교육적 · 사회적 · 정서적 경험의 질을 개선할 수 있는 여러 가지 의미 있는 전략을 제공할 수 있어야 한다. 치료 개입은 학생들이 학교와 사회적 장에서, 그리고 지역사회에서 기능하는 능력의 향상을 목표로 한다. 즉, 지적 · 신체적 · 개인적 자신감을 개발할 수 있는 능력, 긍정적이거나 부정적인 감정 관리 능력, 정서적인 상호의존과 다른 사람들과의 분리와 관계 맺음을 이해하고 수용할 수 있는 능력, 핵심적인 특성(신체, 성, 사회적 · 문화적 자아개념)에 대해 일관성 있는 정체성을 세울 수 있는 능력, 자신과 세상에 대한 신념을 반영하는 목적의식과 생활방식을 포용할 수 있는 능력

(Chikering & Reisser, 1993) 등이 그것이다.

이 책이 다양한 환경에서 자란 각각의 문제를 가진 대학생들이 스스로 그 문제를 해결하는 데 도움을 주는 도구가 되기를 바란다.

미시간 주 그랜드 래피즈에서

Arthur E. Jongsma, Jr.

차 례

서 론

1960년대 초 이후 표준화된 치료 계획을 세우는 것은 신체건강이든, 정신건강이든, 아동복지 또는 약물 남용 등과 관련된 치료이든 점차 건강관리 전달 시스템의 중요한 부분이 되어 왔다. 진료소, 정신병원, 공공기관 등이 보험회사들로부터 환급받을 수 있는 자격을 부여받기 위해 '보건관리 기관들의 승인을 위한 공동위원회'(Joint Commission on Accreditation of Health Organization: JCAHO)와 같은 기구로부터 인증받는 일 등이 1960년대에 의료 분야에서 시작되어 1970년대에는 정신건강 분야로 확대되었다.

1980년대에는 의료비용 감축을 위한 관리의료(managed care)의 도래와 함께 치료 계획을 세우는 일이 더욱 중요해졌다. 관리의료 체계에서는 임상가들에게 문제를 진단하는 것보다는 신속하게 치료 계획을 수립하고 실행할 것을 강하게 요구한다. 보험회사와 같은 대부분의 관리의료 기관들의 목표는 내담자와 치료자들이 가능한 한 빨리 행동적인 문제를 파악하여 변화하는 데 집중하도록 하여 치료 과정이 빠르게 진척되도록 하는 것이다. 치료 계획은 고통을 호소하는 문제, 행동으로 정의된 증상, 치료 목표와 목적 그리고 치료 개입에 대하여 구체적이어야 한다. 치료 계획은 내담자의 필요와 목표에 따라 개별화되어야 하고, 치료 목적은 눈으로 관찰할 수 있어야 한다. 즉, 치료 경과를 측정할 수 있도록 도달해야 할 이정표가 될 상태나 행동을 기술할 수 있어야 한다. 따라서 보험회사와 같은 제3의 지불기관, 인증기관, 그 외 다른 외부 관계자들로부터의 압력은 임상가들에게 단시간 내에 효과적이면서도 높은 수준의 치료 계획을 세울 것을 더욱더 요구하게 되었다. 하지만 많은 정신건강 관련 종사자들은 치료 계획 개발에 관한 경험이 거의 없는 편이다. 이 책을 쓰는 우리의 목표는 치료 계획 과정을 보다 명료하고 간결하게, 또 빠르게 하는 것이다.

역사적 배경

2000/2001년도 국제 상담서비스 연맹(International Association of Counseling Services) 설문조사에 따르면, 조사에 참여한 274개의 대학과 대학교 상담센터 중 90%가 적어도 1명의 학생을 정신건강 문제로 병원에 입원시켰고, 30%의 학교에서는 적어도 1명의 학생이 자살했다고 보고하였다. 2001년 매사추세츠 공과대학의 설문조사에 따르면, 학생의 74%가 일상생활을 힘들게 하는 정서 문제를 겪고 있다고 응답했다. 이런 결과는 비록 입원이나 자살처럼 극적이진 않지만 광범위한 상담서비스의 필요성이 얼마나 절실한지를 확인해 준다. 학생들이 부딪치게 되는 일이 무엇이든 임상가들이 능숙하고 신속하게 대응해 도와줄 것을 학생들과 그들의 가족들은 물론 대학 공동체 전체가 바랄 것이 분명하다.

대학생을 다루는 정신건강 전문가들은 대학생 집단에게서만 볼 수 있는 회색지대를 마주하게 된다. 초기 성인기의 가장 중요한 발달과업은 정체성의 문제다. "나는 누구인가?" 하는 질문에 대한 답은 평생 과제이기도 하지만 초기 성인기에 들어선 이들에게는 시급하고 핵심적인 문제가 된다. 대학생활은 정체성이라는 바다를 시험할 수 있는 수없이 많은 기회를 제공한다. 많은 문헌이 초기 성인기가 구체적인 발달과업을 완수해 가는 고유한 발달단계라고 말한다(Chickering & Reisser, 1969, 1993; Erikson, 1963, 1968, 1980; Marcia, 1966, 1980; Parks, 2000). 대부분의 대학생들은 이 단계에 속한다. 따라서 임상가들은 회색지대—학생들이 발달적인 시행착오와 실험을 거치는—에서 작업해야 하는 것에 대해 불편해하지 않고 능숙하게 다룰 수 있어야 한다. 발달과업 수행 과정에서의 갈등이나 어려움이 정신건강상의 문제로 전환되는 시점이 항상 분명한 것은 아니다. 이러한 시점은 내담자의 과거력과 대학 문화의 맥락에서 판단되어야만 한다. 발달 요인과 개인적인 과거력, 대학의 여러 관습에 유의하면 임상가들이 내담자의 행동을 다른 각도에서 조명하게 되고 병리적인 행동으로 잘못 판단하는 것을 방지할 수 있다.

초기 성인기에 고유한 발달과업을 성취하는 것은 곧 대학생활의 각 과도기를 통과하는 것과 맞물린다. 대부분의 중요한 과도기는 매우 짧은 기간에 일어난다. 때로는 젊은이들이 반드시 겪어 내야만 하는 과도기적 변화가 예측하거나 분명하게 이해하기에는 너무나 빠르게 닥치기도 한다. 대부분의 대학생들은 아직은 가족과 같이 살고 있는 아이와 같은 상태에서 대학 오리엔테이션에 참가하지만 며칠 이내에 대학생들만이 누릴 수 있는 독립심을 경험하게 된다. 대학생들이 흔히 가질 수 있는 자유에는 다음과 같은 것들이 있다. 완전히 자유롭게 사용할 수 있는 많은 시간, 거의 간섭받지 않는 수면, 식사, 사회생활, 공부습관, 부분적 또는 전적인 재정 보조를 받으면서 최초로 신용카드를 가질 수 있게 되는 것 등이다.

대학생활 초기에는 행동제한도 거의 없고 발달 과정에 대한 어떤 기준이 될 수 있는 것은 더더욱 없다. 성적도 학기말에 피드백이 거의 없이 주어지기도 한다. 가끔 기숙사 직원으로부터 규율과 관련한 경고성 쪽지를 받거나 기숙사 룸메이트 혹은 동급생으로부터 유사한 요구를 받기도 한다. 신입생들은 이 같은 자유를 누리지만 반면에 잃는 것도 있다. 집에 있는 가족들과 친구들이 그리워지고 여태까지 누렸던 지지 기반을 갑자기 잃어버리기도 한다. 대학에 와서 새로 만들게 될 기반은 아직 만들지 못했는데 말이다. 초기 과도기에 겪게 될 이런 엄청난 변화를 생각하면 대다수의 대학생들이 별 문제 없이 잘 견뎌 내는 것이 놀라울 지경이다.

초기의 이런 과도기적 변화는 분명하게 나타나지만 그렇지 않은 것도 있다. 전공을 선택하고 진로를 탐색하는 일은 대학생들의 연령과 상관없이 어렵고 스트레스를 받는 일이다. 또한 학생들은 관계, 정서적 · 신체적 친밀감, 성(性)적 기호, 알코올이나 약물 사용, 적절한 감정 조절, 그 외 다수의 다른 문제들에 대해 힘든 선택을 해야 한다. 과거에도 이런 선택을 한 경험은 있지만 일반적으로 혼자 결정하지는 않았다. 설명해 줄 수 있는 누군가가 그 순간에 있었다. 대학교에서는 다르다. 자신의 삶을 전적으로 책임져야 하고 선택은 물론 그 결과에 대해서도 — 단기적이든 장기적이든 — 온전히 책임져야 한다. 다시 말하지만 과도기의 문제들은 발달과업들과 일치한다.

졸업하면 학생에서 직업인으로 신분이 바뀌게 된다. 재정적 독립은 더 이상 선택사항이 아니다. 그리고 들어가기만 하면 되는 이미 형성된 공동체가 항상 있는 것도 아니고, 경력이나 개인적 성과에 대해 등급이 매겨지지도 않는다. 현실 세계를 헤쳐 나가기가 쉽다는 얘기를 들은 학생들은 없지만 졸업 후 신분이 바뀌는 과도기 상황에 대한 준비를 완전하게 한 학생들은 더욱이나 없다. 대학생들에게는 급속한 과도기적 변화와 발달상의 변화에 대처할 수 있도록 정보와 지원이 필요하다.

『대학생을 위한 상담플래너』는 학생들의 문제를 정의하고, 치료 목표를 설정하고, 학생들이 상담을 통해 달성할 수 있는 목적의 윤곽을 잡고, 학생들이 목적을 성취하도록 도와주는 치료 개입을 간단히 기술한 메뉴를 제공하려고 한다(어떤 특정 목적에 가장 적합한 치료 개입을 제시하기 위해 각 목적마다 괄호 안에 치료 개입 번호를 기재하였다). 마지막으로 각 장의 끝에는 드러난 문제와 관련된 DSM-IV-TR 진단 제안을 적어 놓았다. 임상가들은 우울증, 강박증, 중독 또는 기타 정신건강 문제를 가지고 있는 학생들에 대해서는 즉각적으로 개입해야 한다. 때때로 대학생활은 학생들이 전에 치료받지 않은 문제들을 표면으로 드러내는 데 필요한 거리와 안전감을 제공한다. 학대나 방치를 경험한 학생들이 바로 이런 경우다.

측정 가능한 치료 계획

임상가들의 치료 수행에 대한 기대가 커짐에 따라 그들의 치료적 기호나 장소에 상관없이 행동으로 관찰할 수 있거나 측정 가능한 치료 계획이 점차 강조되고 있다. 상담자들은 내담자의 행동에서 측정하거나 수량화할 수 있는 면을 찾아 치료 계획에 정교하게 포함시킬 기회를 찾으려고 할 것이다. 이것은 증상 단계(예, 증상의 행동 정의)나 치료 결과 단계(예, 단기 목적)에 측정치를 도입해 달성할 수 있다. 행동 정의에 사용되는 용어들, 즉 반복되는, 빈번한, 경향, 양식, 일관된, 과도한, 높은 수준의, 지속적인, 드러냄, 강조된, 반복적인 등과 심지어 다음과 같은 단어들, 즉 구두로 표현하다, 표시하다, 보여 주다, 거절하다, 할 수 없는, 피하다, 모색하다, 어려움, 증가하는, 하락하는 등은 수량화를 위해 필요한 빈도나 상황을 나타낼 수 있다. 예를 들면, 증상 정의인 "자살하고 싶다는 생각을 했다고 말한다."는 "지난 2주 동안에 하루에 한두 번은 자살하고 싶다는 생각을 했다고 말한다."로 바꾸면 보다 측정 가능하게 수량화되는 것이다.

또한 상담자들은 증상에 대한 정의를 좀 더 측정 가능하도록 하기 위해 심각성의 정도를 첨가할 수 있다. 예를 들면, "지난 2주 동안에 슬픈 생각을 하루 4~5차례 했다고 표현한다. 그리고 1에서 10까지 측정하는 척도(10이 제일 심각함)로는 8 또는 그 이상이라고 평가되었다."라고 한다. 또 다른 방법으로는 수량화된 심리측정 자료를 기준치로 사용해 일람표를 만들 수 있다. 그 예로, Brief Psychiatric Rating System(BPRS), Beck Depression Inventory(BDI), Hamilton-Depression Inventory(Ham-D), Brief Symptom Index(BSI), Symptom Checklist-90-Revised(SCL-90-R), Global Assessment of Functioning(GAF) 등과 같은 증상 선별 도구들로 측정한 점수를 기준치로 사용하는 것이다. 이러한 도구들은 주관적인 판단을 다소나마 줄이는 데 도움이 된다.

이 책에 실려 있는 단기 목적 언어 또한 보다 측정 가능한 계량화된 접근을 위해 수정될 수 있다. "에너지와 흥미가 증진됐음을 나타내는 신체적 · 오락적 활동에 참여한다."는 표현은 "에너지와 흥미가 증진됐음을 나타내는 신체적 · 오락적 활동에 적어도 일주일에 5번 참여한다(2005년 1월 20일까지).”로 바꾼다. 또 “우울한 기분과 억압된 슬픔과 분노와의 관계를 이해한다고 구두로 표현한다.”는 “우울한 기분과 억압된 슬픔과 분노와의 관계를 이해한다고 구두로 표현한다(2005년 1월 18일까지).”로 바꾼다.

이 서론 마지막에는 치료 계획에 쓰이는 언어를 보다 측정 가능하게 수량화할 수 있도록 어떻게 수정할 수 있는지 보여 주기 위해 2개의 치료 계획 예가 포함되어 있다. 첫 번째 계획은 표준화된 언어를 사용하고, 두 번째 계획은 보다 구체적이고 관찰 가능하며 계량화할 수 있는 용어로 바꾸었다.

마지막으로 부록 A에는 보다 구체적이고, 측정 가능하고, 계량화된 언어로 전환된 한 장(章)을 수록했다. 부록 A의 학업부진 장은 행동 정의와 단기 목적이 그 어디보다도 측정 가능한 언어로 표현되어 있다. 이 장은 다른 장들의 구석구석까지 수량화된 언어로 수정하고자 하는 사람들에게 좋은 안내가 될 것이다.

치료 계획 개발하기

치료 계획의 개발 과정은 마치 집을 짓듯이 일련의 논리적인 단계들이 서로 쌓이면서 이루어진다. 효과적인 치료 계획의 기초는 철저한 생체적 · 심리적 · 사회적 평가를 통해 모인 자료들이다. 내담자가 치료를 받으러 왔을 때 상담자는 내담자가 겪는 갈등이 무엇인지, 즉 가족 문제, 현재 스트레스 요인, 정서 상태, 사회적 연결망, 신체 건강, 대처 기술, 대인관계 갈등, 자존감 등의 관점에서 민감하게 경청하면서 이해해야만 한다. 평가 자료는 사회적 과거력, 신체검사, 임상면담, 심리검사 또는 내담자에게 중요한 사람들과의 접촉 등을 통해 수집되기도 한다. 임상가나 여러 전문가 집단으로 이루어진 공동 치료 팀이 수집한 자료의 통합은 내담자를 이해하는 데, 그리고 내담자가 가지고 있는 갈등의 근본 원인을 알아차리는 데 절대적이다. 평가 자료를 기초로 효과적인 치료 계획을 개발하기 위한 6개의 단계가 있다.

1단계: 문제 선택

평가 단계에서 내담자는 다양한 문제를 제기하고 논의하지만 임상가는 치료 시 중점을 두어야 할 가장 중요한 문제가 무엇인지 결정해야만 한다. 이차적인 문제가 명확히 보이는 경우일지라도 보통 근원적인 문제는 겨우 표면적으로 드러날 뿐이다. 또한 즉각적인 치료가 필요하지 않은 다른 문제들은 차후로 미루어야만 한다. 효과적인 치료 계획은 오직 소수의 선택된 문제들만 다루어야 한다. 그렇지 않을 경우 치료는 방향성을 잃는다. 이 책은 가장 정확하게 내담자의 갈등을 대표할 수 있는 문제 28개를 선정하여 상담자의 문제 선택을 돕는다.

선택될 문제들은 임상가나 치료 팀에게 분명해야 하지만 도움받기를 원하는 문제의 우선순위에 대한 내담자의 의견을 포함하는 것도 중요하다. 내담자가 치료 과정에 참여하고 협조하려는 동기는 내담자 자신이 절실히 필요로 하는 것이 얼마나 치료 과정에 반영되는가에 달려 있다.

2단계: 문제 정의

각각의 내담자는 문제가 자신의 삶 속에서 어떻게 행동으로 드러나는지 독특한 뉘앙스를 가지고 표현한다. 따라서 특정 내담자의 치료 초점을 위해 선정된 문제가 그 내담자에게 어떻게 나타났는지 구체적으로 정의할 필요가 있다. 증상 양상은 DSM-IV-TR(Diagnostic and Statistical Manual, Text Revision) 또는 국제 질병 분류(International Classification of Diseases)에 제시된 진단기준이나 질병코드와 연관되어야만 한다. DSM-IV-TR을 따른 이 책은 행동적으로 구체적인 정의들을 제시해 선택할 수 있게 하거나, 아니면 상담자 자신이 정교하게 만들어 내는 표현을 위한 모델을 제시한다. 독자들은 여기에서 다룬 28개의 문제들 중 하나를 특징짓는 여러 가지 행동 증상과 증후를 발견할 것이다.

3단계: 목표 개발

치료 계획 개발의 다음 단계는 선택된 문제의 해결을 위해 광범위한 목표를 세우는 것이다. 이러한 목표가 측정할 수 있는 용어로 만들어질 필요는 없지만 치료 과정에 바람직하고 긍정적인 결과를 나타내는 포괄적이고 장기적인 것이어야 한다. 이 책은 각 문제마다 몇 개의 가능한 목표 진술을 제안하지만 치료 계획에는 단 하나의 진술만이 필요하다.

4단계: 목적 구성

장기적인 목표와는 대조적으로 목적은 행동적으로 측정할 수 있는 언어로 표현되어야만 한다. 내담자가 확립된 목적을 달성했다면 분명히 보여야 한다. 따라서 모호하고 주관적인 목적은 받아들여지지 않는다. 평가기관들(예, JCAHO), 국민 건강유지 기관들, 관리의료 기관들은 심리치료 결과가 측정이 가능해야 한다고 주장한다. 이

책에 제시된 목적들은 이러한 설명 의무에 대한 요구에 부합하기 위해 고안되었다. 동일한 문제에 대해 다양한 치료 계획이 가능하도록 여러 가지 대체방법이 제시되었다. 임상가들은 특정한 내담자에게 어떤 목적을 세우는 것이 가장 적합한지 전문적인 판단을 내려야 한다.

각각의 목적은 광범위한 치료 목표를 달성하기 위한 하나의 단계로 개발되어야 한다. 본질적으로 목적들은 이것이 다 이루어졌을 때 장기 목표가 달성되는 일련의 단계라고 할 수 있다. 각각의 문제를 위해서는 적어도 2개의 목적이 있어야 하지만 임상가들은 목표 달성을 위해 필요한 많은 목적들을 만들 수 있다. 목적 달성 날짜를 계획하여 각각의 목적에 기록하고 치료 진행에 따라 새로운 목적들을 치료 계획에 추가해야 한다. 필요한 목적이 모두 달성됐다면 내담자가 해결하고자 했던 문제가 성공적으로 해결되어야만 한다.

5단계: 치료적 개입 창조

치료적 개입은 내담자가 목적을 달성할 수 있도록 돕기 위해 고안된 임상가의 행동이다. 각 목적에는 적어도 한 개 이상의 치료적 개입이 있어야 하며 내담자가 처음 치료적 개입으로 목적을 달성하지 못한다면 새로운 치료적 개입이 계획에 추가되어야 한다.

치료적 개입은 내담자의 필요와 치료 제공자가 행할 수 있는 모든 치료 목록에 근거해 선택되어야 한다. 이 책은 인지적, 역동적, 행동적, 약리적, 가족지향적, 해결중심 단기 치료 등 광범위한 치료 접근 방식에서 유래한 치료 개입을 포함하고 있다. 이외에도 치료자의 교육 배경과 경험을 반영하는 다른 치료적 개입 방법도 사용될 수 있다. 새로운 문제들이나 정의들, 목표와 목적들 그리고 치료적 개입들이 이 책에 제시된 것에 더해지기를 바란다. 이러한 추가 작업은 미래에 참고 자료나 활용을 위한 데이터베이스로 사용될 수 있기 때문이다.

이 책에 제시된 치료적 개입들은 관련 참고 도서들을 언급하는 데 보조적으로 독서치료(bibliotherapy)를 받는 내담자들에게 과제로 내주면 좋을 것이다. 참고문헌 및 추천도서에 참고 도서 목록을 망라하였다. 이 도서들은 내담자들의 문제 유형에 따라 정리되어 있어 내담자들이 적절한 과제 도서를 선택하기가 어렵지 않다. 도서를 치료적 개입 계획의 일환으로 사용할 경우, 내담자의 특정 상황에 책 내용을 충분히 적용하도록 돕기 위해서는 내담자가 책을 다 읽고 난 뒤 내담자와 함께 검토해야만 한다. 정신건강 관련 종사자들은 자습서에 대한 더 많은 정보를 얻기 위해 *The Authoritative Guide to Self-Help Books*(Santrock, Minnett & Campbell, 2003)를 참고하기 바란다.

만일 내담자가 입원해 있거나 시설에 거주하거나 또는 외래환자에게 집중적인 치료를 제공하는 환경에 있으면서 개인이 아닌 팀의 치료를 받는 경우라면 특정 치료 제공자에게 특정 치료적 개입을 맡기는 것이 가장 적절하다. 이런 환경에서는 일차적인 임상 치료사보다는 특정 치료를 제공하는 사람들이 특정 치료적 개입을 실행하는 데 책임이 있다. 심사평가원들은 모든 치료적 개입에 그 책임자인 치료 제공자들의 이름을 명기할 것을 규정했다.

6단계: 진단 결정

적절한 진단은 내담자에 대한 종합적인 임상소견 평가에 근거해 만들어진다. 임상가들은 내담자가 보이는 행동적 · 인지적 · 정서적 · 대인관계적 증상들이 DSM-IV-TR에 기술된 정신질환의 진단기준에 부합하는지를 비교해야 한다. 두 평가자가 같은 환자에 대해 내린 진단의 일치도가 낮다는 연구 결과에서 보듯이 진단은 어려운 일이다. 또한 대다수의 정신건강 전문가들은 문제에 질병 이름을 붙이기보다는 적응장애 행동으로 생각하도록 교육받는다. 이러한 사실들을 감안하더라도 진단은 정신건강관리 영역에서 현실로 존재하고 보험회사와 같은 제3자에 의한 치료비 환급을 위해서도 절대적으로 필요하다. 하지만 최근 관리의료 기관들은 실제 진단명보다는 내담자가 나타내는 행동지표에 더 많은 관심을 보이고 있다. 임상가들은 가장 정확하고 근거가 분명한 진단을 내리기 위해서 DSM-IV-TR에 대한 완벽한 지식과 함께 내담자에 대한 평가자료를 완전히 이해할 수 있는 능력을 갖추어야 한다. 또한 행동지표에 대한 정확한 평가는 보다 효과적인 치료 계획 수립에 도움을 줄 것이다.

이 책의 사용 방법

효과적인 치료 계획을 문서화하는 기술을 배우는 일은 많은 임상가들에게 지루하고 어려운 과정이라는 것을 경험적으로 잘 알고 있다. 증가하는 내담자들에 대한 부담과 오늘날의 관리의료 체계하에서의 제한된 짧은 진료 시간이라는 압박감 속에서 이러한 전문성을 개발해야 한다는 사실은 임상가들에게 더욱더 큰 스트레스가 되고 있다. 평가에서 치료 계획으로, 또 경과 기록으로 재빨리 옮겨가야만 하는 시점에서 증빙서류 제출을 위한 문서화나 기록에 대한 요구는 짓눌리는 부담이 될 수 있다. 임상가는 상담 과정 중에 내담자가 목적을 어떻게, 언제 달성할 수 있는지, 그리고 경과가 어떻게 진행되고 있는지 등에 관해 아주 구체적으로 알고 있어야 한다. 『대학생을 위한 상담플래너』는 임상 치료사들이 다음과 같은 진행 순서에 따라 분명하고 구체적이며 고도로 개별화된 치료 계획을 신속하게 작성할 수 있도록 도움을 줄 수 있는 도구로 개발되었다.

1. 평가 과정에서 확인된 문제 중에서 하나의 문제를 선택한다(1단계). 이 책의 차례에서 제시된 문제가 있는 페이지를 찾는다.
2. 제시된 행동 정의에서 2~3개를 선택해(2단계) 자신의 치료 계획서의 적절한 항목에 기록한다. 만일 내담자의 행동양상이 제시된 목록에 없다고 판단되면 자기 나름으로 정의 내린 문제행동을 자유롭게 추가한다(이 책의 치료 계획서는 수직적 양식이지만 수평적 양식을 쓸 경우에도 똑같이 적용될 수 있다).
3. 1개의 장기 목표를 선택한 후(3단계) 선택한 내용을 이 책에 적혀 있는 대로, 또는 자신의 서식 중 그와 일치하는 부분에 적절하게 수정해 다시 한 번 기록한다.
4. 문제행동과 관련돼 제시된 목적들을 검토하면서 자신의 내담자에게 임상적으로 적용할 수 있다고 판단되는 것을 선택한다(4단계). 하지만 각 문제에 적어도 2개의 목적을 선택하도록 한다. 각 목적을 달성하기 위해 할당한 치료 회기와 종료일을 추가 기록한다.
5. 적절한 치료적 개입을 선택한다(5단계). 이 책은 각각의 목적과 관련해 제안된 치료적 개입을 목적 서술 뒤 괄호 안에 제시해 놓았다. 하지만 제시된 치료적 개입에 스스로를 너무 제한시키지 않도록 한다. 제안된 치료적 개입 목록은 모두 취사 선택할 수 있는 것이며 자신의 이론적 접근이나 자신이 선호하는 방식에 좀 더 맞출 수 있는 여러 가지 선택 가능성을 제공한다. 또한 문제의 정의, 목표와 목적 수립의 경우와 마찬가지로 당신 자신만의 치료적 개입을 기입할 수 있도록 여백을 만들어 놓았다. 미래에 같은 문제에 대한 계획을 설계할 때 이러한 기재사항들이 참고가 될 것이다. 만일 여러 전문가로 이루어진 팀이 치료를 한다면 각각의 치료적 개입 수행에 대한 책임은 담당한 특정인이 지도록 해야 할 것이다.
6. 각 장의 마지막에는 내담자 문제와 일반적으로 연관된다고 보이는 몇 개의 DSM-IV-TR 진단명이 열거되어 있다. 이 진단들은 임상적인 고려사항을 위한 제안이다. 열거된 목록 중 하나의 진단명을 선택하거나 DSM-IV-TR에서 적절한 진단을

선택하도록 한다(6단계).

제시된 문제보다는 진단명에 따라 치료 계획을 세우려는 경향이 있는 치료사들의 편의를 위해 부록 B에 이 책에 제시된 다양한 문제들을 위해 고려해 볼 수 있는 모든 DSM-IV-TR 진단 목록을 수록하였다. 각 진단명 아래에는 바로 그 진단과 관련된 문제들이 적혀 있다. 임상 치료사는 선택한 진단명에 따른 문제들을 찾아보고 그러한 진단명이 내려진 내담자에게 문제의 정의, 목표, 목적, 치료적 개입이 적절하게 결정됐는지 다시 한 번 검토하는 것이 좋다.

자! 이제 여러분은 내담자에게 즉각적으로 시행할 수 있고 제시할 수 있는 완전하고 개별화된 치료 계획을 갖추었다. 그것은 22쪽에 제시된 '표준 치료 계획 예'의 형식과 비슷해야 한다. 보다 측정 가능한 용어를 포함하여 수정한 '계량화된 치료 계획 예'는 25쪽에 있다.

맺는말

대학생들의 모든 정신건강 문제들은 과거력, 대학문화, 경험하고 있는 과도기적인 변화, 당면한 발달과업의 맥락에서 조망되어야 한다. 진단명을 붙이는 일이란 항상 가장 유용하거나 가장 적절한 접근 방법은 아니다. 최선의 경우에도 좋은 진단은 위험을 무릅써야 하고 최악의 경우에는 내담자에게 해가 될 수 있다. 진단은 아주 신중하게 하지만 분명한 증상에 대해서는 치료적 개입을 신속하게 하는 것이 좋다. 우리는 이 책 『대학생을 위한 상담플래너』가 여러분이 효과적이고 효율적으로 치료적 개입을 할 수 있도록 하는 데 도움이 되기를 바란다.

표준 치료 계획 예

학업부진

- 정의 불안감을 유발하고 적절한 학업 수행을 저해하는 과제나 시험에 대해 늘 생각한다. 공부에 필요한 시간을 할당하고 노력을 회피하게 만드는 실패에 대한 두려움을 표현한다.
- 목표 학업성취 불안을 줄이기 위해 스트레스 관리 기술을 배우고 실천한다.
  학업적인 성공에 필요한 시간관리와 목표설정 기술을 적용한다.

목적	개입
1 학업능력과 수행에 대한 사실, 신념 그리고 느낌을 명료하게 하고 회기 중에 논의한다.	1. 학생 자신의 학업능력과 수행에 대한 신념을 탐색한다. 학업성취도에 대한 과거력을 재검토한다(예, 평균성적, 등급, 학기당 등록한 과목 수). 2. 학업능력과 수행에 대한 학생 자신의 신념 때문에 만들어진 느낌(예, 불안감, 의심, 갈등, 죄책감, 즐거움, 자부심, 부끄러움)을 인식하고 명료화하도록 학생을 도와준다.
2 학업행동에 미치는 학생 개인의 신념체계의 영향을 탐색한다.	1. 학생이 자신의 학업성취에 대한 생각을 평가할 수 있도록 다음과 같은 두 범주의 질문을 한다. '이것이 합리적인 기대치인가?' '이것이 달성할 수 있는 기대치인가?' 2. 비합리적이고 달성할 수 없는 학업에 대한 신념이나 기대가 최근 겪고 있는 정서적 갈등과 연관성이 있음을 학생이 인식할 수 있도록 돕는다.
3 학업행동을 건설적으로 이끌기 위해 학업에 대한 기대를 합리적인 것으로 재구성한다.	1. 학생 자신의 신념에 관한 각 진술이 보다 합리적이고 성취 가능한 진술이 되도록 고치는 과제를 학생에게 준다

(예, '나는 학기마다 평균성적을 2.8에서 3.5를 유지하도록 하겠다.' 또는 '나는 대학에서 제공하는 학습보조 자원을 활용해서 수학 실력을 증진시킬 수 있다.').

2. 각각의 수정된 신념이 만들어 낸 긍정적인 정서 반응과 학업행동을 인식하고 이를 기록하도록 학생에게 요청한다.

4 학업 수행에서 심한 불안감을 초래하는 심신쇠약 효과를 확인한다.

1. 학생에게 학업 수행에 대한 불안이 초래한 심신쇠약 효과를 가르친다(예, 주의력 산만함의 증가, 사물에 대한 기억력 감퇴, 부정적인 결과만을 예상, 불안의 생리적 반응에 압도됨[맥박 증가, 발한, 얕은 숨, 어지러움증], 근육 긴장과 수면장애로 인한 현기증).

5 수행 불안으로 예측되는 원인들을 확인하고 논의한다.

1. 학생이 자신의 심신쇠약을 유발하는 수행 불안의 원인을 인식하도록 돕는다(예, 학업 수행에 대한 비합리적인 신념이나 기대, 부모의 비합리적인 기대, 과거의 실패 경험, 최근 대학생활에서의 적응 문제, 새롭고 어려운 자료에 대한 개인교습 지원의 부족, 빈약한 공부 기술과 시간관리).
2. 학생이 가지고 있는 수행 불안의 확인된 원인을 논의하기 위한 계획을 만든다(예, 학업 수행에 대한 비합리적인 신념을 대체하고, 직접적으로 부모의 기대와 직면하고, 대학생활에서 생긴 갈등에 문제해결 방식을 적용하고, 대학 내 개인교습 서비스를 활용하며, 효과적인 공부 기술과 시간관리 절차를 실행한다).

6 시험 스트레스를 감소시키는 이완 기법을 실행한다.

1. 심한 시험 불안감 또는 일반적인 수행 스트레스가 있을 때 실행할 수 있는 이완 기법(예, 심부근육 이완, 심호흡, 점진적인 이완)을 가르친다.
2. 시험이나 수행 불안이 심하게 나타날 때 진정 또는 이완되며, 평화로운 느낌을 유도할 수 있는 긍정적인 이미지 기법(예, 따뜻한 햇볕 아래 해변에 누워 있는 장면을 상상하거나, 시험 보는 중에 완벽하고 분명한 답을 얻은 순간을 회상하거나, 또는 집단 앞에서 역량을 성공적으로 시연한 모습)을 사용하도록 가르친다.
3. 구체적인 심신쇠약을 유발하는 수행 불안 상황에서 학생이 이완 기법과 긍정적인 이미지 기법을 사용할 수 있도록 돕기 위해 역할극을 사용한다.

진단

309.24 불안 동반 적응장애

계량화된 치료 계획 예

문제: 학업부진

행동 정의

1 불안감을 유발하고 적절한 학업 수행을 저해하는 과제나 시험에 대한 생각이 하루에 _____번 일어난다.

2 공부에 필요한 시간을 할당하고 노력하는 것을 회피하게 만드는 실패에 대한 두려움이 하루에 _____번(또는 과목당 _____번) 나타나는지 표현한다.

장기 목표

1 학업성취 불안을 줄이기 위해 스트레스 관리 기술을 배우고 실천한다.

2 학업적인 성공에 필요한 시간관리와 목표설정 기술을 적용한다.

단기 목적

1 _____(날짜 기입)까지 학업 능력과 수행에 대한 사실, 신념 그리고 느낌을 명료화하고 회기 중에 논의한다.

치료 개입

1. 학생 자신의 학업능력과 수행에 대한 신념을 탐색한다. 학업성취도에 대한 과거 학업성적을 검토한다(예, 평균 성적, 등급, 학기당 등록 과목 수)
2. 학생 자신의 학업능력과 수행에 대한 신념 때문에 만들어진 느낌(예, 불안감, 의심, 좌절, 죄책감, 즐거움, 자부심, 부끄러움)을 인식하고 명료화하도록 도와준다.

2 _____(날짜 기입)까지 학업행동에 미치는 학생 개인의 신념체계의 영향을 탐색한다.

1. 학생이 자신의 학업성취에 대한 생각을 평가할 수 있도록 다음과 같은 두 범주의 질문을 한다. '이것이 합리적인 기대치인가?' '이것이 달성할 수 있는 기대치인가?'
2. 비합리적이고 달성할 수 없는 학업에 대한 신념이나 기대가 최근 겪고 있는 정서적 갈등과 연관성이 있음을 학생이 인식할 수 있도록 돕는다.

3 _____(날짜 기입)까지 학생은 학업행동을 건설적으로 이끌기 위해 학업에 대한 기대를 합리적인 것으로 재구성한다.

1. 학생 자신의 신념에 관한 각 진술이 보다 합리적이고 성취 가능한 진술이 되도록 고치는 과제를 학생에게 준다(예, '나는 학기마다 평균성적을 2.8에서 3.5를 유지하도록 하겠다.' 또는 '나는 대학에서 제공하는 학습보조 자원을 활용해서 수학 실력을 증진시킬 수 있다.').
2. 각각의 수정된 신념이 만들어 낸 긍정적인 정서 반응과 학업행동을 인식하고 이를 기록하도록 학생에게 요청한다.

4 _____(날짜 기입)까지 학생은 과목이나 교수에 관한 구체적인 예와 함께 학업 수행에서 심한 불안감을 초래하는 심신쇠약 효과를 확인한다.

1. 학생에게 학업 수행에 대한 불안이 초래한 심신쇠약 효과를 가르친다(예, 산만함의 증가, 사물에 대한 기억력 감퇴, 부정적인 결과만을 예상, 불안의 생리적 반응에 압도됨[맥박 증가, 발한, 얕은 숨, 어지러움증], 근육 긴장과 수면장애로 인한 현기증).

5 _____(날짜 기입)까지 수행 불안으로 예측되는 원인들을 확인하고 논의한다.

1. 학생이 자신의 심신쇠약을 유발하는 수행 불안의 원인을 인식하도록 돕는다(예, 학업 수행에 대한 비합리적인 신념이나 기대, 부모의 비합리적인 기대, 과거의 실패 경험, 최근 대학생활에서의 적응 문제, 새롭고 어려운

자료에 대한 개인교습 지원의 부족, 빈약한 공부 기술과 시간관리).

2. 학생이 가지고 있는 수행 불안의 확인된 원인을 논의하기 위한 계획을 만든다(예, 학업 수행에 대한 비합리적인 신념을 대체하고, 직접적으로 부모의 기대와 직면하고, 대학생활에서 생긴 갈등에 문제해결 방식을 적용하고, 대학 내 개인교습 서비스를 활용하며, 효과적인 공부 기술과 시간관리 절차를 실행한다).

6. _____(날짜 기입)까지 학생은 시험 스트레스를 _____%까지 줄이는 이완 기법을 실행한다.

1. 학생에게 시험 불안감이 심해지거나 일반적인 성취도 스트레스가 나타날 경우 사용할 수 있는 이완 기법을 가르친다(예, 깊게 근육 풀기, 깊이 숨쉬기, 점진적인 풀기).
2. 시험이나 수행 불안이 심하게 나타날 때 진정 또는 이완되며, 평화로운 느낌을 유도할 수 있는 긍정적인 이미지 기법을 사용할 수 있도록 가르친다(예, 따뜻한 햇볕 아래 해변에 누워 있는 장면을 상상하거나, 시험 보는 중에 완벽하고 분명한 답을 얻은 순간을 회상하거나, 또는 집단 앞에서 역량을 성공적으로 시연한 모습).
3. 구체적인 심신쇠약을 유발하는 수행 불안 상황에서 학생이 이완 기법과 긍정적인 이미지 기법을 사용할 수 있도록 돕기 위해 역할극을 사용한다.

진단 제안

축 I	309.24	불안 동반 적응장애

1 학대적인 관계 (Abusive Relationships)

행동 정의

1 최선을 다해 파트너를 불쾌하게 하거나 화나게 하지 않는다(예, 수업이나 자기 일을 포기한다, 다른 친구와 사귀지 않는다, 개인적인 시간이나 돈을 파트너에게 양보한다).

2 점차 스며드는 근심, 불안 또는 공포를 느끼게 하는 파트너와의 상호작용에서 위협을 느낀다.

3 파트너의 분노나 폭력에 촉매제로 작용하는 것을 막으려고 다른 사람이나 주변 환경을 조절하고자 한다.

4 파트너의 끊임없는 비판, 업신여기는 말, 또는 품위를 손상시키는 요구들과 관련해 부적절함, 죄책감 그리고 부끄러움을 느낀다.

5 자신의 생각, 흥미, 요구들을 파트너가 무시하거나 도외시하기 때문에 자신을 아무것도 아니라고 여기거나 가치 없게 느낀다.

6 파트너가 함부로 대하는 신체적 · 성적 행동을 용서하고, 파트너가 분노와 폭력적인 충동을 조절할 수 없는 상황을 만들어 냈다고 자신을 탓한다.

7 파트너로부터 신체적 상처를 받았음에도 의료진이나 친구에게는 상처가 난 이유에 대해 거짓말한다.

8 당혹스러운 느낌과 두려움 때문에 스스로를 가족과 격리하고 친구나 대학 관계자들과도 거리를 두고 멀리한다.

9 파트너에 대한 경제적 · 정서적 · 사회적 의존성 때문에 이러한 관계를 청산하는 것이 불가능하다고 믿는다.

10 파트너의 신체적 폭력과 살해 위협, 자살 위협 때문에 이러한 관계를 청산하는 것이 불가능하다고 믿는다.

__. ______________________________

____

__. ______________________________

____

__. ______________________________

____

장기 목표

1 학대받는 관계를 끝내고 누구도 학대의 피해자가 되어서는 안 된다는 점을 수용한다.

2 자신에 대해 친절과 존중을 받을 자격이 있다는 개인적인 비전을 키운다.

3 파트너의 의견이나 주장과는 독립적으로 자신의 시각과 관점을 표현한다.

4 정체감 발달에 미치는 학대받는 관계의 영향을 이해하고 정서적으로 그리고 신체적으로 양육하고 강화하는 행동에 참여한다.

5 가족, 친구들과의 관계뿐 아니라 지지, 긍정, 위로 등을 제공해 주는 또 다른 출처와의 관계를 새롭게 설정한다.

6 친밀한 관계 안에서 건전한 경계를 만들고 유지한다.

7 학업 목표를 재설정하고 행동 계획을 새롭게 만든다.

__. ______________________________

____

__. ______________________________

____

__. ______________________________

____

단기 목적	치료 개입
1 도움 요청을 야기했던 위급한 학대 상황을 기술한다. (1, 2, 3)	1. 학생이 상담을 필요로 하는 특정한 학대 사건이나 현재 상황을 탐색한다. 2. 학생에 대한 위험 수준을 평가한다(예, 파트너 폭력이 있는지, 학대가 최근에 증가하고 있는지, 파트너가 학생이나 학생 가족, 또는 그 자신에게 해를 끼치거나 죽이겠다고 위협하는지, 파트너가 무기를 소지하고 있는지). 학생의 즉각적인 안전을 확보하기 위해 대학 보안기구나 경찰, 또는 위기대응 요원과 접촉한다. 3. 학생에게 자신의 안전과 복지를 보장하는 학생건강센터, 대학법률치료소, 또는 대학/사회 공동체의 기관을 활용할 수 있도록 격려한다.
2 학대 관계의 과거력과 결과를 기술한다. (4, 5, 6)	4. 학생과 학대하는 파트너와의 관계에 대한 과거력과 감정을 탐색한다. 5. 파트너가 잠재적 가학성을 나타냈던 최초의 사건을 학생으로 하여금 기술해 보도록 격려한다. 6. 학생이 경험한 학대 사건을 깊이 있게 탐색해 보고, 학대로 이끌거나 학대의 결과로 나타난 관계 형태를 인식하고, 자존감에 미치는 학대의 영향을 인식하도록 돕는다.
3 이러한 학대 관계에서 비롯되는 감정을 분류하고, 확인한다. (7, 8, 9)	7. 학생을 위해 학대 관계에서 전형적으로 나타나는 느낌의 형태(예, 불안, 자책, 공포, 당황, 수치심)를 명

료하게 한다.

8. 학대에 대한 자신의 느낌을 가능한 구체적으로 인식하게 돕고 학생이 이 느낌들을 정상화할 수 있도록 돕는다.

9. 학생이 이 관계에 대한 느낌들을 기록할 수 있게 일지를 사용하도록 권장한다. 그들이 이 일지에 유사한 감정이나 생각을 만들어 낸 과거의 관계를 회상해 보도록 요청한다.

4 학대 관계에 대한 일반적인 사실들에 대한 이해를 구두로 표현한다. (10)

10. 파트너로부터 자신을 보호해야겠다는 필요성을 인정하도록 도와주기 위해 학생에게 학대 관계에 있는 사실들을 구체적으로 알려 준다(예, 폭력 범죄의 50% 이상은 피해자의 파트너가 자행한다, 고등학생이나 대학생 연령층 3명 중 1명꼴로 관계 중 어떤 시점에서는 학대를 경험한다, 구타는 여성 상해의 가장 흔한 원인이다, 학대는 한 번만 일어나는 경우가 거의 없고 보통은 시간이 흐를수록 빈도와 가혹한 정도가 증가한다).

5 학대 관계의 종결을 지원하는 생각과 느낌, 그리고 계획을 분명히 밝힌다. (11, 12, 13)

11. 파트너로부터의 보복에 대한 두려움을 탐색하고(예, 신체적 · 성적 또는 재정적 위협), 이들 두려움에 대처하는 행동 계획을 개발한다(예, 법원의 보호 명령을 취득한다, 잠금장치, 은행 계좌, 수업하러 가거나 일하러 가는 경로 등을 바꾼다, 재빨리 피할 수 있도록 짐을 싸서 쉽게 가져 나갈 수

있는 위치에 놓아두거나 여분의 자동차 키를 숨겨 놓는다, 긴급 자금을 확보해 둔다, 친구의 이름과 전화번호, 집 열쇠를 안전하고 쉽게 접근할 수 있는 곳에 놓는다).

12. 관계 청산을 어렵게 만드는 파트너나 학생 자신에 대한 스스로의 감정을 탐색한다(예, 파트너가 진실로 자신을 사랑한다고 믿는다, 학대 행위 후 항상 미안해하고 두 번 다시 이런 행동을 하지 않겠다고 맹세한다, 떠나지 말아 달라고 울면서 애원한다, 학대를 보상하기 위해 학대 행위 후 즉시 아주 훌륭한 일을 한다, 진실로 험난한 삶을 겪어 자신을 사랑하고 이해해 줄 수 있는 누군가가 필요한 좋은 사람이다). 좀 더 강한 현실감을 바탕으로 이러한 경험과 비합리적 신념을 재구성한다

13. 관계를 종식시키려는 학생의 시도에 대한 파트너의 반응을 검토한다(예, 어느 누가 너를 원하고 너를 견디겠니, 나를 이렇게 화나게 한 것은 네 잘못이다, 네가 갈 수 있는 곳이 어디에 있냐, 내가 없으면 너는 외톨이가 될 것이다, 네가 날 떠나려 하면 너를 찾아 죽일 것이다, 네가 떠나면 난 죽어 버릴 거야). 어떤 반응은 학생으로 하여금 죄책감을 느끼게 하거나 두려워하도록 만들며 전형적인 것임

을 강조한다.

6 이 주제에 대해 자신을 교육한 후 학대의 영향에 대한 보다 심화된 이해를 구두로 표현한다. (14, 15)

14. 학생에게 학대 행위의 영향을 이해하는 데 도움이 되는 자료를 과제로 주어 읽게 한다(예, Munsch의 『*The Paper Bag Princess*』, Norwood의 『*Women Who Love too Much*』, Middlelton-Moz의 『*Shame and Guilt: Masters of Disguise*』). 읽고 난 후 학생과 함께 내용을 검토한다.

15. 학대 행위 피해자 지원집단, Al-Anon[1]이나, 유사한 문제로 고민하는 사람들과 사귀고 지지도 받고 교육도 받을 수 있는 치료 집단에 학생이 참여하도록 격려한다.

7 개인의 안전감과 자기효능감에 대해 보다 많이 말로 표현할 수 있도록 신체운동과 스트레스 관리 행동을 수행한다. (16, 17)

16. 호신술 수업, 요가, 그 외 자신감을 증진하고 체력 단련과 심리적인 집중을 가르치는 활동에 참가하도록 학생을 대학 레크리에이션 센터나 건강센터에 의뢰한다.

17. 학생과 함께 스트레스 관리 기술을 살펴보고 적어도 두 가지 기술을 매일 선택해 활용하도록 제안한다(예, 활동 중지, 신체적 안정을 주는 순간과 반성하는 시간, 충분한 수면 시간과 식사, 공부, 사회생활을 포함한 건강한 일상생활, 또는 이런 다짐들을 포스터로 만들어 집 안에 걸어 두기).

1. Al-Anon은 상호원조를 제공하고 공통적인 문제해결에 도움을 주는 방법을 토론하기 위해 정기적으로 만나는 알코올 중독자 및 그 가족들로 구성된 자조조직이다. 미국 전역에 지회를 갖춘 전국 조직이다.

8 학업 수행을 향상시킬 수 있는 행동을 취한다. (18, 19, 20)

18. 학생이 등록한 각 수업의 강의 계획표를 검토하고, 학생으로 하여금 수업 자료의 이해, 과제를 완수하지 못한 것, 좋지 않은 성적과 수행할 논문 작성 및 출석 등에 대한 걱정 등을 기록하게 한다.
19. 학생이 학업 수행을 개선할 수 있는 활동 계획을 세우도록 돕는다(예, 대학 학습지원 센터에서 개인교수를 구하고, 학업 수행에 대한 염려를 논의할 교수와 약속을 하고, 개선을 위한 그들의 제안을 이끌어 내거나, 필요하고 가능하다면 수업을 포기하도록 한다).
20. 모든 학업 과정을 완결시킬 수 있는 시간관리 프로그램을 마련하도록 학생을 돕고, 회기마다 학생의 프로그램을 검토한다(28 시간관리 참조).

9 파트너를 즐겁게 하기 위해 희생되었던 개인적인 관심과 사회 활동을 재개한다. (21, 22, 23)

21. 학생이 공부를 하는 날과 친구들이나 동급생들과 사교/레크리에이션을 하는 날을 정하도록 격려한다. 성공한 것은 강화하고 실패한 것은 재수정하도록 한다.
22. 대학조직에 대한 학생의 관심을 탐색하고 학생의 참여를 권장한다.
23. 학생의 관심과 열정을 나눌 수 있도록 격려하고 참여를 환영하는 대학/공동체의 자원들을 확인하도록 돕는다.

10 지속적인 지원을 해 줄 친구와 가족들과의 접촉을 늘린다. (24, 25)

24. 학생의 삶에서 긍정적인 관계를 실행하고자 하는 자신의 노력에 지지

적일 뿐 아니라, 관계 속에서 닮고 싶은 건강한 행동의 모델이 되는 사람을 발견하도록 학생의 친구들과 가족 구성원들과의 관계를 탐색한다.

25. 긍정적이고 지지적인 사람들과의 전화, 이메일 또는 방문을 통해 관계를 유지하려는 학생의 노력을 강화한다.

11 건강한 관계를 특징짓는 행동을 구두로 표현하고 모방한다. (26, 27, 28, 29)

26. 친구나 친척들과의 긍정적인 관계에 대해 논의하고, 학생 자신이 안전하고 능력 있으며 보호받고 있다고 느끼게 하는 상호작용에 각별한 관심을 가질 것을 학생에게 요청한다.

27. 학생이 잠재적 파트너와의 건강한 상호관계에서 발견되는 행동과 정서의 질을 모방하도록 제안한다. 건강한 관계를 특징짓는 행동들의 목록을 작성하도록 돕는다.

28. 다음과 같은 책을 읽도록 격려한다. Lerner의 『*Dance of Intimacy*』, Gray의 『화성남자, 금성여자의 관계 지키기(*Men, Women and Relationship: Making Peace with the Opposite Sex*)』. 읽은 자료를 검토한다.

29. 적절한 사적인 경계를 유지하고, 대인 간의 의사소통 기술을 향상시키며, 자신의 행복에 책임지도록 학생을 코칭한다.

12 학대 없는 자유로운 관계를 실제로 시작하고 경험한다. (30, 31, 32)

30. 학대하는 파트너와 관계를 끝냈거나 실질적으로 변화되었다는 증거가 있을 때까지는 매주 학생을 만난다(예,

폭력 보고가 없음, 건강한 방법으로 갈등해결, 또는 학교, 직장, 우정 그리고 외부에 대한 관심에 능동적으로 관여함).

31. 관계가 안전하지 않은 상태로 지속되면 학생이 관계 종결의 과정을 다룰 수 있도록 조력한다.

32. 관계 속에서 적절한 한계를 설정하는 것이 보일 때까지, 그리고 학대하는 책략을 사용하는 파트너나 친구를 더 이상 참고 지내지 않을 때까지 매주 학생을 만난다.

__. ______________________________
____

__. ______________________________
____

__. ______________________________
____

__. ______________________________
____

__. ______________________________
____

__. ______________________________
____

진단 제안

축 I	308.3	급성 스트레스 장애
	300.02	범불안장애
	300.00	달리 분류되지 않는 불안장애
	309.xx	적응장애
	309.24	불안 동반 적응장애
	296.2x	주요 우울장애, 단일 삽화
	305.00	알코올 남용
	V71.09	진단 없음
	799.9	진단 보류
	______	______________________________
	______	______________________________
축 II	301.9	달리 분류되지 않는 성격장애
	V71.09	진단 없음
	799.9	진단 보류
	______	______________________________
	______	______________________________

2 전공 선택 (Academic Major Selection)

행동 정의

1 자신의 흥미, 능력 그리고 세계관과 맞는 전공을 분명하게 정할 수 없다고 느낀다.

2 다양한 학문 분야의 내용에 대한 지식이 부족하다.

3 전공 선택과 진로 선택 간의 연관성에 대한 구체적인 정보를 제공하는 방법들을 확인하는 능력이 부족하다.

4 전공과 직업 선택과의 연관성에 대해 부정확하거나 모호한 정보를 가지고 있다.

5 부모와 가족들은 학생의 전공 선택을 인정하지 않는다.

6 고려해야 할 수많은 선택과 정보에 압도되어 전공 결정이 불가능하다고 느낀다.

7 비교적 초기 발달단계에서 전공을 결정하여 최근의 흥미, 가치 또는 능력과는 더 이상 맞지 않는다.

8 정해지지 않은 전공 선택의 모호함에 대처하는 데 어려움을 겪는다.

장기 목표

1 개인 발달과 진로 발달의 요구를 만족시키는 전공을 선택한다.

2 다양한 전공의 내용과 주안점에 관한 정보를 수집한다.

3 전공 선택과 가치, 흥미 그리고 능력 간의 연계성에 대한 자각을 키운다.

4 전공 선택과 직업 선택의 연계성에 대한 자각을 키운다.

5 공부할 학문 분야에 대한 정보를 수집하면서 갖게 되는 모호함을 효과적으로 다룰 수 있는 전략을 개발한다.

___. ______________________________

____

___. ______________________________

____

___. ______________________________

____

단기 목적

1 전공 선택 시 갖게 되는 걱정의 근거를 확인한다. (1, 2, 3, 4)

치료 개입

1. 학생이 다양한 학문 분야의 내용과 진로 경로에 대해 탐색한다.
2. 학생이 고려하고 있는 전공들과 이 전공들이 고려 대상이 되는 이유를 결정한다.
3. 학생이 선호하는 학문 분야에 대한 느낌을 탐색한다.
4. 학생이 전공을 선택할 때 필요한 단

계들과 각 단계가 필요로 하는 시간을 이해하도록 돕기 위해 문서로 된 행동 계획표를 개발한다.

2 과목을 완수하는 데 필요한 과제물들이 흥미 있어 보이는 전공을 확인한다. (5, 6, 7)

5. 학생에게 다양한 전공의 내용에 대한 정보를 포함한 대학 과정 안내서를 소개한다.
6. 학생에게 안내서를 검토하도록 요청하여 과목 이수 요건들이 흥미 있고 기대가 되는 과목들이 많은 전공을 찾게 한다.
7. 특정한 수업이나 전공의 어떤 점이 학생의 관심을 끄는지 탐색한다.

3 대학에서 제공하는 진로 탐색 계획 자료와 서비스를 활용한다. (8, 9, 10, 11)

8. 검사, 진로 탐색 계획 과정, 워크숍 그리고 유인물과 온라인으로 제공하는 자료 등 대학의 진로센터에서 제공하는 서비스를 탐색하도록 한다.
9. 학생에게 자신의 흥미, 가치, 능력들 그리고 선호하는 생활방식을 명료하게 하는 데 도움이 되는 평가 도구(예, Strong Interest Inventory 또는 Myers-Briggs Type Indicators)의 가치를 설명한다. 홍미검사를 실시하고 학생에게 결과를 피드백한다.
10. 학생을 자기 평가에 초점을 둔 과정이나 워크숍에 의뢰해 이들 중 한 프로그램에 등록하도록 격려한다.
11. 학생의 학문적 관심사와 맞는 대학 클럽이나 단체에 보내어 이 단체들을 조사하도록 한다.

4 전공 선택 항목을 줄이기 위해 정보

12. 포스터 용지를 사용해 관심 있는 학

수집, 검사, 과정/워크숍 등의 참여 결과를 검토한다. (12, 13)

문 분야를 대조하고 비교한다. 즉, 학생의 관심사와 교과 과정 내용의 힘든 정도, 각 교과 과정을 잘 수행하는 데 필요한 능력들, 이들 교과 과정을 공부하는 과정에서 개발되는 기술들, 그리고 이 학문 분야의 전형적인 선택으로서의 진로 선택 가능성을 살펴본다.

13. 학생에게 최상위의 것 두 가지를 전공으로 선택하고 심도 있게 검토하도록 한다(이 분야를 전공하고 있는 선배, 그 학과 교수들, 또는 그 진로 분야에서 일하고 있는 사람들과 의논한다).

5 선택한 전공 분야의 대학 내 핵심 담당자를 만난다. (14, 15, 16, 17)

14. 학생이 각 전공에 대해 적절한 학업 선택을 하도록 도울 수 있는 지도 교수들을 확인하고 연락하도록 돕는다.
15. 각 전공의 여러 수업을 참석할 수 있도록 담당교수로부터 허락을 받도록 한다.
16. 학생이 선택한 각 전공에 대해 그 전공 선배로부터 전망을 들어 보도록 제안한다.
17. 동창회 사무실이나 진로센터를 방문해서 학생 자신이 선호하는 전공 분야의 동창과 상의하도록 한다.

6 대안책 모색을 위해 고려하고 있는 각 전공의 장점과 단점을 찾아본다. (18, 19)

18. 수업참관, 선배들, 동창들, 교수들 그리고 진로 담당자들과의 의논을 통해 얻어진 정보를 기반으로 해서 학생이 선택한 2개의 전공에 대해 이

미 만들어 놓은 비교 플립 차트를 보완하도록 한다.

19. 사실에 입각하고 정서적으로 끌리는 정보를 얻기 위해 학생과 최종 비교 결과를 논의한다. 관심 있는 2개의 전공 과목의 장점과 단점에 대한 최종 목록을 만든다.

7 최종 결정에 중요한 영향을 미치는 의미 있는 중요한 사람들의 의견을 의사결정 과정에서 나눈다. (20)

20. 부모, 가족 구성원, 그 외 중요한 사람들이 전 과정을 알고 의견을 줄 수 있도록 의사결정 과정과 정보를 나눈다.

8 전공을 결정하고 한 학기 동안 경험해 본다. (21, 22, 23)

21. 학생을 만나 중요한 다른 사람에게서 얻은 피드백을 최종 검토한다.

22. 학생에게 전공을 선택하게 하고 그 과목이 다음 학기 동안 수업을 선택하는 데 기준이 되도록 한다.

23. 다음 학기의 4번째, 8번째, 12번째 주에 학생을 만나 수강 과목의 내용에 대한 학생의 반응을 평가하고 학생의 흥미와 능력에 얼마나 적합한지 평가한다.

9 전공을 확실하게 결정한다. (24)

24. 선택한 전공에 대한 학생의 느낌이 긍정적이면, 그 과목을 전공으로 채택하기 위해 대학에서 요구하는 공식 절차를 따르도록 한다. 만약 선택한 전공이 만족스럽지 못하면 다른 선택을 할 수 있도록 도와준다.

__. ______________________________

____

__. ______________________________

____

__. ____________________ __. ____________________

__. ____________________ __. ____________________

진단 제안

축 I	309.24	불안 동반 적응장애
	309.0	우울감 동반 적응장애
	300.3	강박장애
	V62.83	학업 문제
	V65.2	꾀병
	____	__________
	____	__________
축 II	301.4	강박성 성격장애
	301.9	달리 분류되지 않는 성격장애
	V71.09	진단 없음
	____	__________
	____	__________

3 학업부진 (Academic Underachievement)

행동 정의

1 불안감을 유발하고 적절한 학업 수행을 저해하는 과제나 시험에 대해 늘 생각한다.

2 공부에 필요한 시간과 노력을 회피하게 만드는 실패에 대한 두려움을 표현한다.

3 대학 수준에서 학업성취를 위해 필요한 공부 기술(예, 수업 중 필기, 독서 내용 강조나 요약, 시험 전략)을 적용할 수 없거나 적용할 의지가 없다.

4 주위 환경의 스트레스(예, 부모의 이혼, 사랑하는 사람의 죽음, 관계의 상실, 룸메이트와의 갈등) 때문에 학업 수행이 떨어진다.

5 학업성취에 비현실적으로 높은 기대치를 갖는다.

6 학업 수행에서 가족 기대치를 충족시키지 못한다고 느낀다.

7 시간관리나 목표설정 기술이 부족하다.

8 대학 교수들이 사용하는 전형적인 교수법과 갈등을 일으키는 학습방식을 가진다.

9 학업의 성공을 방해/저해하는 학습장애를 가지고 있다.

10 강의나 강의실 내 토론에서 계속적으로 주의를 집중하는 데 어려움이 있다.

11 학업의 성공에 필요한 수준에 못 미치는 저조한 수준으로 수업에 출석하거나 참석한다.

12 학업 수행에 필요한 시간을 비현실적인 수준까지 줄여 가면서 가족, 업무, 사회적인 약속에 빈번하게 참가한다.

__. ____

____

___. ____________________

____

___. ____________________

____

장기 목표

1 학업성취 불안을 줄이기 위해 스트레스 관리 기술을 배우고 실천한다.

2 대학에서의 학업성취에 필요한 공부 기술을 연마한다.

3 학업적인 성공에 필요한 시간관리와 목표설정 기술을 적용한다.

4 학업성취가 수준점에 도달할 수 있도록 학업능력에 대한 현실적인 기대치를 개발한다.

5 수업 출석과 수업 활동에의 참여 수준을 의미 있게 개선한다.

6 학습장애(만일 있다면)를 확인하고 학업적 성공을 위해 교육 계획을 세우고 실천한다.

7 학업성취를 위해 중요한 다른 사람들의 기대를 효과적으로 다룰 수 있는 전략을 세운다.

___. ____________________

____

___. ____________________

____

___. ____________________

____

단기 목적	치료 개입
1 학업능력과 수행에 대한 사실, 신념 그리고 느낌을 명료화하고 회기 중에 논의한다. (1, 2, 3)	1. 학생 자신의 학업능력과 수행에 대한 신념을 탐색한다. 학생의 과거 학업 성적(예, 평균성적, 등급 그리고 학기당 등록한 과목 수)을 검토한다. 2. 학생 자신의 학업능력과 수행에 대한 신념을 만들어 내기 위해 혼합된 중요 요소들을 확인한다(예, 부모의 압력, 교사의 피드백, 학력 또는 개인적인/진로에 대한 야망). 3. 학생 자신의 학업능력과 수행에 대한 신념에 의해 만들어진 느낌들(예, 불안, 의심, 갈등, 죄책감, 즐거움, 자부심, 부끄러움)을 인식하고 명료화하도록 학생을 돕는다.
2 학업행동에 미치는 학생 개인의 신념체계의 영향을 탐색한다. (4, 5, 6)	4. 학생에게 학업능력과 수행에 대한 자신의 신념(또는 기대)을 가능한 구체적으로 열거할 것을 요구한다(예, '나는 전부 A학점을 맞아야 한다.' 또는 '나는 수학을 어떻게 해도 잘하지 못한다. 그래서 공부할 필요가 없다.'). 5. 학생 자신의 학업능력과 수행에 대한 신념을 탐색한다. 학업성취도에 대한 과거력을 검토한다(예, 평균성적, 등급, 학기당 등록 과목 수). 6. 비합리적이고 달성할 수 없는 학업에 대한 신념이나 기대가 최근 겪고 있는 정서적 갈등과 연관성이 있음을 학생이 인식할 수 있도록 돕는다.

3 학업행동을 건설적으로 이끌기 위해 학업에 대한 기대를 합리적인 것으로 재구성한다. (7, 8, 9, 10)

7. 학생 자신의 신념에 관한 각 진술이 보다 합리적이고 성취 가능한 진술이 되도록 고치는 과제를 학생에게 준다(예, '나는 학기마다 평균성적을 2.8에서 3.5를 유지하도록 하겠다.' 또는 '나는 대학에서 제공하는 학습보조 자원을 활용해서 수학 실력을 증진시킬 수 있다.').
8. 학생의 신념 진술을 검토하여 원래의 비합리적인 진술과의 유사점과 차이점을 논의한다.
9. 각각의 수정된 신념이 만들어 낸 긍정적인 정서 반응과 학업행동을 인식하고 이를 기록하도록 학생에게 요청한다.
10. 현재의 학업적인 요구에 따라 학생 자신의 긍정적인 학업행동을 구체화하고 우선순위를 매기는 행동 계획을 만들어 내는 과제를 학생에게 부과한다(예, '일요일 저녁을 이용해서 다음 주에 있을 학습 과제를 검토한 후 내 스케줄에 맞추어 조정할 것이다.' '숙제, 시험, 논문에 대한 평가에서 문제가 생기면 담당교수와 즉시 의논할 것이다.' '특정 수업에 어려움이 있으면 개인교습 알선 센터에 도움을 청하겠다.').

4 공부 기술과 습관을 개선하기 위해 학교에서 제공하는 학습보조 자원을 활용한다. (11, 12)

11. 공부 기술을 가르치는 강좌에 등록하도록 학생을 격려하며 읽기, 듣기, 필기하기, 시험 보기, 그 외 효과적

인 학업에서의 학습 전략을 개발하는 데 중점을 둔 워크숍이나 프로그램에 참여하도록 한다.

12. 현재 등록한 수업을 성공적으로 마치는 데 필수적인 특별한 교과 과정 내용을 이해하도록 도와줄 수 있는 대학의 동급생이나 전문적인 개인교수에게 학생을 의뢰한다.

5 일지를 통해 시간 약속을 분석한다. (13, 14, 15)

13. 학생에게 주간 학업, 일 그리고 개인적인 약속들을 기재하도록 하고 개별 약속을 이행하는 데 보낸 실제 시간을 기재하도록 한다. 수업 출석과 학업과 관계된 일의 완수에 특별히 관심을 갖고 본다.

14. 시간일지는 학생의 일주일 동안의 모든 활동 내용을 30분 단위로 정리, 기록하도록 한다(28 시간관리 참조).

15. 각 활동에 필요할 것으로 배정한 시간과 실제 소비된 시간을 비교해 차이가 있는 활동을 확인하도록 요청하고, 원래 시간 배정표와 실제의 시간일지를 비교한다.

6 학업, 일, 사회 활동 그리고 개인적인 일에 시간과 에너지를 성공적으로 균형 있게 배정함으로써 학업성취를 이룰 수 있게 하는 스케줄을 유지한다. (16, 17)

16. 시간 차이가 있는 영역에서는 보다 균형 잡히고 생산적인 일주일이 되도록 시간 배정을 다시 하여 다음 일주일 스케줄을 만들 수 있도록 학생을 돕는다(28 시간관리 참조).

17. 시간 사용의 지침이 되는 계획된 주간 스케줄을 사용하도록 격려하고, 자신의 행동 계획에 잡아 놓은 학업

행동을 달성하도록 돕는다.

7 학습장애 여부를 평가하는 데 협조한다. (18)

18. 적절하다면, 학생에게 자신의 부족한 학업 수행을 초래한 학습장애의 원인을 탐색하도록 제안하고, 정확한 진단을 위해 필요한 검사를 받도록 의뢰한다.

8 학습방식의 강점을 구체화한 학습 계획을 실행한다. (19, 20, 21)

19. 학생이 자신에게 맞는 학습방식을 정하기 위해 여러 가지 학습방식(예, Kolb's Learning Style Inventory, Myers-Briggs Type Indicator, 그 외 사용할 수 있는 비슷한 목록)을 조사해 볼 것을 제안한다.

20. 자신의 학습방식 또는 학습장애에 가장 효과적일 수 있는 구체적인 수업(specific classroom)과 학습행동을 찾기 위해, 개별화된 학습 계획을 만들어 낼 수 있는 학습보조 상담자와 함께 작업을 하도록 학생에게 요청한다.

21. 개별화된 학습 계획의 제안이 학생의 행동 계획에 통합되고, 학습 기술이 개발되고 있고, 학습 목표가 충족되어 가고 있다는 것을 확인하기 위하여 회기마다 진행 과정을 검토한다.

9 쓰기를 통해 효과적으로 대화하는 데 필요한 기술을 선보인다. (22, 23)

22. 쓰기 과제에 계속적인 도움을 받을 수 있도록 학생을 대학 내 작문지도 센터 또는 동급생이 해 주는 개인교습 알선 센터에 의뢰한다.

23. 개인교수에게 검토받지 않은 과제에 감수자 역할을 해 줄 수 있는 친구를 찾도록 격려한다.

10 수업 중 학습 과정에서 발언에 참여하는 기회를 많이 갖는다. (24, 25, 26)

24. 수업 중 참여를 가능하게 하거나 독려하는 각 강좌에서 수업당 적어도 한 번은 발언하도록 학생과 약속한다.

25. 적극적인 참여가 기본이 되는 스터디 그룹 중 적어도 한 개에 참여하도록 학생에게 제안한다.

26. 학생에게 발표나 집단 의사소통 과정에 등록하도록 요청하고, 과정을 잘 설명해 주어 다른 사람들 앞에서 말할 때 생기는 불안감을 줄일 수 있도록 한다.

11 학업에 대한 기대, 학습 계획, 활동 등을 나눔으로써 중요한 다른 사람들의 지지를 얻는다. (27, 28)

27. 중요한 다른 사람들과 의논할 때 사용할 수 있는 학생의 학업 기대치와 행동 변화에 대한 핵심 주제를 개발하도록 도와주고, 중요한 다른 사람들의 기대에 상응하는 영향을 탐색한다.

28. 학생이 자신의 학문적 노력과 성과를 느끼게 하는 최근의 진행 상황을 중요한 다른 사람들에게 제공하도록 학생에게 권유한다.

12 학업 수행에 대한 자기효능감을 보고한다. (10, 17, 29)

10. 현재의 학업적인 요구에 따라 학생 자신의 긍정적인 학업행동을 구체화하고 우선순위를 매기는 행동 계획을 만들어 내는 과제를 학생에게 부과한다(예, '일요일 저녁을 이용해서 다음 주에 있을 학습 과제를 검토한 후 내 스케줄에 맞추어 조정할 것이다.' '숙제, 시험, 논문에 대한 평가에서 문제가 생기면 담당교수와 즉시

의논할 것이다.' '특정 수업에 어려움이 있으면 개인교습 알선 센터에 도움을 청하겠다.').

17. 시간 사용의 지침이 되는 계획된 주간 스케줄을 사용하도록 격려하고, 자신의 행동 계획에 잡아 놓은 학업 행동을 달성하도록 돕는다.

29. 학기의 남은 기간 동안 매주 행동 계획의 진행 상황을 검토하고, 다음 학기에는 격주에서 한 달 간격으로 새로운 행동과 기술이 작동될 수 있도록 한다.

13. 학업 수행에서 심한 불안감을 초래하는 심신쇠약 효과를 확인한다. (30, 31)

30. 학생에게 학업 수행에 대한 불안이 초래하는 심신쇠약 효과를 가르친다(예, 주의력 산만함의 증가, 사물에 대한 기억력 감퇴, 부정적인 결과만을 예상, 불안의 생리적 반응에 압도됨[맥박 증가, 발한, 얕은 숨, 어지러움증], 근육 긴장과 수면장애로 인한 현기증).

31. 불안감이 학생의 학업 수행에 어떻게 부정적인 영향을 주고 있다고 느끼는지를 열거하도록 요청한다.

14. 수행 불안으로 예측되는 원인들을 확인하고 논의한다. (32, 33)

32. 학생이 자신의 심신쇠약을 유발하는 수행 불안의 원인을 인식하도록 돕는다(예, 학업 수행에 대한 비합리적인 신념이나 기대, 부모의 비합리적인 기대, 과거의 실패 경험, 최근 대학생활에서의 적응 문제, 새롭고 어려운 자료에 대한 개인교습 지원의

부족, 빈약한 공부 기술과 시간관리).

33. 학생이 가지고 있는 수행 불안의 확인된 원인을 논의하기 위한 계획을 만든다(예, 학업 수행에 대한 비합리적인 신념을 대체하고, 직접적으로 부모의 기대와 직면하고, 대학생활에서 생긴 갈등에 문제해결 방식을 적용하고, 대학 내 개인교습 서비스를 활용하며, 효과적인 공부 기술과 시간관리 절차를 실행한다).

15. 시험 스트레스를 감소시키는 이완 기법을 실행한다. (34, 35, 36)

34. 심한 시험 불안감 또는 일반적인 수행 스트레스가 있을 때 실행할 수 있는 이완 기법(예, 심부근육 이완, 심호흡, 점진적인 이완)을 가르친다.

35. 시험이나 수행 불안이 심하게 나타날 때 진정 또는 이완되며 평화로운 느낌을 유도할 수 있는 긍정적인 이미지 기법(예, 따뜻한 햇볕 아래 해변에 누워 있는 장면을 상상하거나, 시험 보는 중에 완벽하고 분명한 답을 얻은 순간을 회상하거나, 또는 집단 앞에서 역량을 성공적으로 시연한 모습)을 사용할 수 있도록 가르친다.

36. 구체적인 심신쇠약을 유발하는 수행 불안 상황에서 학생이 이완 기법과 긍정적인 이미지 기법을 사용할 수 있도록 돕기 위해 역할극을 사용한다.

16. 시험 준비에 효과적인 공부 기술을 실행한 후 능력에 대한 높아진 자신감을 보고한다. (11, 37, 38)

11. 공부 기술을 가르치는 강좌에 등록하도록 학생을 격려하며 읽기, 듣기, 필기하기, 시험 보기, 그 외 효과적

인 학업에서의 학습 전략을 개발하는 데 중점을 둔 워크숍이나 프로그램에 참여하도록 한다.

37. 학생이 실행한 효과적인 공부 기술을 검토한다. 성공적인 것은 강화하고 실패한 것은 재수정하도록 한다.

38. 효과적인 공부 방법과 신중한 시간관리(28 시간관리 참조)를 활용한 적절한 준비는 불안감을 줄일 뿐 아니라 좋은 학업 성과도 얻을 수 있다는 점을 다시 한 번 학생에게 확신시킨다.

__. ______________________________
____

__. ______________________________
____

__. ______________________________
____

__. ______________________________
____

__. ______________________________
____

__. ______________________________
____

진단 제안

축 I	300.02	범불안장애
	300.00	달리 분류되지 않는 불안장애
	309.24	불안 동반 적응장애
	314.01	주의력 결핍/과잉행동장애, 복합형
	V62.3	학업 문제
	799.9	진단 보류
	V71.09	진단 없음
	______	______________________
	______	______________________
축 II	799.9	진단 보류
	V71.09	진단 없음
	______	______________________
	______	______________________

4 반사회적 행동 (Antisocial Behavior)

행동 정의

1 권위 있는 사람들(예, 부모, 법 집행관, 학교 직원)과 자주 충돌을 일으키는 빈번한 규칙 위반, 거짓말, 신체적 위해, 타인과 그들의 재산에 대한 경멸, 절도, 약물 중독 등의 과거력을 가지고 있다.

2 자신에게 일어나는 일을 계속 남의 탓으로 돌린다.

3 기숙사, 대학 교정, 대학 또는 사회의 규칙을 지키지 않고, 그 규칙은 자신에게는 해당되지 않고 다른 사람에게만 적용된다는 자세를 보인다.

4 자신이나 타인의 안전에 관심이 없고, 정상적인 즐거움을 넘어서는 자극을 지나치게 탐하는 충동적인 행동을 빈번하게 보인 과거력을 가지고 있다.

5 요구되는 사항을 모면하기 위해 계속 거짓말하고, 규칙 위반을 대수롭지 않게 여기며, 자신의 행동에서 비롯된 결과는 회피한다.

6 1년 정도 지속되는 연인 관계에서 한 사람하고만 관계를 유지한 적이 거의 없고, 성을 사용해서 다른 사람을 조정하거나 이익을 취한다.

7 룸메이트, 동급생, 교수, 부모, 대학 행정 직원, 그 외의 다른 사람들과 상호작용할 때 쉽게 짜증 내고, 공격적이며, 따지기 좋아하는 행동을 보인다.

8 상대방에게 상처 주는 행동을 하며 죄책감은 거의 또는 전혀 보이지 않고, 부정적인 결과를 줄일 수 있다고 믿으면서 건성으로 후회한다고 말한다.

9 룸메이트, 동급생, 교수, 그 외 다른 사람들과 자주 신체적 싸움을 일으킨다.

10 체포되거나 정학 당할 수도 있는 반사회적 행동을 반복해서 한다(예, 재물 파손, 절도, 마약 밀매, 장물 취득, 룸메이트 물건을 허락 없이 사용, 시험 중 부정행위).

11 기숙사나 룸메이트를 자주 바꾸는 것과 같은 충동적인 행동을 한다. 자주 이동하거나 목적 없이 여행한다. 사전 고려 없이 전공이나 수업 또는 대학까지 바꾼다.

12 수업에 수시로 결석하거나 과정 이수 요건을 제대로 채우지 못한다.

—. ____

____

—. ____

____

—. ____

____

장기 목표

1 일반적으로는 사회에서, 특히 대학의 학칙에서 수용될 수 있는 범주 내에서 행동한다.

2 사회적 관습, 대학의 학칙, 캠퍼스의 기대, 타인의 권리, 타인과의 관계에서 요구되는 정직함에 대한 건강한 존중감을 개발하고 실천한다.

3 대학 당국자와 교수에 대한 존중감을 보인다.

4 룸메이트와 동급생들과의 관계에서 존중감과 감수성은 더 키우고 방어적이고 위협적인 태도는 더 줄인다.

5 한 개인의 행동에 대한 제한과 경계가 필요한 점을 이해하고 받아들인다.

6 과거에 상처 준 일과 범법행위에 대해 진지하게 사과하고, 다른 사람을 비난하지 않고, 규칙을 지키며, 결과를 받아들이는 등의 개인 행동에 대한 책임감을 수용한다.

7 수업에 계속 출석하며, 수업에서 만족할 만한 진전을 보여 학업에 대한 책임감을 보인다.

—. ____

____

—. ____

____

—. ____

____

단기 목적

1. 캠퍼스의 기대치, 대학의 학칙, 법 그리고 룸메이트, 동급생과 교수들의 권리와 느낌들을 거스르는 불법적이고, 비윤리적이며, 부적절한 행동을 인정한다. (1, 2, 3)

치료 개입

1. 학생이 자신의 느낌을 인식하고 표현할 수 있는 능력을 증가시킬 수 있도록 돕기 위해 회기마다 지속적으로 눈을 맞추고, 경청하며, 무조건적이고 긍정적인 관심과 함께 학생에 대한 따뜻한 수용을 보임으로써 학생과의 신뢰 수준을 적극적으로 쌓아 간다.
2. 학생의 불법적이거나 비윤리적인 행동양상의 과거력을 탐색하고, 학생이 축소하고 부정하고 완화시키려 하며, 다른 사람이나 상황, 환경 등을 탓하려는 시도들을 직면한다.
3. 학생과 룸메이트, 동급생, 교수 또는 부모를 위해서 학생의 반사회적인 행동의 결과를 검토한다.

2. 다른 사람을 존중하고 그들의 신뢰를 얻을 때 자신과 다른 사람 모두에게 이익이 된다는 사실을 이해하고 구두로 표현한다. (4, 5)

4. 모든 관계의 기본은 신뢰이고 사람은 서로를 존중하고 친절하게 대하여야 한다는 점을 학생에게 가르친다.
5. 개인에게 이익을 제공할 뿐 아니라, 사회의 무질서를 피할 수 있는 신뢰의 기반으로서 캠퍼스 규칙과 관습, 사회적 기대, 그리고 사회적인 법을 따라야 하는 필요성을 가르친다.

3. 캠퍼스, 대학의 학칙과 규정, 그리고 사회규범 내에서 살아갈 것을 약속한다. (5, 6)

5. 개인에게 이익을 제공할 뿐 아니라, 사회의 무질서를 피할 수 있는 신뢰의 기반으로서 캠퍼스 규칙과 관습,

사회적 기대, 그리고 사회적인 법을 따라야 하는 필요성을 가르친다.

6. 친사회적이고, 항상 법을 지키고, 대학 학칙에 순응하는 생활 습관을 가지고 살 것을 약속하도록 학생에게 요청한다.

4 공격적이거나 조종하는 행동 대신에 자기주장과 문제해결 전략을 실행한다. (7, 8, 9)

7. 조종적이거나 공격적이며, 반사회적인 방법들 대신에 행동적인 용어로 문제들을 확인하고, 양측의 요구와 권리를 인식하며, 그리고 서로에게 이익이 될 수 있는 해결책을 제공하는 주장적인 행동 모델을 학생에게 소개한다.

8. 학생에게 효과적인 갈등해결 방법이나 문제해결 기술을 가르친다. ① 행동적인 용어로 문제의 확인 또는 명료화하기, ② 가능한 대안적인 해결책에 대한 공동의 브레인스토밍과 각각의 장단점에 대해 검토하기, ③ 실행할 수 있는 대안책을 공동으로 마련하기, ④ 상호 만족이라는 관점에서 결과 평가하기, ⑤ 필요하다면 서로의 만족을 증진시키기 위한 해결책 조정하기

9. 캠퍼스 내에서의 일상적인 활동과 룸메이트, 동급생, 교수진, 부모, 그 외 다른 사람들과의 상호작용에서 효과적인 갈등해결 기법들을 적용하도록 학생에게 가르치기 위해 역할극과 모델링을 사용한다.

5 부적절하고 반사회적인 행동을 유발하는 왜곡된 자기대화를 인식하고 대체한다. (10, 11)

10. 반사회적인 행동을 유발하거나 중재하는 학생 자신의 부정적이고 왜곡된 자기대화를 확인하도록 도움을 준다(예, '내가 이것과 함께하는 것처럼 행동하는 것이 훨씬 쉽지만 시간이 되면 손을 뗄 것이다.' 또는 '나는 이 교수들/동급생들에서 벗어날 수 있고 그들은 결코 알 수 없을 것이다.').
11. 다른 사람들과 협상하는 관계에서 평화와 공정함의 느낌을 증가시키도록 학생에게 현실적이고 긍정적인 자기대화를 가르친다(예, '내가 정직하면 신뢰를 쌓을 수 있다.' '내가 약속한 대로 행동하면 내 성적은 약속을 지킨 결과를 보여 줄 것이다.' '나는 내가 합리적이고 현명한 사람인 것처럼 행동할 수 있다.').

6 부적합하고 반사회적인 행동을 유발하는 비합리적인 신념을 인식하고 대체한다. (12, 13)

12. 적절한 사회적 상호작용에 장애가 되는 비합리적인 신념들을 확인하도록 학생을 돕는다(예, '여기에는 냉혹한 다툼만 있을 뿐이야. 이익을 얻기 위해서는 무슨 짓이든 해야 할 필요가 있어.' '당신도 아무도 믿지 않는데, 왜 내가 정직해야 하는가?').
13. 캠퍼스나 그 외 지역에서 적절하게 사회적 기능을 하는 것의 장애를 제거하기 위해 학생의 비합리적인 신념을 합리적으로 재구성하도록 가르친다(예, '대부분의 사람들은 진실

되어 그들이 무슨 말을 해도 믿을 수 있다.' '아무도 나를 이용하지 않는다.' '남을 신뢰하는 것을 배우는 것이 교우관계의 시발점이다.').

7 과거 또는 현재 관계에서, 그리고 가족, 룸메이트, 동급생, 그 외 다른 사람들과의 상호작용에서 자기중심적인 패턴을 인정한다. (14, 15)

14. 반사회적인 자세와 행동 때문에 상실된 관계(예, 배신, 속임수, 공격성, 조종)를 재검토한다.

15. 룸메이트, 동급생, 교수진, 부모, 그리고 그 외 다른 사람들의 요구와 느낌에 대해 학생이 민감하지 못함을 직면한다. 학생이 다른 사람의 느낌이나 그의 무감각함의 부정적 영향을 자각할 수 있도록 역할전환이나 빈 의자 기법을 사용한다.

8 지속되는 반사회적 행동 습관들의 결과를 열거한다. (16)

16. 만약 학생이 사회규범들과 그것들을 강세하고 집행하는 사람들을 계속 무시한다면 이때 얻어지는 부정적인 결과(예, 체포, 투옥, 친구 상실, 정학, 또는 자신과 다른 사람으로부터 존중 상실)의 심각성을 학생에게 강조한다.

9 룸메이트, 동급생, 교수진 그리고 부모들과의 관계가 지속적으로 정직하고 신뢰성이 유지되도록 약속 이행을 한다. (17, 18)

17. 룸메이트, 동급생, 교수진, 부모, 그 외 다른 사람들이 거짓말을 하거나 약속을 지키지 않아도 실망하지 않거나 상처받지 않는 것은 그들과의 관계에서 믿음과 존중이 기초가 되는 정직과 신뢰의 가치 때문임을 학생에게 가르친다. 학생이 자신과 다른 사람들에게 정직할 때 얻는 이득의 목록을 작성하도록 과제를 준다.

18. 학생이 다른 사람들에게 정직하고 믿음직하게 약속 이행을 요청한다. 다른 사람들과의 상호작용에서 정직함을 실천할 수 있도록 가르치기 위해 역할극과 역할전환 기법을 사용한다.

10. 룸메이트, 동급생, 교수진, 부모, 그 외 다른 사람들의 요구에 공감하고 반응을 보임으로써 자신과 다른 사람들에게 이익이 된다는 점을 이해한다고 구두로 표현한다. (15, 19)

15. 룸메이트, 동급생, 교수진, 부모, 그리고 그 외 다른 사람들의 요구와 느낌에 대해 학생이 민감하지 못함을 직면한다. 학생이 다른 사람의 느낌이나 자신의 무감각함의 부정적 영향을 자각할 수 있도록 역할전환이나 빈 의자 기법을 사용한다.

19. 룸메이트, 동급생, 교수진, 부모, 그 외 다른 사람들에게 버릇없고, 불친절하고, 무례했던 경우를 학생이 직면하게 한다. 각 상황에 대해 학생에게 반대되는 친절하고 섬세한 반응을 묘사해 보도록 요청한다.

11. 룸메이트, 동급생, 교수진, 부모, 그 외 다른 사람들에게 친절하고 사려 깊게 수행할 수 있는 세 가지 행동을 열거한다. (20)

20. 다른 사람들을 위해 봉사나 친절한 행동을 실천할 수 있는 세 가지 행동을 열거하도록 학생을 돕는다. 무슨 일이 일어났는지, 그리고 무엇을 배웠는지 다음 회기에서 반드시 체크한다.

12. 과거의 행동과 활동 때문에 룸메이트, 동급생, 교수진, 부모, 그 외 다른 사람들에게 준 상처에 대해 보상이나 교정을 한다. (21, 22, 23)

21. 학생이 자신의 반사회적 행동 때문에 사람들이 상처받은 것들을 확인하도록 도움을 준다.

22. 자신의 행동에 대한 책임을 수용하고, 다른 사람의 감정에 대한 민감성을 개발하는 수단으로써 자신의 행

동으로 야기된 과거의 상처에 대한 사과의 가치를 학생에게 가르친다.

23. 학생의 과거 행동으로 상처받은 사람들에게 사과하기 위해 구체적으로 단계를 밟아 갈 것과 또는 보상할 것을 약속하도록 격려한다. 각 단계별 실천을 추적 관찰해서 성공한 것은 강화하고 실패한 것은 재수정하도록 한다.

13. 계속 수업에 출석하고, 캠퍼스 규칙을 준수하며, 교수와 동급생들을 존중하고 예의를 갖춰 대한다. (24, 25)

24. 학업/캠퍼스 상황에서 행동을 지배하는 규칙과 기대치를 재검토한다. 학생에게 이러한 규칙을 따르도록 요청하고, 이를 따를 때 얻어지는 이익(예, 학생신분의 유지, 미래의 졸업, 추천서)을 열거해 보도록 요청한다.

25. 수업에서의 학생의 참여, 행동, 학업 수행을 모니터하고, 교수에 대한 신뢰는 물론 존중감을 강화한다.

14. 다른 사람들, 특히 동급생과의 관계 개선을 위해 변화시켜야 할 행동을 확인하고 실행한다. (26, 27, 28)

26. 다른 사람들(특히, 룸메이트)과의 갈등을 줄이기 위해 변화시켜야만 하는 행동과 자세들에 대한 목록을 작성하도록 학생에게 요청하고 회기에서 목록을 검토한다.

27. 책임감 있고, 지지적이며, 지속적으로 신뢰가 가는 동급생이나 친구가 되기 위해 필요한 행동 목록(예, 정직, 신뢰, 감수성, 공감, 친절)을 작성하도록 도움을 준다.

28. 책임감 있는 한 개인으로서 구체적인 행동 실천을 시작할 수 있도록 학

생과 함께 계획을 세운다(현실에 근거한 행동에 초점 맞추기). 실행된 행동을 검토하고 성공적인 부분은 강화하고, 실패한 부분은 재수정한다.

15 자신의 행동과 생각, 그리고 느낌에 대해 전적으로 책임진다는 언급이 증가한다. (29, 30, 31)

29. 다른 사람에 대한 부정적인 행동이나 생각, 또는 느낌에 대해 책임지지 않거나 비난하는 언급을 하는 경우 학생을 직면한다.

30. 자신의 행동을 남의 탓으로 돌리는 이유를 탐색하고, 현실에 근거한 피드백과 조망을 가지고 반응한다.

31. 학생이 자신의 행동에 책임감을 보일 때 학생에게 구두로 긍정적인 피드백을 준다. 전에 반응했던 방식과의 차이를 검토하고 비교한다.

16 어린 시절에 겪은 고통과 공격성이 다른 사람에 대한 자기중심적인 보호와 공격성으로 연결된다는 점을 이해한다고 구두로 표현한다. (32, 33)

32. 학생의 어린 시절에 있었던 학대, 무시, 유기의 경험을 탐색한다.

33. 예상되는 고통으로부터 자기 자신을 보호하기에는 관계에서의 정서적인 무관심과 자기중심적인 행동양상이 얼마나 역기능적인 시도인지를 학생에게 설명한다.

17 아동 학대를 자행한 범죄자를 용서하고 싶은 마음을 구두로 표현한다. (34)

34. 반사회적 행동을 계속하게 하는 핑계로 상처와 분노를 품고 있는 것과 대비해 상처 준 사람에 대한 용서의 가치를 가르친다. 용서 과정의 가치에 대한 자료를 읽도록 학생에게 권한다(예, Smedes의 『*Forgive and Forget*』, Bradshaw의 『*Healing the Shame*』).

18 다른 사람을 믿는 것에 대한 두려움

35. 룸메이트, 동급생, 교수진, 부모, 그

을 언어로 표현한다. (35)

19 중요한 의미 있는 다른 사람, 부모, 룸메이트, 그리고/또는 상담자에게 개인적인 감정을 개방함으로써 신뢰감을 보인다. (36, 37)

___. ______________________________

___. ______________________________

___. ______________________________

외 다른 사람들을 신뢰할 때 동시에 느끼는 두려움을 탐색한다.

36. 누군가에 대한 신뢰감을 보여 주기 위해 중요한 다른 사람이나 룸메이트와 나눌 수 있는 학생 자신의 개인적인 생각과 느낌을 찾아본다. 다음 한 주 동안에 적어도 하루 한 번은 나눔의 시간을 갖도록 학생에게 과제를 준다.

37. 룸메이트, 동급생, 교수진, 부모, 그 외 다른 사람들에게 자신을 개방함으로써 상처받을 수 있는 학생의 경험을 검토한다.

___. ______________________________

___. ______________________________

___. ______________________________

진단 제안

축 I	309.3	품행장애 동반 적응장애
	312.8	품행장애
	312.34	간헐적 폭발성 장애
	303.90	알코올 의존
	304.20	코카인 의존
	304.89	복합물질 의존
	______	______________________
	______	______________________
축 II	301.7	반사회성 성격장애
	301.81	자기애성 성격장애
	799.9	진단 보류
	V71.09	진단 없음
	______	______________________
	______	______________________

5 진로 선택 혼란 (Career Choice Confusion)

행동 정의

1 가치, 흥미, 기술, 세계관 등에 맞는 진로를 확인할 수 없다.

2 진로 선택을 생각할 때 혼란스럽고, 불안하고, 우울해지는 느낌을 갖는다.

3 여러 가지 다양한 직업에 대한 정보나 경험이 없다.

4 진로에 대한 의견이 모호하거나 불확실한 정보를 근거로 한다.

5 직업에 관한 정보를 제공하는 조사 방법에 관한 지식이 없다.

6 전공 공부를 통해 습득한 지식과 기술을 진로의 요구 조건과 연결할 수 없다.

7 더 이상 현재의 가치, 흥미, 기술과는 맞지 않는 초기 발달 지점에서 진로를 결정한다.

8 진로 결정 과정에 존재하는 모호함 때문에 불안을 경험한다.

9 많은 양의 자기 평가와 수집, 분석, 통합해야만 하는 직업세계의 정보 때문에 진로 결정 과정을 불가항력적인 것으로 본다.

10 진로 선택을 지연시킴으로써 성인으로서의 책임감들을 수용하는 것을 회피한다.

11 부모/가족들은 학생의 진로에 대한 흥미를 승인하지 않는다.

__. ____________________

____

__. ____________________

____

__. ____________________

____

장기 목표

1 개인적인 특성, 직업적인 목표, 그리고 생활방식 선택에 적합할 진로를 받아들인다.

2 개인적 특성, 가치, 기술과 진로 만족 사이의 관련성에 대한 자각을 높인다.

3 진로 선택 과정에 도움이 되는 전공과목의 역할을 이해한다.

4 흥미 있는 진로 영역 내에서의 선택 가능성에 관한 정보를 모은다.

5 다양한 진로에 대한 경험을 얻을 수 있도록 기회가 되면 참여한다.

6 중요한 사람들의 진로 선택에 대한 기대를 효과적으로 다룰 수 있는 전략을 개발한다.

7 진로 선택 과정의 모호함으로 유발된 정서들에 대해 효과적으로 대처할 수 있는 전략을 개발한다.

___. ____

____

___. ____

____

___. ____

____

단기 목적

1 진로 선택에 대한 구체적인 생각과 느낌을 확인한다. (1, 2)

치료 개입

1. 구체적인 진로 영역에 대한 학생의 흥미와 지식의 수준을 탐색한다.
2. 진로 선택에 대한 학생의 느낌을 탐색하고, 진로 의사결정 과정의 어려

움을 인정한다.

2 개인적 특성들과 진로 결정에 영향을 주는 외부 요소들을 확인한다. (3, 4)

3. 진로에 대한 학생의 생각에 영향을 준 핵심 요소들을 확인한다(예, 어린 시절의 경험, 부모의 압력, 중요한 역할 모델, 대중매체 노출, 재정적인 목표, 또는 학업 교과 과정).
4. 개인적 특성으로 분명하게 표현되는 학생의 능력(예, 가치, 성향, 흥미, 기술)을 평가하고, 진로 선택과 이의 연관성을 이해한다.

3 대학에서 제공하는 진로 의사결정 자료를 활용한다. (5, 6, 7)

5. 대학 내 진로센터에서 제공하는 검사, 진로 계획 수립 워크숍, 유인물과 온라인상 자료 등의 서비스를 학생이 탐색하도록 제안한다.
6. 학생이 자신의 흥미, 가치, 기술 그리고 선호하는 생활양식을 명료화하는 데 도움을 주는 평가 도구(예, Strong Interest Inventory 또는 Myers-Briggs Type Indicator)의 가치를 설명한다. 흥미검사를 학생에게 실시하거나 의뢰하고, 결과에 대한 피드백을 제공한다.
7. 학생에게 자기 평가에 초점을 맞춘 과정이나 워크숍을 소개하고 이들 중 하나에 등록하도록 격려한다.

4 진로 선택 중 가장 선호하는 5개를 선택하도록 수집된 정보와 과정/워크숍 참여 결과를 검토한다. (8, 9)

8. 관심 있어 하는 진로들을 비교, 대조할 수 있는 도표를 학생이 만들 수 있도록 돕는다. 각 진로에서 요구하는 능력 기술 세트, 각 진로가 가지는 고유한 가치, 각 진로의 전형적인 환

경, 각 진로가 제공하는 생활양식, 그리고 각 진로에 의해 만들어진 세계관과 같은 사항을 열거한다.

9. 학생에게 가능성 높은 상위 5개의 진로를 선택하도록 하고 이들을 심도 있게 탐색하도록 한다.

5 가장 선호하는 진로 선택사항의 상세한 정보를 조사한다. (10, 11)

10. 학생이 선택한 진로에 대해 정보를 제공하는 온라인 탐색을 실시하도록 격려한다.
11. 학생이 선택한 진로에 대한 책과 다양한 정보를 얻기 위해 진로 서비스 센터 또는 대학 도서관의 자료를 활용하도록 한다.

6 진로 선택의 최종 결과에 중요한 역할을 하는 의미 있는 사람들과 진로 선택 과정을 공유한다. (12)

12. 학생이 진로 과정에 대한 정보를 계속 받을 수 있고 피드백을 청할 수 있는 부모, 가족, 중요한 다른 사람들과 진로 선택 과정을 공유하도록 격려한다.

7 학생이 선호하는 진로에 경험이 있는 사람들 중 만나서 정보를 얻을 수 있는 사람들의 목록을 작성한다. (13, 14, 15)

13. 학생이 선호하는 진로 선택사항과 관련된 연결망이나 멘토링 프로그램에 참여할 수 있도록 학생을 동창회 사무실이나 진로 서비스 사무실에 의뢰한다.
14. 학생이 자신이 선택한 진로에 관해 많은 정보를 얻고 전문적인 접촉이 가능하도록 진로 관련 전문단체와 연락을 취하도록 한다.
15. 가족, 친구들 그리고 교수진을 자원으로 활용해 학생이 선호하는 진로 선택사항과 관계되는 가능성 있는 네

트워크 명단을 작성하도록 지원한다.

8 고려하고 있는 진로를 경험한 전문가들과 정보수집을 위한 인터뷰를 수행한다. (16, 17, 18)

16. 자신이 선호하는 진로 선택사항을 경험한 사람들로부터 정보를 수집하기 위해 인터뷰용 질문 목록을 만들거나 구해 보도록 학생에게 과제로 준다.

17. 자신이 준비한 질문들을 다듬고, 인터뷰를 보다 편안하게 수행할 수 있도록 돕기 위해 정보수집 인터뷰를 역할극으로 해 본다.

18. 학생이 관심 있는 각 진로마다 2개의 정보수집 인터뷰를 수행하도록 과제를 준다.

9 상위 2개의 진로 선택사항을 확인하기 위해 고려 중인 각 진로에 대한 장단점 목록을 만든다. (19, 20)

19. 정보 네트워크 내에서의 논의와 인터뷰를 통해 수집된 정보를 토대로 이미 만들어 놓은 진로 초기 비교 도표를 수정하도록 학생을 지원한다.

20. 정서와 사실에 근거하여 수집된 모든 정보를 검토하기 위해 학생과 비교 결과를 논의한다. 관심 있는 각 진로의 장단점 목록을 만들어 선호하는 2개의 선택사항으로 줄인다.

10 고려하고 있는 각 진로들을 대학이나 지역사회에서 경험할 수 있는 기회를 적어도 한 번씩은 갖는다. (21, 22)

21. 진로 경험을 할 수 있는 기회를 대학 내 여러 프로그램을 통해 가져 보도록 한다(예, 인턴제도, 현장 작업, 지역사회 서비스, 자원 봉사 선택 가능성, 또는 계절제나 시간제 근무).

22. 인턴이나 별도의 근로 경험 기회를 제공하거나 연결시켜 줄 수 있는 네트워크 목록에 있는 사람과 접촉하도록 학생을 격려한다.

11 참여 경험을 통해 얻은 정보를 가지고 상위 진로 선택사항을 재평가한다. (23, 24)

23. 인턴 기간 동안 학생을 매달 만나 그 경험을 평가하고 진로 선택을 세밀하게 조율한다.

24. 각 진로의 장단점 목록에 경험을 통해 직접 얻은 정보를 추가하고, 가장 적합한 진로를 선택하도록 확인한다.

12 진로를 선택하고 졸업 후 행동 계획을 세운다. (25, 26, 27)

25. 학생이 선택한 직업에서 요구하는 교육 요건을 검토하도록 돕는다.

26. 보다 많은 교육이 요구되면, 학생이 대학원이나 직업 학교를 조사하거나 지원하기 위한 계획을 만들도록 학생을 돕는다.

27. 취업을 위한 조사가 시작되면 이력서 작성, 인터뷰, 직업 조사 등을 돕기 위해 학생을 진로 서비스 센터에 의뢰한다.

__. ______________________________

____

__. ______________________________

____

__. ______________________________

____

__. ______________________________

____

__. ______________________________

____

__. ______________________________

____

진단 제안

축 I	309.0	우울감 동반 적응장애
	309.24	불안 동반 적응장애
	309.28	혼재성 불안과 우울감 동반 적응장애
	300.4	기분부전장애
	V62.2	직업 문제
	V62.89	발달단계 문제
	799.9	진단 보류
	V71.09	진단 없음
	______	______________________
	______	______________________
축 II	799.9	진단 보류
	V71.09	진단 없음
	______	______________________
	______	______________________

6 약물 의존/남용 (Chemical Dependence/Abuse)

행동 정의

1 감정을 변화하게 하는 약물을 몽롱해지거나 중독될 때까지 정기적으로 사용한다.

2 지난 두 달 동안 대학 내에서 두 번 이상 약물에 취하거나 중독된 적이 있다.

3 마약 도구, 알코올 또는 불법 중독성 물질 등을 소지한 것으로 보고된 적이 있다.

4 술 때문에 체포되거나 약물 관련 고소를 당한 적이 있다(예, 술 취해서 풍기 문란, 공공장소에서 중독, 중독성 약물에 취한 상태로 운전, 또는 미성년 음주).

5 친구 그룹을 완전히 약물 지향적인 그룹으로 바꾼다.

6 학교생활을 등한시하고 학업 수행과 실적이 저조함을 보인다.

7 감정의 기복이 자주 나타난다.

8 학교 수업에 거의 정기적으로 결석하거나 지각한다.

9 약물 중독과 관련해서 학교에서 징계를 받는다.

10 약물 중독 양성 반응을 보인 적이 있다.

___. ____

____

___. ____

____

___. ____

____

장기 목표

1 감정을 변화시키는 약물 남용을 중단한다.

2 습관성 약물 문제를 인정하고, 깨끗하고 맑은 정신을 유지하면서 재활 프로그램에 적극 참여한다.

3 재발 형태를 이해하고, 장기간 지속 가능한 효과적인 회복 전략을 개발한다.

4 회복 과정을 계속 밟도록 지원하고 북돋아 주는 사람들이나 그룹과 관계를 맺고 유지하도록 한다.

5 이전에는 약물 남용이나 중독을 키운 학업적 · 사회적 · 개인적 스트레스 요인들에 대해 효과적인 적응 방법을 사용할 수 있는 지속적인 능력을 보인다.

__. ______________________________

____

__. ______________________________

____

__. ______________________________

____

단기 목적

1 대학에 들어오기 전과 그 이후, 약물 사용에 대한 자세한 내력을 제공한다. (1, 2, 3)

치료 개입

1. 약물을 사용할 수밖에 없었던 느낌을 확인하고 표현할 수 있도록 학생의 능력을 키우기 위해 지속적인 눈맞춤, 적극적인 경청, 무조건적인 긍정적 존중, 그리고 따뜻한 수용 등을 통해 학생과의 신뢰 관계를 적극적으로 형성한다.

2. 학생이 선택한 약물에 관한 정보를 수집한다. 즉, 약물 섭취 경로(예, 경정맥 IV, 경구 PO, 코를 통한 흡인), 약물 사용 빈도, 사용량과 사용 기간, 가장 최근의 사용 내용, 신체적 호소/의학적 문제, 자신의 약물 남용으로 초래된 삶에 대한 부정적인 결과(예, 학업, 사회, 법, 가족, 또는 직업 영역).
3. 약물 의존성의 심각성과 심한 정도를 평가하기 위해 적절한 약물 남용 평가 도구(예, Alcohol Severity Index 또는 Michigan Alcohol Screening Test)를 사용한다. 결과를 검토한다.

2 '내가 술 그리고/또는 약물을 사용하게 된 이유'를 전부 이야기한다. (4, 5)

4. 약물 사용/남용을 유발한 감정들, 사건들, 스트레스 요인들뿐 아니라 학생이 약물을 사용하게 된 이유들을 명료화하도록 돕는다(예, 약물/술 사용에 대한 정서와 행동 반응).
5. 학생이 자신의 약물 사용 이유가 약물 남용을 통해 지속적으로 해결되고 충족되는지를 평가해 보도록 한다. 약물 남용이 주는 단기간의 보상에 비해 장기적인 부정적 결과가 너무 심각함을 알려 준다.

3 먼 친척을 포함해서 가까운 가족들의 술이나 약물 사용/남용 내력과 그 영향을 기술한다. (6, 7, 8)

6. 학생 가족의 약물 의존 패턴의 내력과 이것이 자신의 현재 상황과의 연관성을 탐색한다.
7. 모든 학생 가족들의 약물 의존 상황을 조사하고 자신에게 나타난 약물

의존성이 유전적 소인을 가지고 있는지 살펴본다.

8. 가족의 약물 남용이 과거 어린 시절과 현재의 학생에게 가져다준 영향을 살펴본다. 학대, 무시 또는 유기 주제를 세밀히 조사한다.

4 약물 남용에 대한 책임의 수용과 무력함을 인정하는 표시를 위해 '나'로 시작하는 진술문으로 표현한다. (9, 10)

9. 학생에게 알코올 중독 모임 1단계(Alcoholics Anonymous First Step) 조사서를 완성해 오라는 과제를 내주고 그 결과에 대해 피드백을 받기 위해 지원 단체, 학생의 후원자 또는 치료사와 검토한다.

10. 학생이 자신의 약물 남용 문제의 심각성을 축소시키거나 부정하려는 시도에 직면한다.

5 약물이나 알코올 사용, 그리고/또는 영양 결핍 등의 영향을 평가하기 위해 의학적 검사를 받도록 한다. (11)

11. 약물 남용의 결과, 신체적으로 건강을 해치지는 않았는지 알아보기 위해 철저한 진찰을 받도록 한다.

6 약물 그리고/또는 알코올 사용/남용의 부정적 결과를 확인한다. (12, 13, 14)

12. 약물 남용의 부정적 결과(예, 학업, 건강, 재정, 법, 관계, 자존감, 고용, 생산성, 활력 등)에 대한 목록을 작성하는 과제를 준다.

13. 약물 남용이 룸메이트, 동급생, 교수 또한 가족들과의 관계에 끼친 부정적 효과들에 대한 목록을 작성하도록 도움을 준다. 과거에 받은 상처를 치료하려는 계획을 수립하도록 격려한다.

14. 약물 의존과 그 결과, 회복 과정에 대한 강의에 학생이 참여하도록 요청

한다. 다음 진행 과정에 도움이 되도록 각 강의에서 얻은 몇 가지 중요사항들을 글로 적으면서 확인하도록 한다.

7. 회복 과정에서 알코올 중독, 약물 남용, 그리고/또한 중독에 대한 증진된 지식을 구두로 표현한다. (14, 15)

14. 약물 의존과 그 결과, 회복 과정에 대한 강의에 학생이 참여하도록 요청한다. 다음 진행 과정에 도움이 되도록 각 강의에서 얻은 몇 가지 중요사항들을 글로 적으면서 확인하도록 한다.
15. 알코올 중독이 질병이라는 개념을 다룬 책(예, Johnson의 『*I'll Quit tomorrow*』, Fanning과 O'Neill의 『*The Addiction Workbook*』)을 읽고 치료사와 논의할 몇 가지 핵심 주제를 선택하도록 학생에게 과제로 준다.

8. 적절한 자조집단에 참여해서 지원자나 후견인을 만난다. (16, 17)

16. 적절한 지역사회 지원 단체(예, AA[1])와의 연결을 촉진한다. 참여를 확인하고 경험을 검토한다.
17. 여러 해 동안 12단계 프로그램에서 작업해 온 AA, NA[2] 회원을 학생이 만나도록 안내하고 그 프로그램이 구체적으로 어떻게 그 회원을 절제할 수 있도록 도와주었는지 알아낸다. 만남에서의 경험을 검토한다.

9. 약물 그리고/또는 알코올 사용을 유발하거나 자극하는 왜곡된 자기대화

18. 술을 마시거나 약물을 사용하게 하는 감정들을 유발하거나 중재하는

1. Alcoholics Anonymous: AA
2. Narcotics Anonymous: NA

를 확인하고 대체한다. (18, 19, 20, 21)

학생의 부정적이고 왜곡된 자기대화를 확인하도록 돕는다(예, '한 잔 더 한다고 해서 뭐가 문제지?' 또는 '난 한 잔만 더 마시고 끝낼 수 있어, 아무런 문제없어.').

19. 약물 중독에 대한 학생의 조절감을 키우기 위해 현실적이고 긍정적인 자기대화를 학생에게 가르친다(예, '난 진정한 친구에게 안 된다고 말할 수 있고, 우리의 우정을 걱정하지 않을 수 있어.' 또는 '단 한 번의 마리화나 때문에 이 힘든 작업을 무용지물로 만들지 않겠어.').

20. 학생이 금주에 장애가 되는 비합리적인 신념을 확인하도록 돕는다(예, '누구나 술을 마시는데, 이게 무슨 큰 일이지?' 또는 '나는 그만큼은 마시지 않아.').

21. 학생에게 금주하거나 이를 계속 유지하는 것을 방해하는 장애물을 제거하기 위해 자신의 비합리적인 신념을 합리적인 것으로 재구성하도록 가르친다(예, '한 잔을 마시면 또 한 잔, 그리고 또 한 잔을 마실 위험성이 커진다는 것을 나는 알고 있고 또 그럴 만한 가치도 없어.' '술 마시는 게 나의 학업 진로를 끝낼 만큼 위험을 감수할 만한 것은 아니라는 사실을 이제는 알았어.').

10 약물 그리고/또는 알코올을 사용하

22. 학생에게 스트레스 상황에 효과적으

고 싶은 욕망이 생길 때는 이완 기법을 실행한다. (22, 23)

11 약물 남용과 관계있는 활동과 장소를 대체할 수 있는 레크리에이션 활동, 과외 활동, 학업 활동 그리고 사회 활동(장소)의 목록을 만든다. (24, 25)

12 금주가 학업 수행과 과외 활동에 긍정적인 영향을 주는 방법임을 확인한다. (26)

13 회복을 지원하기 위해 사회적 관계에서 만들어질 수 있는 변화들에 대해 언급한다. (27, 28)

로 대처할 수 있는 이완 기법(예, 점진적 근육 이완, 심호흡 또는 심상 유도)을 가르친다. 긴장되고 신경과민이 되거나 초조해져 약물 남용이 재발되려 할 때 이러한 기법들을 사용하도록 격려한다.

23. 학생에게 이완 훈련이 유용한 대처 기술로 적용될 수 있도록 적어도 5개의 상황 목록을 작성하게 한다(예, 긴장 감소, 수면 유도, 시험 불안 대처, 사회적 불안 감소, 약물 사용 충동 제거).

24. 약물 남용을 유발하는 한가한 시간을 대체할 수 있는 긍정적이고 적절한 레저 활동, 사회 활동 그리고 과외 활동을 찾도록 학생을 돕는다.

25. 금주를 통해 얻은 시간과 에너지를 생산적 활동에 사용하여 자존감 증진을 달성할 수 있는 대학과 관련된 프로젝트나 활동을 계획하도록 학생을 돕는다.

26. 금주와 약물 사용을 하지 않는 것이 학생 자신의 성적, 대학생활, 사회와 가족 관계, 또는 운동과 과외 활동 경험에 얼마나 긍정적인 영향을 주었는지 재검토하여 목록을 만들도록 한다.

27. 과거에 술이나 약물과 관계된 친구들과의 지속적인 교우관계가 끼치는 부정적인 영향을 재검토한다. 재발

을 유도하고 피해야 할 필요성이 있는 그러한 교우관계를 확인하도록 학생에게 요청한다.

28. 학생이 금주-교우관계의 긍정적인 지지체계를 개발할 수 있는 방법을 찾아보도록 학생을 지원하고, 그러한 긍정적인 지지체계를 유지하고 강화할 수 있는 방법을 논의한다.

14 개인 간의 스트레스를 해결하기 위해 자기주장과 문제해결 기술을 실행한다. (29, 30, 31)

29. 정중하게 행동적인 용어로 문제를 확인하고, 서로의 요구와 권리를 인정하며, 그리고 동료의 압력에 희생되지 않고 똑같이 서로에게 도움이 되는 해결책을 제시할 수 있는 주장적인 대화 모델을 학생에게 소개한다.

30. 학생에게 효과적인 갈등해결 방법 또는 문제해결 기술을 가르친다. ① 행동적인 용어로 문제의 확인 또는 명료화하기, ② 가능한 대안적인 해결책에 대한 공동의 브레인스토밍과 각각의 장단점에 대해 검토하기, ③ 실행할 수 있는 대안책을 공동으로 마련하기, ④ 상호 만족이라는 관점에서 결과 평가하기, ⑤ 필요하다면 서로의 만족을 증진시키기 위한 해결책 조정하기

31. 학생이 동료로부터 약물 사용의 압력을 피할 수 있도록 역할극과 모델링을 사용하여 자기주장 기법을 학생에게 가르친다.

15 가족과 의미 있는 중요한 사람들이

32. 가족과 의미 있는 중요한 사람(동의

학생의 약물 의존 문제를 이해하고, 학생의 회복을 위해 순수한 지원을 제공하겠다고 구두로 표현한다. (32)

를 받은 후)들을 만나 학생의 약물 의존 문제에 관해 교육하고, 그들이 학생을 위한 지원에 협력하며 약물을 가능하게 하는 어떤 행동 패턴도 멈추도록 한다.

16. 금주를 계속 유지할 때 나타나는 두려움을 다룰 수 있도록 행동적인 대처 전략을 실행한다. (33, 34)

33. 금주나 약물 중단과 관련해 연상되는 두려움 목록을 작성하도록 학생에게 과제를 준다.
34. 금주를 유지하면서 연상되는 각각의 두려움을 다룰 수 있는 행동적인 대처 전략을 개발하도록 돕는다(예, 사회적 기술 습득하기, 약물하지 않는 친구와 지원 네트워크를 만들기 위해 사회적 접촉을 주도적으로 하기, 정신적 지원 그룹과 접촉하기).

17. 약물 그리고/또는 알코올을 다시 유도하게 하는 감정이나 상황에 대한 구체적인 대응 반응을 실행한다. (22, 31, 35, 36, 37)

22. 학생에게 스트레스 상황에 효과적으로 대처할 수 있는 이완 기법(예, 점진적 근육 이완, 심호흡, 심상 유도)을 가르친다. 긴장되고 신경과민이 되거나 초조해져 약물 남용이 재발되려 할 때 이러한 기법들을 사용하도록 격려한다.
31. 학생이 동료로부터 약물 사용의 압력을 피할 수 있도록 역할극과 모델링을 사용하여 자기주장 기법을 학생에게 가르친다.
35. 학생이 약물을 다시 사용하도록 유혹받을 때 보이는 자신의 행동 반응을 확인하고 목록을 작성하도록 한다.
36. 강렬한 사용 유혹을 극복하는 대처

반응을 재검토한다(예, 긍정적인 자기대화하기, 후원자에게 전화하기, 자조집단 모임에 참석하기, 이완하기, 기도와 명상하기, 자기주장 기술 사용하기, 친사회적 활동으로 전환하기).

37. 학생의 약물 남용을 조장하는 대학생활, 학업의 기대치, 또는 과외 활동 등에서 상황적인 스트레스 요인을 살펴본다. 각각의 스트레스 유발 요인들을 다룰 수 있는 행동적 또는 인지적 대처 기술을 제안한다.

18. 금주를 유지할 수 있도록 격려하고 도와주는 기숙사 내 지지체계를 확인한다. (38, 39)

38. 학생에게 약물을 사용하지 않고 술도 마시지 않게 도움과 제안을 제공할 수 있는 행정 직원 지원을 찾아본다(예, 기숙사 조언자 또는 기숙사 책임자).

39. 약물을 사용하지 않고 술도 마시지 않도록 도움과 제안을 주는 기숙사 내 동료 사원(예, 약물-술 안 하기 동료 지원 그룹, 약물 없는 기숙사와 캠퍼스 중심 사회 활동, 정신적 지원을 주안점으로 두는 활동, 12단계 활동) 자원을 찾아본다.

19. 방학이나 졸업 후 장기간의 금주를 유지할 수 있게 하는 문서화된 사후관리 계획을 개발한다. (40)

40. 금주를 유지하는 데 적합한 문서화된 사후관리 계획을 과제로 주고 검토한다(예, AA, NA) 모임에 참여, 지속적인 상담, 긍정적인 지원 네트워크, 대처 기술의 사용 유도, 후원자들 선택하기, 지지해 주는 사람들의 전화

것이 없다.' '네가 이 일이 일어나도록 한 것이 아니다.' '네가 어른을 저지하기에는 너무나도 어렸다.').

12. 학대 때문에 겪은 감정(예, 수치심, 죄책감, 두려움, 분노, 배신감, 무기력, 자포자기, 슬픔)에 명명을 하도록 돕고 이러한 감정이 생긴 상황을 묘사하도록 격려한다.
13. 학대의 기억과 관련된 과거와 현재의 상황, 행동 그리고 감정을 일지에 기록하기 위해 단어, 그림, 사진을 이용하도록 격려한다. 일지 자료를 검토한다.
14. 아이였던 당시의 슬픔과 공감을 느낄 뿐 아니라 그 당시의 감정과 경험에 보다 더 잘 연결되도록 학생에게 학대가 있었던 나이에 찍은 사진을 가져오도록 제안한다(또는 그 당시 나이에 해당하는 아이의 사진을 잡지나 책에서 찾아보도록 한다).

6 심리사회적 발달에 대한 학대의 영향을 인정한다. (15, 16, 17, 18)

15. 어린 시절 형성된 부적응적인 대처행동(예, 부인, 축소화, 합리화, 해리, 단절, 탐닉, 고립)을 확인하고, 이러한 행동들이 자신을 살아 있게 하였고 정서적으로 보호하였다는 점을 인식하도록 돕는다.
16. 학생이 현재의 부적응 행동들이 학대의 결과로 비롯된 것임을 부드럽게 직면하도록 한다(예, 우유부단함 또는 전혀 결정을 못 내림, 적절한 신

체적 · 정서적 경계를 설정하지 못하는 무능력, 성적 문란함, 약물 중독, '빨리빨리 할 것 다하고 살고, 젊어서 죽자.'는 인생관, 왜곡된 신체 이미지).

17. 학생에게 필요한 발달과업(특히 관심을 두는 것은 학교와 직장의 고유한 규칙과 구조에 관련된 과업뿐 아니라 자기 자신을 달래 주고 양육과 위안을 제공해 주는 과업들이다)을 명료화하기 위해 『*Growing Up Again*』 (Clarke & Dawson)을 읽도록 권한다.

18. 『*Growing Up Again*』(Clarke & Dawson)나 Erikson의 단계별 심리사회적 발달을 이용해 학대로 차단된 구체적인 발달과업을 확인하도록 돕고, 이런 과업을 현재 자신의 삶에서 구체화할 수 있는 계획을 세운다(예, 다른 사람이 접촉하는 것을 결코 허용하지 않았던 1단계 과업에는 치료적 마사지가 유용함, 주위 환경을 탐색하거나 경험한 적이 전혀 없는 2단계 과업으로는 완전히 새로운 활동이나 음식물을 시도해 보는 것이 유용함).

7 우울과 스트레스를 효과적으로 처리하기 위한 기술을 실행한다. (13, 19, 20, 21)

13. 학대의 기억과 관련된 과거와 현재의 상황, 행동 그리고 감정을 일지에 기록하기 위해 단어, 그림, 사진을 이용하도록 격려한다. 일지 자료를 검토한다.

19. 학생이 스스로를 자신의 장점과 연

결지을 수 있도록 자신에 대해 긍정적 서술(예, '실수해도 괜찮다.' '나는 사랑받고 보살핌을 받을 가치가 있다.' '나의 미래는 나의 것이다.')을 하거나 심상화하는 것을 사용하도록 가르친다.

20. 학생으로 하여금 스트레스를 해소하고 다른 사람과 안전한 관계를 맺을 수 있는 방법으로 운동 또는 교내 스포츠에 관해 대학 내 레크리에이션 센터에 알아보도록 격려한다.

21. 이완 기법(예, 마사지, 요가, 명상)의 목록을 검토하고 이러한 곳이나 다른 교내 건강 프로그램에 등록하도록 격려한다.

8 중독행동으로부터 회복하는 기술을 배우기 위해 12단계 집단에 참여한다. (22)

22. 대학 내 적절한 12단계 프로그램(예, AA, NA, ACOA[1], OA[2])에 학생을 의뢰하고 2주 내에 후원자를 얻도록 제안한다.

9 학업 수행을 증진하기 위해 학업 지원 자원들을 활용한다. (23)

23. 현재 수업에서 학생의 수준을 평가하고 성공적인 학기가 되도록 적절한 학업 자원들(예, 개인교습 센터, 지도 교수 또는 각 과목 교수들과의 면담)에 학생을 의뢰한다.

10 사회적 상호작용을 개선하기 위해 분노 다스리기와 문제해결 기술을 실행한다. (24, 25)

24. 학생이 자신의 분노를 건강한 방식으로 다룰 수 있도록 기법(예, 일기 쓰기, 주장적인 의사소통하기, 샌드백 치기, 달리기)을 가르친다.

---

1. Adult Children of Alcoholics: ACOA
2. Overeaters Anonymous: OA

25. 권위적인 인물(예, 슈퍼바이저, 선생님, 부모)과의 갈등에 대한 학생의 전형적인 반응을 탐색하고, 보다 긍정적인 결과를 얻을 수 있는 협상 기법과 문제해결 기법을 확인한다.

11 자살 충동에 대한 강도를 구두로 표현하고 자신을 보호하는 데 필수적인 단계를 따르는 데 동의한다. (26)

26. 학생이 생각하는 자살 사고에 대한 치명적인 수준(예, 구체적인 계획이 있는지, 자살에 사용되는 구체적인 도구, 약, 권총, 자동차 등에 쉽게 접근할 수 있는지, 실제 자살 시도를 한 적이 있는지)을 평가하고 매 6주마다 자해하지 않기 계약을 새롭게 체결하는 것에 동의할 것을 요구한다. 징후가 보이면 24시간 관찰이나 정신병동 입원을 조치한다.

12 해리를 경험하는 빈도를 줄인다. (27)

27. 학생에게 해리의 경험으로 이끄는 구체적인 계기, 신체적 신호, 그리고 특정한 느낌을 인식하는 것을 가르치고, 학생이 현재에 머무르면서 패턴을 바꾸는 작업을 하도록 격려한다.

13 자해 행동을 유발하는 욕구에 대응하는 구조화된 행동을 실행한다. (28, 29)

28. 학생의 자해 목적(예, 자신이 실제로 살아 있음을 확인하기 위해서, 형벌과 긴장해소를 위해서, 또는 주위의 관심을 끌기 위해서)이 무엇인지 결정하고 학생을 도와 원하는 결과를 얻어 낼 수 있는 보다 건강한 방법을 찾도록 한다(예, 샌드백 치기, 파워워킹, 달리기, 방이나 아파트를 방문할 수 있는 동료 찾기).

29. 생산적인 방법으로 욕구를 채워 줄

수 있는 사회 활동을 늘리기 위해 개인적 또는 학문적 관심 분야에 집중하는 캠퍼스 조직에 참여하도록 권장한다(예, 학생 신문, 피정, 학장 자문 위원회).

14 건강한 사회적 또는 친밀한 관계에서 경계 설정이 해야만 하는 역할을 정의한다. (30, 31, 32)

30. 개인적인 관계에서의 경계 설정에 관한 자료를 읽도록 권한다(예, Katherine의 『*Boundaries: When You End and I begin*』, Bass와 Davis의 『*The Courage to Heal*』, Whitfield의 『*Boundaries and Relationships*』). 읽은 자료를 검토한다.
31. 관계에서 적절한 한계나 경계를 세우는 자신의 능력을 평가하도록 돕는다. 학생 자신이 갖고 싶어 하는 관계 형태를 탐색한다.
32. 학생이 원하는 관계를 갖기 위해 필요한 경계 변화를 결정하도록 돕고 구체적인 행동 목표를 세운다(예, "아니요."라고 말하는 것을 배운다, "여보세요."라고 먼저 말한다. 다른 사람이 당연한 일로 생각하는 것을 허용하지 않는다).

15 보다 적응적인 성관계를 실행한다. (33, 34, 35)

33. 진행 중인 신체 상태(예, 만성 통증 또는 성관계를 통해 감염되는 질병들)를 평가하기 위해 대학건강센터에 학생을 의뢰한다.
34. 학대로부터 비롯된 성에 대한 걱정(예, 성행위 중 과거 경험의 재현현상, 성욕 감소, 불감증, 물품 음란, 문

란한 성관계, 성행위 중 해리)을 논의하도록 격려한다. 이런 걱정들을 검토하고 원인을 아동기에 받은 학대까지 추적한다.

35. 성적인 걱정에 대한 치유적인 반응들의 레퍼토리를 개발하도록 돕는다(예, 성급하고 충동적인 성관계를 피함, 현재에 머무르기, 신뢰할 수 있는 파트너 갖기, 필요하면 성행위 중단하기, 성에 대한 느낌을 파트너와 솔직하게 대화하기).

16. 느끼거나 경험하지 못했던 아동기의 슬픈 감정을 나눈다. (13, 36, 37)

13. 학대의 기억과 관련된 과거와 현재의 상황, 행동 그리고 감정을 일지에 기록하기 위해 단어, 그림, 사진을 이용하도록 격려한다. 일지 자료를 검토한다.

36. 학생 자신의 마음속에 만들어진 아동기를 검토하고 이를 자신이 실제 경험한 아동기와 비교한다. 이런 현실과 관련된 슬픈 감정을 검토한다.

37. 슬픔을 검토하는 과정의 격렬함과 행복한 가정에 대한 환상을 만들어 내는 데 사용된 이 에너지를 자유롭게 하는 것의 필요성과 보람 있는 현재와 미래를 설계하는 데 이 에너지를 사용하는 것의 필요성을 조언한다.

17. 미래의 목표를 만들어 낸다. (38, 39, 40)

38. 학생이 자신에게 가능한 목표에 접근할 수 있도록 돕기 위해 미래에 대한 자신의 꿈이나 희망을 일지에 기록하도록 권한다.

39. 캠퍼스 진로센터에 학생을 의뢰해 진로 탐색 과정을 시작하도록 한다.
40. 치료를 단계적으로 서서히 줄여 가는 스케줄을 만들면서, 학생이 버려졌다는 느낌을 갖지 않도록 정기적인 접촉을 가져 지지를 받는다는 느낌을 갖도록 지원한다.

__. ______________________________

__. ______________________________

__. ______________________________

__. ______________________________

__. ______________________________

__. ______________________________

진단 제안

축 I	309.81	외상후 스트레스 장애
	300.02	범불안장애
	300.4	기분부전장애
	309.xx	적응장애
	296.2x	주요 우울장애, 단일 삽화
	312.34	간헐적 폭발성 장애
	303.90	알코올 의존
	305.00	알코올 남용
	304.30	대마계 제제 의존
	305.20	대마계 제제 남용
	304.20	코카인 의존
	305.60	코카인 남용
	304.89	복합물질 의존
	302.70	달리 분류되지 않는 성기능 부전
	V71.09	진단 없음
	799.9	진단 보류
	____	____________
	____	____________
축 II	301.50	히스테리성 성격장애
	301.83	경계성 성격장애
	301.82	회피성 성격장애
	301.9	달리 분류되지 않는 성격장애
	V71.09	진단 없음
	799.9	진단 보류
	____	____________
	____	____________

8 우울증 (Depression)

행동 정의

1 슬픔이나 무감각한 정서를 의미 있게 나타낸다.

2 심각하게 자살에 대한 생각을 경험하거나 생명을 위협하는 행동을 한다.

3 침울함과 과민성의 증가를 보인다.

4 점점 더 자신을 룸메이트, 중요한 다른 사람들, 동급생, 교수진, 가족 또는 친구들과 격리한다.

5 학업 수행이 저하되고, 운동 또는 사회 활동과 과외 활동에 점점 참여하지 않는다.

6 이전에 즐겼던 활동에 대한 흥미를 잃는다.

7 낮은 에너지 수준을 갖는다.

8 식욕이 주목할 만하게 변한다.

9 수면장애와 무기력함을 경험한다.

10 절망감, 무가치감 또는 부적절한 죄책감을 경험한다.

__. ______________________________

____

__. ______________________________

____

__. ______________________________

____

장기 목표

1 우울증을 구두로 인정하고, 그 원인을 해결하여 정상적인 감정 상태로 되돌리도록 한다.

2 과민성을 낮추고 룸메이트, 동급생, 팀 동료, 교수진, 가족 또는 친구들과의 사회적 상호작용을 높인다.

3 때때로 즐거움과 삶에 대한 강한 열정을 표현할 뿐 아니라 학업 성적, 사회 참여, 과외 활동 그리고 식습관에 새롭게 변화된 특유의 흥미를 보인다.

4 식습관, 수면습관이 정상화되었음과 미래에 대한 보다 희망차고 긍정적인 전망을 가지고 있음을 보고한다.

5 만약 우울한 느낌이나 행동이 다시 나타난다면 룸메이트, 중요한 다른 사람들, 친구들, 가족 또는 전문가들로부터 적절한 도움을 구한다.

—. ______________________________

____

—. ______________________________

____

—. ______________________________

____

단기 목적

1 수업과 과외 활동에서 정상적인 활동을 방해하는 우울한 느낌과 증상을 구두로 표현한다. (1, 2, 3, 4)

치료 개입

1. 각 회기에서 지속적으로 눈을 맞추고, 적극적으로 경청하고, 무조건적인 긍정적 존중을 보이고, 따뜻하게 받아 줌으로써 적극적으로 학생과의 신뢰 수준을 높여 우울과 관련된 느

껌을 확인하고 표현할 수 있는 능력을 키우도록 돕는다.

2. 대학생활에서 우울한 느낌과 우울한 기분으로 몰고 가는 문제들을 학생이 확인하고 명료화하도록 돕는다.
3. 대학 환경에서 학생이 자신의 우울증에 대처할 때 이를 이용했거나 회피했던 기회들을 평가한다.
4. 학생의 과거부터 현재까지의 우울한 기분에 대한 과거력을 탐색한다. 학생의 가족 중에 기분장애 환자가 있는지 평가한다.

2 우울증을 악화시키는 해결되지 않은 문제들을 확인한다. (5, 6)

5. 학생의 우울증을 악화시키는 해결 안 된 갈등(예, 가족, 친구, 연애, 개인적 정체성 또는 학문)을 탐색한다.
6. 집과 가족을 떠나 사는 데 따른 두려움을 기록해 오는 과제를 학생에게 준다. 우울감과 관련해서 이러한 해결되지 않은 두려움을 명료화하고 검토한다.

3 우울증의 심한 정도를 평가하기 위해 심리평가를 수행한다. (7)

7. 심리평가를 수행하거나 준비하고 적절한 동의를 받은 후, 결과들을 가족, 자문한 치료사 또는 학생에게 알려 준다.

4 항우울제 처방 그리고/또는 입원을 결정하기 위해 자문 정신과 의사나 일반 의사를 만난다. (8)

8. 학생을 일반 의사나 정신과 의사에게 의뢰해 진찰을 받도록 하여 우울증의 기질적 원인을 감별하고, 항우울제 처방을 위한 평가, 그리고/또는 필요하면 병원 입원을 위한 준비를 하도록 한다.

5 향정신성 의약품을 처방된 대로 복용하고 효과와 발생 가능한 부작용을 보고한다. (9)

9. 향정신성 의약품 처방을 잘 따라 복용하는지 모니터하고 평가하며, 학생의 기능과 기분 수준에 대한 약 효과를 평가한다. 약을 처방한 의사에게 정기적으로 자문을 구한다.

6 자살 시도 과거력이나 현재의 자살 사고, 충동 또는 계획을 구두로 표현한다. (10, 11)

10. 과거와 현재 상태의 자살 충동과 행동을 탐색한다(27 자살 사고 참조).
11. 만약 학생 스스로에게 해가 된다고 판단되면 정신병동에 입원하도록 조치한다.

7 자살하지 않겠다고 상담자와 계약한다. (10, 12)

10. 과거와 현재 상태의 자살 충동과 행동을 탐색한다(27 자살 사고 참조).
12. 학생이 자살 생각이나 충동을 느낄 때 자신이 해야 할 일(예, 상담자 접촉, 상담 회기에서 배운 인지 기법과 방법 사용, 자살방지센터 상담원과의 전화 연결)과 하지 말아야 할 일(예, 다른 사람의 시야에서 멀어지고 피하기, 자신을 해칠 수 있는 행동 취하기)을 확인하고 계약한다. 학생에게 24시간 응급 위기 도움 전화번호 목록을 준다.

8 날마다 일지에 감정을 기록하고 지각과 생각을 추적한다. (13)

13. 경험들, 경험과 연관된 자동적인 부정적 사고들, 왜곡된 해석으로 생긴 우울한 정서를 매일 일지에 기록하는 것을 학생에게 과제로 준다. 파괴적인 사고 패턴을 분산시키기 위해 일지 내용을 검토하고 논의와 역할극을 통해 대안적이고 현실적이며 긍정적인 사고로 대체한다.

9. 우울한 느낌으로 이끄는 왜곡된 사고를 확인한다. (13, 14, 15)

13. 경험들, 경험과 연관된 자동적인 부정적 사고들, 왜곡된 해석으로 생긴 우울한 정서를 매일 일지에 기록하는 것을 학생에게 과제로 준다. 파괴적인 사고 패턴을 분산시키기 위해 일지 내용을 검토하고 논의와 역할극을 통해 대안적이고 현실적이며 긍정적인 사고로 대체한다.

14. 학생에게 왜곡된 사고와 기분 변화 사이의 연관성을 이해하고 왜곡된 사고를 확인하는 방법으로 인지치료의 원칙을 가르친다. 우울한 기분을 자극하는 인지에 대한 학생의 전형적인 정서 반응을 인식하고, 표현하며, 목록을 만들도록 돕는다.

15. 학생이 무력감과 절망감을 강화하는 인지 메시지에 대한 자각을 개발하도록 돕는다. 역기능적 사고를 긍정적이고 정확한 사고로 대체하면서, 정확성을 기해 각각의 역기능적 사고에 대항하기 위해 논리와 현실감 실험을 사용한다.

10. 우울증의 인지적인 면을 기록하는 과제를 완수하도록 하고, 사고 패턴이 느낌과 기분에 어떻게 영향을 주는가에 대한 이해를 구두로 표현한다. (16)

16. 정서에 대한 효과적인 사고를 예시하는 기록 연습(예, 동급생으로부터 거부당한 것과 연관된 사고와 그러한 사고로 만들어진 느낌을 기술한다)을 학생에게 부과하여 학생이 자신의 부정적인 사고 패턴을 보다 더 잘 알아차리도록 돕는다.

11. 우울과 반항, 과민성, 사회적 철수

17. 학생의 행동화 패턴을 해석한다(예,

그리고 자기 파괴적인 행동 등 간의 연관성을 표현한다. (17, 18)

분노, 과민성, 약물 중독, 반항 또는 고립).

18. 학생을 도와 자신의 과거에 표현되지 않은 분노와 무력감 그리고 현재의 우울증 간의 연관성을 검토하도록 한다.

12 우울의 원인이 될 수 있는 해결되지 않은 슬픔의 주제들을 구두로 표현한다. (19)

19. 현재 학생의 우울의 원인이 될 수 있는 해결되지 않은 슬픔의 주제들이 가지는 역할을 탐색한다(14 슬픔/상실 참조).

13 사회적 고립을 초래하는 인지적 자기대화를 확인한다. (20)

20. 학생을 도와 우울한 느낌을 조장하거나 중재하는 부정적이고 왜곡된 자기대화를 확인하도록 한다(예, '여기는 너무 외롭다. 결코 친구를 사귈 수 없을 것 같다.' 또는 '이제 집에서 떨어져 지내 가족이 나를 잊어버릴 것이다.').

14 사회적 접촉에 대한 현실적이고 긍정적인 인지 메시지를 구두로 표현하면서 부정적이고 자기패배적인 자기대화를 대체한다. (21, 22, 23)

21. 긍정적인 시각이나 조망을 넓히기 위해 현실적이고 긍정적인 자기대화를 학생에게 가르친다(예, '나도 여기에서 신참이지만 나머지 신입생도 모두 신참이다. 우리 모두 새로운 친구를 사귀려 한다.' 또는 '가족에게 보고 싶다고 말해야겠고 계속 연락하기 위해 인터넷으로 이야기하는 기회를 갖도록 해야겠다.').

22. 학생에게 하루에 한 번 거울을 보고 자신을 긍정적으로 표현하는 훈련을 하도록 한다. 자신에 대한 긍정적인 학생의 표현을 검토하고 강화한다.

23. 자신과 다른 사람, 대학생활 그리고 세상에 대한 학생의 지각을 현실적이고 긍정적으로 구두로 표현하도록 지원한다.

15 우울한 느낌을 유발하는 비합리적인 신념을 확인하고 대체한다. (24, 25)

24. 효과적인 우울 관리에 장애가 되는 비합리적인 신념을 확인하도록 돕는다(예, '기분이 너무 나쁜데 이 기분은 결코 바뀌지 않을 것이다.').

25. 효과적인 우울 관리에 장애가 되는 요인을 제거하기 위해 비합리적인 신념을 합리적으로 재구성하도록 학생을 가르친다(예, '오늘 내가 기분이 좋지 않은 것을 알지만 내가 회기에서 배운 것을 실천한다면 보다 빠르게 느낌이 좋아질 수 있다는 것을 안다.'). 자신감과 향상된 적응력을 키울 수 있는, 긍정적인 현실에 근거한 인지 메시지를 강화한다.

16 우울감에 대항할 수 있도록 구체적인 행동 반응들을 실행한다. (26, 27)

26. 우울감과 연관된 각각의 공포에 대처할 수 있는 행동 계획을 개발하도록 학생을 돕는다(예, 자기주장이나 사회기술 실행하기, 네트워크를 형성하기 위한 사회적 접촉 주도하기, 정신적 지원 단체와 접촉하기, 또는 대학 내에서 개인교습 서비스 활용하기).

27. 우울감을 다룰 수 있는 대처 전략(예, 더 많이 신체 운동하기, 보다 적게 내면 집중하기, 사회 참여 증가시키기, 보다 많이 자기주장하기, 보다 많이

욕구 나누기, 보다 많이 분노 표현하기)을 개발하도록 학생을 돕는다.

17 우울증 극복에 관한 책이나 관련 부분을 읽는다. (28)

28. 우울증에 대처할 수 있도록 스스로를 도울 수 있는 책들(Burns의 『*The Feeling Good Handbook*』 또는 Helmstetter의 『*What to Say When You Talk to Yourself*』)을 읽도록 권한다. 학생 자신의 필요와 환경에 따라 장(章)을 선택한다.

18 룸메이트, 친구들, 다른 학생들 또는 교수들에게 욕구, 욕망 그리고 기대들을 표현하기 위한 자기주장 행동의 빈도를 늘린다. (29, 30)

29. 학생에게 자기주장 기술을 가르치기 위해 모델링과 역할극을 사용한다. 이러한 기술을 일상생활 장면에서 실행하도록 과제를 주고 그 결과를 정리한다.

30. 학생이 자기주장하기에 관한 책(예, Alberti와 Emmons의 『*Your Perfect Right: Assertiveness and Equality in Your Life and Relationships*』 또는 Smith의 『*When I Say No, I Feel Guilty*』)을 읽도록 권한다. 책을 통해 얻은 개념들을 정리한다.

19 우울 감소 기법으로 신체 활동, 놀이 활동 또는 과외 활동에 참여한다. (30, 31)

30. 학생이 자기주장하기에 관한 책(예, Alberti와 Emmons의 『*Your Perfect Right: Assertiveness and Equality in Your Life and Relationships*』 또는 Smith의 『*When I Say No, I Feel Guilty*』)을 읽도록 권한다. 책을 통해 얻은 개념들을 정리한다.

31. 레크리에이션, 운동 또는 과외 활동에 대한 학생의 흥미를 탐색한다. 일

주일에 적어도 두 가지 활동에 참여하도록 과제를 주고 그 결과를 검토한다.

20 해결되지 않은 대인관계 문제에 갈등해결 기술을 적용한다. (32)

32. 우울 감소 호르몬 분비를 자극하기 위해 규칙적인 신체 활동에 참여하도록 학생을 격려한다(예, Leith의 『*Exercising Your Way to Better Mental Health*』를 읽고 프로그램을 실행하도록 추천한다).

21 스트레스나 우울한 느낌이 있는 동안 또는 수면에 도움을 주기 위해 이완 기법을 실행한다. (33)

33. 학생에게 이완할 수 있는 방법(예, 점진적인 근육 이완, 심상 유도 또는 심호흡하기)을 가르친다.

22 사회적 상호작용을 격려할 수 있는 기숙사 환경 내에 지지체계를 확인하고 과거의 부정적인 정서 상태를 극복하도록 도와준다. (34, 35)

34. 학생이 우울감을 다루는 데 도움을 줄 수 있는 행정 직원(예, 기숙사 조언자 또는 기숙사 책임자)을 학생과 함께 찾아본다.

35. 기숙사 내의 사회 활동에 학생이 참여하도록, 그리고 다른 학생들에게 느낌, 요구, 욕망을 구두로 표현하도록 강화한다.

__. ______________________________

____

__. ______________________________

____

__. ______________________________

____

__. ______________________________

____

__. ______________________________

____

__. ______________________________

____

진단 제안

축 I	300.4	기분부전장애
	309.0	우울감 동반 적응장애
	296.xx	양극성 I 장애
	296.89	양극성 II 장애
	301.13	순환성 장애
	296.2x	주요 우울장애, 단일 삽화
	296.3x	주요 우울장애, 재발성
	295.70	분열정동장애
	V62.82	사별 반응
	______	______________________
	______	______________________
축 II	799.9	진단 보류
	V71.09	진단 없음
	______	______________________
	______	______________________

9 다양성 수용 (Diversity Acceptance)

행동 정의

1 자신의 인종, 문화, 민족성, 종교 또는 성적 기호에 대한 다른 사람의 신념과 감정 때문에 캠퍼스나 공동체 내에서 상호작용하는 동안에 경험한 고정관념, 편견, 차별 등의 사건들을 보고한다.

2 주류 문화와의 상호작용을 생각하면 적대감, 분노, 공포 또는 좌절을 느낀다.

3 다른 문화적 또는 성적 기호를 가진 사람에 대해 고정관념적인 부정적 신념과 편협한 태도를 언어로 표현한다.

4 자신의 문화적 또는 성적 기호를 구체적으로 반영하지 않는 단체나 환경에 대해 참여하기를 거부하고 공개적으로 적대감을 보인다.

5 문화적 또는 성적 기호에 대한 불편함과 유창한 영어에 대한 걱정으로 학업 수행과 참여가 줄어든다.

6 문화, 종교 또는 가족의 규범 때문에 캠퍼스에서 생활할 수 없다.

7 문화, 종교 또는 가족의 규범 때문에 수업 이외에는 캠퍼스 생활에 참여할 수 없다.

8 문화적 규범 때문에 가족이 전공 또는 진로 선택을 결정하거나 승인해 주어야만 한다.

9 모든 학업의 짐을 짊어지고도 집안에 대한 책임 또는 재정적 의무를 지원해야 한다는 문화적 규범에 근거한 가족의 기대 때문에 압도되고 과도한 부담을 느낀다.

__. ____

____

___. ________________________________

____

___. ________________________________

____

장기 목표

1 인종, 민족, 문화, 종교 또는 성적 기호 등의 문제들과 잘 타협함으로써 건강한 정체성을 획득한다.

2 다른 문화 또는 성적 기호에 대해 개방적인 자세로 소수의 문화적 · 성적 기호 집단에 참여함으로써 정체성에 대한 안정감을 얻는다.

3 정체성 획득에 따르는 안정감, 자신감, 수용, 존엄감 그리고 자부심을 느낀다.

4 문화적 또는 성적 기호 정체성을 공개적이고 공공연히게 말한다.

5 우세하거나 다른 문화적 또는 성적 기호를 가진 사람들과의 관계를 기꺼이 협상하거나 재협상하고자 한다.

6 변화를 만들어 내기 위해 의미 있는 활동에 참여함으로써 소수 문화에 대한 관심과 문제점들을 다룬다.

___. ________________________________

____

___. ________________________________

____

___. ________________________________

____

단기 목적

1. 최근 관심사가 되고 있는 다양성 관계 주제들이나 사건들을 확인한다. (1, 2, 3, 4)

2. 소수의 문화적 또는 성적 기호 모임의 구성원이 된다는 것이 가져다주는 긍정적/부정적 영향을 확인한다. (5, 6, 7, 8)

치료 개입

1. 학생이 차별받고 있다거나 고정관념이라고 느끼게 하는 상황을 탐색한다.
2. 학생이 차별에 대항하기 위해서 지원을 받은 어떠한 과정이라도 공유할 수 있도록 격려한다(예, 캠퍼스나 지역사회 경찰과의 접촉, 학생처장이나 교학처에 불만 사항 제출).
3. 학생이 차별 문제로 접촉할 수 있는 대학 직원을 알려 준다.
4. 최근의 문제와 관련 있는 학생 자신의 느낌(예, 분노, 혐오, 공포, 실망, 슬픔, 놀람)을 확인하고 구두로 표현하도록 돕는다.
5. 학생에게 자신의 특별한 문화나 성적 기호를 가지고 성장한 것이 어떠했는지 물어본다.
6. 다양성 수용에 대한 학생 가족의 태도에 대해 물어본다(예, 다른 사람들의 문화적 또는 성적 기호뿐 아니라 그들 자신의 문화적 또는 성적 기호를 받아들이는 것에 대한 그들의 느낌과 신념).
7. 학생의 원가족 또는 공동체에서 경험한 다양성 수용에 대해 학생이 어떻게 느끼는지 추적한다(예, 여자는 결혼할 때까지 가족과 함께 살아야만 한다, 동성애는 죄악이고 부자연스러운 것이다, 우리는 그들을 신뢰

할 수 없다).

8. 현재 갈등을 겪고 있는 가족에 대한 학생의 신념을 확인하고 논의한다.

3 다른 문화나 성적 기호를 가지고 있는 사람들에 대한 신념과 가정을 검증하기 위해 학문적으로 접근할 수 있는 기회를 찾는다. (9, 10, 11)

9. 학생이 자신의 문화나 성적 기호, 다른 사람의 문화나 성적 기호를 경험할 수 있는 강좌(예, 회교 신학, 남미 문학, 억압 사회학, 현대 흑인 시, 현대 중동)에 등록하도록 권장한다.
10. 소수민족의 문화 배경을 가지고 있는 교수의 강좌에 등록할 것을 학생에게 제안한다.
11. 다양한 문화와 성적 기호 관점에서 교과서와 교재를 선택하고 토론을 진행하는 교수의 강좌에 등록할 것을 학생에게 제안한다.

4 다른 문화 또는 성적 기호를 가진 사람들에 대한 신념과 가정을 검증하기 위해 교실 밖에서 이루어지는 활동에 참여한다. (12, 13, 14)

12. 내성을 키우기 위해 다른 문화나 성적 기호에 자신을 노출시켜 경험하는 사람들뿐 아니라, 자긍심을 키우기 위해 동일한 배경을 가진 룸메이트와 연계를 갖도록 학생을 격려한다.
13. 기숙사에서 진행되고 있는 다양성 수용에 초점을 둔 집단이나 프로그램에 참여 가능성을 확인하기 위해 기숙사 행정부서와 접촉하도록 학생에게 권한다.
14. 소수 문화 또는 성적 기호를 가진 학생들을 위한 조직과 프로그램에 연결하기 위해 캠퍼스 활동, 다문화 행사, 외국 학생을 위한 사무실, 또는 성직자들에게 학생을 의뢰한다(예,

흑인 학생 연맹, 라틴 학생 연맹, 유대인 학생 연맹, 동성애자, 레즈비언, 양성애자, 트랜스젠더, 그리고 성 정체성을 탐색하는 청년 집단).

5 다양한 문화 또는 성적 기호를 가진 사람들 내 혹은 사이에 있는 유사점과 차이점에 대한 신념과 가정에 도전해 보는 공동체 내 봉사학습, 지역사회 봉사 또는 자원봉사 프로젝트에 참여한다. (15, 16)

15. 자신의 문화 또는 성적 기호, 다른 사람의 문화 또는 성적 기호에 적극적인 참여를 요구하는 봉사학습 요소가 포함된 과목에 등록하도록 학생에게 제안한다.
16. 상이한 문화 또는 성적 기호에 개방적인 종교기관에서 주최하는 봉사여행이나 공동체 봉사 프로그램에 학생을 연결해 준다.

6 문화 또는 성적 기호에 대한 편협성을 경험하고 사람들과의 접촉을 늘린다. (17, 18, 19)

17. 사회정의와 다양성 수용을 위해 적극적으로 관여하고 있는 교수진 또는 직원에게 학생을 의뢰한다.
18. 언어가 문제가 된다면 2개 국어 서비스나 국제 지원 서비스에 학생을 의뢰한다.
19. 소수 민족의 문화 배경을 가지고 비슷한 경험을 하였지만 적응하는 데 필요한 대처 기술을 개발한 상급생과 학생이 관계 맺도록 지원한다.

7 문화적인 기대와 가족의 기대를 따르는 학업 전공이나 진로 관심을 명료화한다. (20, 21, 22, 23)

20. 전공이나 진로를 선택하는 데 학생의 걱정을 의논하고, 가족의 관여가 문제가 되는지 여부를 결정한다.
21. 가족의 지시는 물론 학생 자신이 만족할 수 있도록 진로검사와 직업 조사를 위해 진로센터에 학생을 의뢰한다.

22. 학생이 흥미 있어 하는 조사 결과와 진로 선택 가능성을 가족에게 표현하도록 돕기 위해 학생과 가족 간에 토론하는 역할극을 한다.

23. 소수 민족의 문화 배경(예, 라틴 학생들을 위한 Hispanic Alliance for Career Enhancement 또는 아프리카계 미국인 학생을 위한 INROADS)을 가진 학생이 경험을 얻고 진로 멘토를 얻을 수 있는 진로 관련 조직에 참여하도록 추천한다.

8 어떤 신념과 가정은 더 이상 가족들과 공유될 수 없음을 인식하지만 가족 지원의 중요성도 인정한다. (24, 25)

24. 학생 자신의 원가족과 다른 신념과 생활양식을 확인하고 채택하기 시작할 때 인지적, 정서적으로 학생을 지원한다.

25. 새롭게 드러난 자신의 가치와 신념에 스스로를 일치시키고자 하면서도 가족과의 관계를 유지할 수 있는 기회를 찾도록 학생을 돕는다.

9 소수와 다수, 양측 모두의 문화 또는 성적 기호 배경을 가진 동료들과의 교류를 증진시키기 위해 학생 조직에서 리더 역할을 맡는다. (26, 27, 28)

26. 유사한 배경을 가지고 있는 동료들과 효과적으로 대화할 수 있는 방법을 배우도록 학생이 입후보하거나 자신이 속한 소수 집단 조직의 지원을 받는 행사의 의장직을 맡도록 격려한다.

27. 학생에게 자신이 속한 학생 조직을 움직여 다른 배경을 가지고 있는 학생 집단과 공동으로 지원하는 행사를 개최하도록 하여 자기와는 다른 사람들과 효과적으로 대화하고 협상

하는 것을 배우도록 한다.

28. 하나의 문화 또는 성적 기호에 편중되지 않고, 혼합된 회원들로 구성된 학생 조직에서 리더의 역할을 맡는 것을 고려해 보도록 권한다.

10 다양한 문화 또는 성적 기호를 가진 사람들의 평등을 증진시키는 공동체 조직에 참여한다. (29, 30, 31)

29. 보다 넓은 사회정의 활동 무대에 참여하는 데 대한 자신의 관심을 멘토들과 논의하고, 그들의 추천을 받도록 학생에게 권한다.
30. 학생이 공동체 조직의 미션과 사업 계획을 조사하고, 적어도 참여할 수 있는 한 곳을 선택하도록 돕는다.
31. 다양한 문화적 배경과 성적 기호를 가지고 있는 사람들과의 교류를 증진하기 위해 학생이 다니는 캠퍼스와 그가 속한 공동체 활동에 지속적인 지원을 제공한다.

__. ______________________________
____

__. ______________________________
____

__. ______________________________
____

__. ______________________________
____

__. ______________________________
____

__. ______________________________
____

진단 제안

축 I	V62.4	문화 적응 문제
	308.3	급성 스트레스 장애
	V71.01	성인 반사회적 행동
	312.30	충동조절장애
	V71.09	진단 없음
	799.9	진단 보류
	______	______________________
	______	______________________
축 II	301.7	반사회성 성격장애
	301.9	달리 분류되지 않는 성격장애
	301.20	분열성 성격장애
	V71.09	진단 없음
	799.9	진단 보류
	______	______________________
	______	______________________

10 섭식장애 (Eating Disorders)

행동 정의

1 만성적으로 그리고 급하게 많은 양의 고탄수화물 음식을 섭취한다.

2 체중 증가를 두려워해 식사 후에 자주 자기 유도 구토를 행한다.

3 체중 증가를 두려워해 하제를 자주 남용한다.

4 극심한 체중 감소를 보이고(여성의 경우는 무월경증), 건강을 유지하는 최소한의 체중 유지를 거부한다.

5 매우 제한된 양의 음식만 섭취하고 은밀하게 자기 유도 구토를 빈번하게 행하거나 부적절하게 하제를 사용하거나 과도하게 심한 운동을 한다.

6 자신이 과체중이라는 잘못된 생각에 집착하면서 지속적으로 자신의 신체 이미지에 대한 편견을 갖는다.

7 과체중이 되고 있다는 모든 것에 우선하는 비합리적인 두려움에 압도된다.

8 나쁜 식사 습관 때문에 수분과 전해질 불균형이 심하게 나타난다.

__. ______________________________

____

__. ______________________________

____

__. ______________________________

____

장기 목표

1 건강한 식사 습관, 적절한 체중, 균형 있는 수분 섭취, 적절한 전해질 수준, 또는 체격 크기에 대한 현실적인 지각을 확립한다.

2 엄청난 과식과 구토 습관을 버리고 건강한 체중을 유지하기 위해 적절한 양의 영양가 있는 음식을 섭취하도록 한다.

3 섭식장애에 기초가 되는 인지와 정서 문제에 대한 이해를 넓힌다.

4 잠재된 정서 문제를 다루어, 결국 섭식장애가 필요 없게 되는 대안적인 대처 전략(예, 정체감 또는 자기주장)을 개발한다.

5 낮은 자신감, 조절 걱정, 문화적 압력이 다이어트, 폭식 그리고 배설 등과 상호 연결되어 있다는 자각을 극대화한다.

6 자기수용에 대한 기본적인 또는 유일한 기준으로 체중, 크기 그리고 체형에만 집착하지 않도록 자아에 대한 정의를 재구성한다.

7 섭식장애를 유발하는 왜곡된 사고와 역기능적 신념과 가치를 인정한다.

8 학교와 집에 있는 동안 건강한 식사 습관은 물론 정서적 그리고 심리적 개선을 위해 지속적으로 생활방식의 변화를 수행한다.

___. ____________________

___. ____________________

___. ____________________

단기 목적

1. 식사 형태의 빈도와 양, 그리고 소비했거나 몰래 저장한 음식 종류 등을 솔직하게 기술한다. (1, 2, 3, 4)

2. 부적응적인 섭식 행동들이 대학생활에서 겪는 학업과 사회적 스트레스에 대한 대처와 어떻게 연관되는지를 확인한다. (5, 6)

치료 개입

1. 학생의 신체 이미지 그리고 식사에 대한 걱정과 연관된 느낌을 확인하고 표현할 수 있는 능력을 키우도록 지속적으로 학생과의 눈 맞춤, 경청, 무조건적인 긍정적 존중, 그리고 따뜻한 수용 등을 사용함으로써 학생과 적극적으로 신뢰 관계를 형성한다.
2. 신체 이미지에 대한 지각은 물론 학생이 가지고 있는 현재의 식사 형태를 탐색한다.
3. 대학 환경에서 부적절한 식이 행동을 촉발하는 구체적인 느낌과 걱정을 확인하고 명료화하도록 하며(예, 섭식장애와 관련된 내면의 두려움), 칼로리 섭취를 조절하기 위해 스스로 유도하는 구토 습관, 체중 감소를 위해 규칙적으로 사용하는 하제, 체중 증가를 조절하기 위해 하는 격렬한 운동 등을 알아채도록 돕는다.
4. 고등학교 시절부터 현재까지 학생이 체중, 스트레스, 그리고 가족과 사회적 관계를 다뤄 온 과거력을 탐색한다.
5. 캠퍼스 생활 중에 겪는 학생의 스트레스(예, 학업에 대한 압력, 사회 적응, 또는 해방감에 대한 갈등)와 섭식장애와의 관계를 탐색한다.
6. 학생에게 스트레스를 적절히 다루고, 도움을 청하며, 치료를 이용하

는 것을 배우는 것의 중요성을 가르친다.

3 학업이나 사회적 수행 과정에서 실패에 대한 두려움, 완벽하고자 하는 욕구와 섭식장애 간의 연관성을 확인한다. (7, 8)

7. 실패를 조절하고 회피하는 것을 모색하는 과정에서 학생의 실패에 대한 두려움과 완벽주의의 역할에 대해 논의한다.

8. 학생의 신체 이미지에 대한 기대가 비합리적인 완벽주의에 기인함을 직면시키고, 완벽하지 않은 체형을 합리적으로 수용하도록 돕는다.

4 체격 크기에 대한 비합리적인 신념과 기대를 확인하고 바꾸도록 한다. (9, 10)

9. 체형과 식사 습관이 관련되어 있기 때문에 학생이 자신의 섭식 행동에 대한 이유를 분명히 하도록 돕는다.

10. 학생의 신체 이미지에 대한 비현실적인 평가를 직면하게 하고(예, 거울 앞에서의 긍정적인 자기대화, 외모를 좋아 보이게 하는 옷 구입), 건강하고 현실적인 신체 평가를 강화하는 운동을 하도록 한다.

5 통제와 분리에 연관된 양가감정을 가족 구성원에게 알린다. (11, 12, 13, 14)

11. 가족의 지원과 이해를 증진하고 보다 적응적인 양육기술을 개발하기 위해 학생 치료 회기에 가족을 참여시킨다.

12. 자신의 느낌을 갖고, 메시지를 분명히 하고, 통제에 대한 갈등을 확인하며, 나이에 걸맞는 경계를 설정하는데 초점을 둔, 학생과 함께하는 가족 치료 회기를 활성화시킨다.

13. 적대적이거나 무시하지 않으면서 학생의 섭식 행동에 대한 책임감으로

부터 성공적으로 분리되는 방법을 학생의 부모나 중요한 다른 사람들에게 가르친다.

14. 가족으로부터 독립을 선언하기 위해 분리와 관련된 두려움을 확인하도록 학생을 지원하고 격려한다. 부모를 격려해 학생의 싹트기 시작한 독립심을 지원하도록 한다.

6. 섭식과 생활 습관, 정서적 욕구, 그리고 학교와 가정에 대한 행동 기대치 등과 관련된 문제를 다루기 위해 가족 회기에 참석한다. (13, 15)

13. 적대적이거나 무시하지 않으면서 학생의 섭식 행동에 대한 책임감으로부터 성공적으로 분리되는 방법을 학생의 부모나 중요한 다른 사람들에게 가르친다.

15. 학생의 부모, 중요한 다른 사람들, 또는 친구들에게 『*Surviving an Eating Disorder*』(Siegel, Brisman, & Weinshel)를 읽도록 권한다. 가족 치료 회기에서 개념을 검토한다.

7. 억압된 정서적 표현, 어려움을 겪는 대인관계상의 문제들, 그리고 건강에 해로운 음식 섭취 간의 관련성을 언어로 표현한다. (16)

16. 억압된 감정, 대인관계에서의 갈등과 역기능적인 섭식 행동들 간의 연관성을 가르친다.

8. 의료 진찰과 신체검사를 받도록 한다. (17, 18)

17. 철저한 진찰을 받도록 의사나 대학 보건소에 학생을 의뢰한다. 좋지 않은 섭식 습관 때문에 수분과 전해질을 모니터해야 한다면 정기적으로 담당의사에게 의뢰한다.

18. 학생의 섭식장애 정도를 평가하고 심리약물치료의 필요성이나 입원 여부를 결정하기 위해 정신과 의사에

게 학생을 의뢰한다.

9 처방받은 대로 향정신성 약물을 복용하고 효과와 부작용을 보고한다. (18, 19)

18. 학생의 섭식장애 정도를 평가하고 심리약물치료의 필요성이나 입원 여부를 결정하기 위해 정신과 의사에게 학생을 의뢰한다.

19. 학생이 처방된 향정신성 약물을 잘 복용하는지의 여부와 부작용을 모니터한다. 정기적으로 처방 의사와 협의한다.

10 만약 의학적 상태가 아주 나빠져 있으면 입원치료 프로그램에 들어갈 수 있도록 협조한다. (20)

20. 만약 학생의 체중 감소가 심하고 신체건강이 위협받을 정도면 병원에 입원하도록 의뢰한다.

11 구토에 따른 이차적 염려가 있으므로 구강검진을 받도록 조치한다. (21)

21. 관장이나 구토가 기록되었거나 의심되면 검사를 위해 치과 의사에게 학생을 의뢰한다.

12 적절한 사람이 매일 체중을 계측하도록 한다. (22)

22. 매일 일정한 시간에 학생의 체중을 측정하고 기록한다. 이 임무는 룸메이트, 대학 보건소 직원, 또는 객관적으로 수행할 수 있는 사람에게 맡긴다. 학생의 체중을 모니터하고 매주 몸 건강 상태에 대해 현실적인 피드백을 준다.

13 점진적으로 필요한 체중을 갖도록 규칙적으로 식사하고(하루에 세 끼), 적어도 매일 (의사, 영양사 또는 상담자가 준비한) 최소한의 칼로리를 소비하도록 한다. (23, 24)

23. 건강한 식사와 영양에 대한 관심사에 대해 교육받도록 영양사에게 의뢰한다. 영양사와 만나 음식과 칼로리 소비에 대한 구체적인 계획을 세울 수 있도록 한다.

24. 체질량지수(BMI), 신장과 체중 표준치, 또는 그 외 공인된 표준치를 통해 건강한 체중 목표를 세운다(체질량

지수(BMI = 체중(kg) ÷ [신장(cm) × 신장(cm)], 정상 범위는 19~25이고, 18 이하는 의학적으로 문제가 됨).

14. 체중이나 외모가 아닌 성격, 특성, 관계 그리고 내면 가치에 근거한 긍정적인 정체감에 대한 근거를 표현한다. (25)

25. 학생이 자신을 비롯해 사람이란 단점이 있고 완벽하지 않은 존재란 사실을 수용할 수 있도록 가르치고 강화한다. 적합하다면 이러한 개념을 강화하기 위해 학생의 정신적인 신념체계를 활용한다.

15. 과도하게 자제하는 건강하지 못한 다이어트와 폭식 간의 연관성을 이해하고 구두로 표현한다. (26)

26. 섭식장애 요소에 대한 자각을 증진시키기 위해 폭식에 관한 책(예, Fairbun의 『*Overcoming Binge Eating*』)을 읽어 보도록 권유한다.

16. 부정적인 자기대화를 확인하고 건강한 식사와 관련 있는 긍정적이며 건강하고 합리적인 자기대화로 대치하여 정상적인 음식 섭취를 할 수 있게 한다. (27, 28, 29)

27. 섭식장애 행동에 몰입하고자 하는 욕망을 유발하거나 중재하는 학생의 부정적이고 왜곡된 자기대화를 확인하도록 돕는다(예, '내가 살이 너무 쪄서 누구도 나와 같이 외출하기를 원치 않는다.' '여기 있는 사람들은 너무 말라서 난 결코 이들처럼 날씬해질 수가 없어.' '이번 주에 너무나 스트레스가 심해서 이번 주말엔 돼지처럼 먹어도 상관없어. 난 그런 보상을 받을 만해!').

28. 섭식장애 행동에 빠지려는 욕구를 극복할 수 있도록 학생에게 현실적이고 긍정적인 자기대화를 가르친다(예, '내가 합리적인 계획하에서도 내 체격의 이상적인 체중보다 2kg 정도 초과했지만 4~6주 내에는 체중을

뺄 수 있어.' '모든 사람이 좋아 보이기는 하지만, 난 이제 막 시작하는 좋은 교우관계를 가지고 있어.' '아주 힘든 주였지만 친구와 같이 보낸다면, 이완 기법을 시행한다면, 그리고 음악을 듣는다면 내가 게걸스럽게 먹는 습관을 피할 수 있어.').

29. 음식 섭취와 체격에 관한 현실적인 인지 메시지를 형성할 수 있도록 학생을 훈련한다. 음식 섭취와 체격에 관한 현실적이고 긍정적인 메시지를 사용하도록 강화한다.

17. 친밀감에 대한 욕망과 성적 충동에 대한 수용을 구두로 표현한다. (30, 31)

30. 성적 충동에 대한 자제력을 상실하는 것에 대한 두려움과, 그러한 두려움이 자기 자신을 매력 없이 깡마르거나 살찌게 하는 데 어떻게 관계가 되는지를 학생과 논의한다.

31. 친밀감에 대한 욕망과 성적 충동은 학생에게 정상적인 것임을 수용하도록 강화한다.

18. 점진적으로 체중이 증가하거나 또는 다른 사람의 지도감독 없이 적절한 체중을 유지함으로써 적절한 영양 섭취에 대한 개인적인 책임과 섭식 행동 선택에 대한 전적인 책임감의 수용을 구두로 표현한다. (32, 33)

32. 일주일에 1kg 정도의 체중 증가를 예상하면서 학생의 구토 횟수, 음식물 비축, 운동 수준, 하제 사용, 그리고 진행 중인 기본 체중 대비 체중 증가 정도를 모니터한다.

33. 학생의 체중 증가와 정상적인 음식 섭취에 대한 개인적인 책임의 수용을 강화한다.

19. 섭식장애 행동으로 유도하는 자신의 이미지와 신체 이미지에 대한 부정

27. 섭식장애 행동에 몰입하고자 하는 욕망을 유발하거나 중재하는 학생의

적이고 왜곡된 느낌을 개선하기 위해 느낌과 감정을 기록한다. (27, 28, 34)

부정적이고 왜곡된 자기대화를 확인하도록 돕는다(예, '내가 살이 너무 쪄서 누구도 나와 같이 외출하기를 원치 않는다.' '여기 있는 사람들은 너무 말라서 난 결코 이들처럼 날씬해질 수가 없어.' '이번 주에 너무나 스트레스가 심해서 이번 주말엔 돼지처럼 먹어도 상관없어. 난 그런 보상을 받을 만해!').

28. 섭식장애 행동에 빠지려는 욕구를 극복할 수 있도록 학생에게 현실적이고 긍정적인 자기대화를 가르친다(예, '내가 합리적인 계획하에서도 내 체격의 이상적인 체중보다 2kg 정도 초과했지만 4~6주 내에는 체중을 뺄 수 있어.' '모든 사람이 좋아 보이기는 하지만, 난 이제 막 시작하는 좋은 교우관계를 가지고 있어.' '아주 힘든 주였지만 친구와 같이 보낸다면, 이완 기법을 시행한다면, 그리고 음악을 듣는다면 내가 게걸스럽게 먹는 습관을 피할 수 있어.').

34. 섭식 행동과 관련된 매일 매일의 생각과 느낌을 기록하는 일지를 학생에게 과제로 부과한다.

20 욕구와 감정에 대한 적응적이고 건강한 자기표현을 허용하는 자기주장적인 행동을 실행한다. (35, 36)

35. 학생에게 자기주장 훈련을 시키거나 자기주장 훈련 과정에 의뢰한다.

36. 매 회기의 자기주장적인 행동과 회기 중간에 학생의 성공적인 자기주장에 대한 보고를 강화한다.

21 섭식장애를 심화시키는 스트레스 요인을 다루기 위해 행동적이고 인지적인 대처 전략을 실행한다. (37)

37. 학생이 무분별하게 많이 먹고 관장, 하제 남용, 과잉 운동 또는 굶기 등의 유혹에 빠질 경우에 대처할 수 있는 행동 대처 전략(예, 자기주장 또는 사회성 기술 배우기, 사회적 접촉 주도하기, 또는 정신적 지원 그룹과 접촉하기)을 개발하도록 돕는다.

22 정상적인 음식량과 연관되어 왜곡된 자기대화 신념을 확인하고 효과적인 식이 습관을 막는 비합리적인 신념을 대체한다. (38, 39)

38. 학생이 자신이 가지고 있는 섭식장애 행동을 취하려는 욕망을 가중시키는 비합리적인 신념을 확인하도록 도움을 준다(예, '난 모든 여자애들이 하제를 사용한다는 사실을 알고 있어. 나 역시 사용하는 것이 어때서?').

39. 섭식장애 행동을 하려는 욕망에 대처하는 데 방해가 되는 요소를 제거하기 위해 학생 자신의 비합리적인 신념을 합리적으로 재구성하도록 가르친다(예, '체중을 감소시키기 위해 다른 사람들이 하제를 남용한다 해도, 나는 그게 효과적이지 않다는 것을 잘 알고 있고 그것은 더 많은 문제를 야기해.').

23 섭식장애 지원 단체에 참석하고 능동적으로 참여한다. (40)

40. 학생을 적절한 커뮤니티 자원인 자조집단 회기(예, 거식증 환자들의 모임)에 의뢰한다. 참여를 격려하고 회기에서 그 경험을 검토한다.

24 섭식장애를 다루는 데 도움을 주고 격려하는 기숙사 내의 지지체계를 확인한다. (41, 42)

41. 섭식장애 행동에 대한 욕구를 다룰 수 있도록 제안들을 연결하거나 제공해 주는 것이 가능한 동료 자원(예, 계획된 집단 활동, 친목 모임, 스

터디 그룹)들을 탐색한다.

42. 학생이 이용할 수 있는 행정 직원(예, 기숙사 조언자, 기숙사 책임자)의 지원을 찾아본다. 섭식장애 행동을 하려는 욕망에 대처할 수 있는 조언을 학생에게 줄 수 있도록 한다.

25 진찰, 혈액검사 그리고 적절한 체중 유지 등을 통해 안정된 의학적 상태를 보여 주고, (만약 무월경증인 여성이라면) 생식 기능의 회복은 물론 (의사, 영양사 또는 상담자 등이 수립한) 수분과 전해질을 균형 있게 유지한다. (24, 32, 33, 43)

24. 체질량지수(BMI), 신장과 체중 표준치, 또는 그 외 공인된 표준치를 통해 건강한 체중 목표를 세운다(BMI = 체중(kg) ÷ [신장(cm) × 신장(cm)], 정상 범위는 19~25이고, 18 이하는 의학적으로 문제가 됨).

32. 일주일에 1kg 정도의 체중 증가를 기대하면서 학생의 구토 횟수, 음식물 비축, 운동 수준, 하제 사용, 그리고 진행 중인 기본 체중 대비 체중 증가 정도를 모니터한다.

33. 학생의 체중 증가와 정상적인 음식 섭취에 대한 개인적인 책임의 수용을 강화한다.

43. 학생이 의학적으로 안정되고 정상적인 체중과 균형 있는 전해질 상태로 회복된 것을 확실하게 하기 위해 학생의 담당 의사와 접촉을 유지한다.

__. ____________________

__. ____________________

__. ____________________

__. ____________________

__. ____________________

__. ____________________

진단 제안

축 I	307.1	신경성 식욕 부진증
	307.51	신경성 폭식증
	307.50	달리 분류되지 않는 섭식장애
	300.4	기분부전장애
	______	______________________
	______	______________________
축 II	301.6	의존성 성격장애
	799.9	진단 보류
	V71.09	진단 없음
	______	______________________
	______	______________________

11 가족관계 문제 (Family Relationship Conflicts)

행동 정의

1 가족을 생각하거나 집을 방문할 때는 불안, 분노, 우울, 죄책감, 부끄러움, 슬픔, 두려움 또는 좌절과 같은 부정적인 느낌을 갖게 된다.

2 문제를 해결하거나 사이가 나빠지지 않도록 하기 위해 가능한 한 자주 집에 돌아간다.

3 학교에 있는 동안 가족 갈등을 중재하고 가족 문제를 해결하기 위해 자주 방문한다.

4 휴일이나 학교 휴강 기간 동안에도 집에 가는 것을 회피한다.

5 가족 간이나 동료 간의 갈등을 효과적으로 다룰 수 없다.

6 가족 구성원, 선생님, 룸메이트 또는 친구들의 의견이나 인정에 대해 심하게 걱정한다.

7 개인적인 요구나 책임을 자주 희생해 가며 가족 구성원의 요구를 충족시키는 데 너무 많은 시간을 보낸다.

8 스트레스를 벗어나기 위해 술이나 약물을 사용한다.

9 학생의 어머니 또는 아버지처럼 되는 것에 대한 두려움을 느낀다.

__. ______________________________

____

__. ______________________________

____

__. ______________________________

____

장기 목표

1 정체감, 자존감 그리고 자기효능감 형성에 미치는 가족 간의 상호작용 형태의 영향력을 이해한다.

2 다양한 느낌, 합리적인 사고 과정, 그리고 개인의 힘에 영향력을 미칠 수 있는 가족 간의 상호작용 형태를 이해한다.

3 모든 관계에서 육체적, 지적, 정서적, 사회적, 성적, 재정적 그리고 시간적 경계를 구축하고, 평가하며, 유지하는 것을 배운다.

4 개인적인 가치, 능력 그리고 책임에 관한 합리적인 신념을 유지한다.

5 가족과 친구들 내에서의 요구를 효과적으로 의사소통하고 갈등을 해결한다.

6 가족과의 공손하고 독립적인 상호작용 형태를 만든다.

__. ____

____

__. ____

____

__. ____

____

단기 목적

1 현재 가지고 있는 가족 구성원들과의 관계에서 걱정거리들을 확인한다. (1, 2, 3)

치료 개입

1. 학생이 당장 시급하게 걱정하는 구체적인 가족 문제를 설명하도록 한다.
2. 학생에게 대학에 들어온 이후 가족 구성원과의 상호작용 특성을 가능한 한 충분하게 이야기하도록 요청한다.

3. 학생이 가지고 있는 다급한 문제에 대한 구체적인 느낌(예, 미칠 듯한, 슬픈, 즐거운, 아무런 느낌이 없는)은 물론 가족 구성원 간의 상호작용의 과거력을 탐색한다.

2 가족 구성원 간의 상호작용 형태를 탐색한다. (4, 5)

4. 가족 구성원(예, 나이, 직업, 건강)에 관한 필수 정보를 확인하기 위해 Lerner의 『*Dance of Intimacy*』에 소개된 개념에 따라 가계도와 그들 간의 연계성 형태와 질(예, 밀착된, 단절된, 또는 삼각관계가 있는)을 만들도록 돕는다.
5. 학생이 가지고 있는 현재의 자기 이미지와 동료와의 관계에서 보이는 조건적인 사랑, 중독, 질병, 충동/강박, 약물 남용, 폭력 또는 유기에 담겨져 있는 가족 형태의 영향력을 탐색한다.

3 가족의 규칙 또는 규범이 현재의 느낌과 행동에 미친 영향을 열거한다. (6, 7)

6. 학생이 학교에 있을 때도 여전히 강압적으로 작용함은 물론 집에 있을 때도 따라야 하는, 겉으로 드러나거나 숨겨진 가족의 규칙을 열거하기 위해, 포스터 용지를 제공하여 학생으로 하여금 가계도 정보를 이용하도록 한다.
7. 학생을 도와 학생의 현재 관계에 초점을 맞추도록 하고, 학생의 신념과 행동을 계속해서 지배하는 가족의 규칙이 자신의 삶을 풍요롭게 하는지 또는 더욱 어렵게 하는지를 적어 보

도록 한다.

4 가족의 규칙이 현재 삶의 역할과 목표에 보다 적합하도록 버리거나 다시 만든다. (8, 9, 10)

8. 학생에게 비합리적인 가족의 규칙을 확인해서 재구성하도록 요청하고 다른 포스터 용지에 새로운 규칙을 쓰도록 한다(예, '받아들일 수 있는 것은 오직 A학점뿐이다.' '학점에 매달리기보다는 뭔가를 배우기 위해 힘쓸 것이다.' '관계가 항상 나쁘게 끝나는데 그게 무엇이 문제인가?' '건전하지 못한 관계를 만들어 내는 내 행동을 변화시키고 싶다.' '다른 사람의 요구에 항상 반응을 보여야만 한다.' '행동을 결정할 때 마음속에 다른 사람의 요구뿐 아니라 내 자신의 요구를 고려하는 것도 중요하다.').
9. 학생이 현재의 가족 문제에 적용할 수 있는 수정된 규칙을 확인하도록 하고 새로운 규칙을 실행하는 데 필요한 느낌, 사고 그리고 행동의 변화에 대해 논의한다.
10. 학생에게 침실에 새로운 규칙이 쓰인 포스터를 걸어 놓는 것을 과제로 주고, 가족과 다른 사람들에 대한 느낌, 생각 그리고 행동을 확신하고 선택할 때 사용하도록 한다.

5 가족 구성원들과의 상호작용에서 자기주장적인 의사소통을 실행한다. (11, 12, 13)

11. 학생을 도와 공격적 · 수동적 · 자기주장적인 대화 형태를 정의하고 자신이 선호하는 방식의 효과를 검토하도록 한다(예, 공격적 = 다른 사람의 욕구는 전혀 고려하지 않고 자신의

욕구만 충족시키고자 함, 수동적 = 자신의 욕구는 전혀 고려하지 않고 다른 사람의 욕구만 충족시키고자 함, 자기주장적 = 행동을 결정할 때 자신은 물론 다른 사람의 욕구도 고려함). 어떻게 하면 자기주장적인 대화 형태를 가족과의 갈등에 적용할 수 있을지 논의한다.

12. 학생에게 자기주장적인 대화에 사용하는 DESC 접근법(Bower와 Bower의 『*Assertive Yourself*』에서 인용됨)을 가르친다(예, 행동적인 용어로 걱정을 기술[Describe]한다: "2주 전에 우리 전화 요금을 지불하였고 당시 나는 당신에게 요금 청구서를 보여주며 당신과 나누어 낼 것을 제안하였지만 아직 돈을 받지 못하였다." 감정을 표현[Express]한다: "당신이 나한테 빚진 돈에 대해 아무런 말을 하지 않아 난 짜증이 나고 이번 주에는 현금이 부족해 좌절감을 느낀다." 당신이 모색하는 행동의 변화를 구체화[Specify]한다: "내가 청구서대로 돈을 낼 때 당신 몫은 당신이 내주었으면 한다. 마침 그때 당신이 돈이 없으면 언제 돈을 갚을 수 있을지 말해주었으면 한다." 결과[Consequences]를 서술한다: "만약 내가 청구 금액을 지불할 때 당신의 재정 상황을 나에게 알려 주면, 우리 모두에게 적합

한 계획을 완수할 수 있다고 확신한다. 그러면 당신 때문에 상처받지 않을 것이고 지출을 맞추기 위해 애쓰지 않아도 된다.").

13. 학생에게 최근의 가족 문제에 자신의 새로운 자기주장적 역할에서 가능한 안정된 느낌을 가지도록 DESC 대본을 쓰도록 한 후, 이러한 의사소통 방식으로 역할극을 하도록 한다.

6 가족 스트레스를 줄이고 자존감을 향상시키기 위해 다양한 양육 기법을 탐색하고 사용한다. (14, 15, 16)

14. 인간발달에서 가족양육의 중요성을 이해하기 위해 학생에게 Clarke와 Dawson의 『*Growing Up Again*』을 읽도록 한다. 학생의 가족 내에서 행해진 양육의 역할을 검토한다.

15. 학생이 가족 구성원에게서 거부되었다는 느낌을 해소하기 위해 학교에서 이루어지는 양육 활동(예, 요가 강좌나 대학 캠퍼스 레크리에이션 센터에서 제공하는 유사한 프로그램, 명상이나 건강센터에서 제공되는 다른 프로그램, 또는 캠퍼스 교회에서 제공하는 예배의식)과 학생이 언제나 사용할 수 있는 양육 방법(예, 음악, 독서, 산책 또는 자연과의 접촉)을 탐색하도록 돕는다.

16. 가족 문제에서 야기된 스트레스를 해소하고 생활방식의 영역을 넓히기 위해 학생의 일상생활 속에 놀이와 레저를 위한 시간을 할애하도록 권장한다. 매주 각 영역에서 하나의 활

동을 선택하고 자신의 생활에 포함되도록 한다.

7 감정을 다스리고, 긴장을 풀고, 가족에 대한 스트레스를 처리하기 위한 방편으로 더 이상 약물 남용을 하지 않는다. (17, 18)

17. 학생에게 쾌락을 위한 술이나 다른 약물 남용 여부를 기술하도록 요청한다. 가족 스트레스로부터 탈출하기 위해 약물을 남용하는지 조사한다(6 약물 의존/남용 참조).

18. 만약에 남용/중독이 문제가 되면, 캠퍼스 내에서 운영되고 있는 12단계 모임에 참여하도록 격려하고, 약물 남용을 조절하거나 자제하는 것을 모니터한다.

8 가족 구성원과의 적절한 대인관계를 확립한다. (19, 20, 21)

19. 가족관계와 관련 있는 연계, 개별화, 구별의 개념을 이해할 수 있도록 학생을 돕는다(Clarke와 Dawson의 『*Growing Up Again*』, Lerner의 『*The Dance of Intimacy*』, Kerr와 Bowen의 『*Family Evaluation: An Approach Based on Bowen Theory*』).

20. 가계도를 사용해서 가족 내에서의 경계 문제를 탐색하도록 안내하고 이러한 문제들이 학생이 대학에서 잘 성장하는 데 어떻게 영향을 미치는지를 논의한다.

21. 가족 구성원과의 경계를 확립하기 위한 행동 계획을 만들도록 격려한다. 집에서 오는 전화 횟수와 통화 시간을 다음과 같은 방법으로 줄이도록 한다. ① 통화 시간만큼 수업에 필요한 시간이 줄어든다는 점을 가

족들이 알도록 한다. ② 전화 대신에 이메일을 사용하도록 한다. ③ 이야기할 시간이 많을 때는 가족에게 적어도 일주일에 한 번 전화할 것을 제안한다. ④ 선별해 전화를 받는다. 이런 계획들을 가족들과 함께 공유하도록 요청한다.

9 변화 이전 상태로 되돌리려는 가족들의 메시지에도 불구하고 그들과 어느 정도의 거리를 유지한다. (22, 23, 24, 25)

22. 가족으로부터 오는 변화 이전 상태로 되돌리려는 메시지에 대비하도록 하고(예, 가족으로부터의 전화가 요구대로 줄어들기보다는 오히려 증가하거나 완전히 끊길 수도 있다는 점을 이해하도록 돕는다), 이러한 압력이 있는 동안에도 새로운 경계를 유지하는 게 목표 달성에 필수적이라는 것을 명심하도록 한다.

23. 변화 이전 상태로 되돌리려는 메시지에 동반되는 느낌(예, 분노나 다른 사람을 잃는 것에 대한 불안감, 다른 사람의 요구에 즉각적으로 응답하지 않은 것에 대한 죄책감, 응답하지 않아 나쁜 일이 일어날 것이라는 두려움)을 인정하도록 학생을 돕는다. 이러한 느낌을 피할 수는 없지만 지나갈 것이라는 점을 학생에게 가르친다.

24. 가족 구성원과의 경계 설정에 학생 자신의 감정을 표출할 수 있도록 하고, 가족 구성원의 부적절한 요구를 묵인하는 것을 예방할 수 있도록 학생의 느낌을 기록하도록 제안한다.

25. 매주 진척 과정을 논의함으로써 경계를 확립하고 유지하는 과정을 통해 학생을 지원한다.

10 가족과의 관계 향상을 보고한다. (26, 27)

26. 가족 구성원과 독립적으로 적절한 경계를 유지하는 데 필요한 자기주장적인 의사소통을 교육하기 위해 학생에게 모델링과 역할극을 사용하도록 한다.

27. 가족과 다른 사람들과의 관계를 개선시키는 과정을 유지하기 위해 학기 동안 매주 학생을 만나도록 한다.

__. ________________________________

____

__. ________________________________

____

__. ________________________________

____

__. ________________________________

____

__. ________________________________

____

__. ________________________________

____

진단 제안

축 I	313.82	정체감 문제
	309.24	불안 동반 적응장애
	296.2x	주요 우울장애, 단일 삽화
	305.20	대마계 제제 남용
	305.00	알코올 남용
	V62.89	발달단계 문제
	V71.09	진단 없음
	799.9	진단 보류
	______	______________________
	______	______________________
축 II	301.6	의존성 성격장애
	301.9	달리 분류되지 않는 성격장애
	V71.09	진단 없음
	799.9	진단 보류
	______	______________________
	______	______________________

12 재정 문제 (Financial Stress)

행동 정의

1 수업료, 집세, 기숙사비를 지불할 돈이 없어 학기 등록이 힘들다.

2 지출이 수입이나 예산을 항상 초과한다.

3 가족 상황의 변화(예, 이혼, 부모의 무직, 또는 가족 구성원의 질병) 때문에 부모의 학비 부담 능력이 심각하게 줄어든다.

4 학업성취를 희생하지 않고서 지출을 충당하는 데 필요한 시간만큼 일할 수 없다.

5 학자금지원 대책에서 얻어진 수입으로 대학 경비를 충당할 수 없다.

6 학업 스케줄과 학업에 대한 책임감이 어우러진 파트타임 일을 찾을 수 없거나 찾고자 하지 않는다.

7 기초생활 비용이나 이것으로 생활한 경험에 대한 정보가 부족하다(예, 예산 세우기, 매달 청구서 지불하기, 또는 통장 입출금액의 균형 유지하기).

8 잔액이나 지출내역의 확인 없이 현금지급기에서 현금을 찾는다.

9 현금이 없어 사소한 상품(예, 채소, 패스트푸드)도 신용카드로 구입한다.

10 신용카드로 더 이상 최소한의 지출도 할 수 없고 지속적으로 높은 마이너스 잔고와 이자 지급으로 이어진다.

11 이곳에서 돈을 빌려 다른 곳의 부채를 갚는다(예, 신용카드를 사용해 빚을 갚는다).

12 청구금액을 늦게 지불하거나 지불하지 못해 신용도를 위태롭게 한다.

__. ____________________

____

__. ____________________

____

—. ______________________________

____

장기 목표

1 재정지원 대책을 개선하기 위해 정보를 수집한다.

2 학교 경비와 생활비 전부를 포함하는 현실적인 1년 예산을 세운다.

3 대학 경비에 대한 가족의 조력과 개인의 분담을 분명히 한다.

4 수입과 지출을 정확하게 추적할 수 있는 전략을 개발한다.

5 구매 결정이 현실적인 예산 한도 내에서 이루어지도록 확신하는 전략을 개발한다.

6 학교 수업을 고려해 어느 정도의 유연성이 있고, 대학 경비를 충당하고 빚을 줄일 수 있는 수준의 임금을 제공하는 일자리를 얻도록 한다.

7 신용카드에 대한 의존성을 없애도록 한다.

—. ______________________________

____

—. ______________________________

____

—. ______________________________

____

단기 목적

1. 최근 스트레스의 원인이 되는 재정 문제를 구체적으로 확인한다. (1, 2)

2. 돈 관리와 재정적 독립성에 대한 가족의 태도를 논의한다. (3, 4)

3. 재정적 근심거리를 성공적으로 해결하는 데 필요한 태도와 생활방식의 변화를 만들려고 전념한다. (5, 6, 7)

치료 개입

1. 학생에게 재정 환경과 관련해 최근 직면하고 있는 모든 근심거리를 기록하도록 요청한다.
2. 학생이 겪고 있는 재정적 근심거리가 어떻게 만들어졌는지 탐색한다.
3. 학생의 가족 내에서 돈이 작용하는 역할(예, 힘, 통제, 독립성/의존성, 지위)을 조사한다.
4. 돈에 대한 학생 자신의 신념과 감정, 학생의 가족 내 경험과 그것들이 어떻게 연관되어 있는지 자각하도록 돕는다(예, 돈은 나를 위해 늘 있을 거다, 우리는 늘 갖고 있는 것보다 더 많이 소비했다, 채권자들이 늘 우리를 추적했다, 돈으로 존경심을 산다).
5. 학생 자신의 관심사와 효과적으로 돈을 다룰 수 있는 능력에 나쁜 영향을 주는 돈에 관한 신념을 재정립하도록 돕는다.
6. 재정적 현황을 향상시키는 데 필요한 행동 변화의 항목을 기재하는 과제를 준다(예, 예산 세우기, 통장 입출금액의 균형 유지하기, 신용카드 없애기, 취업하기).
7. 즉시 재정적 현황을 향상시키고 스트레스를 줄일 수 있도록 돈 관리에 변화를 실행하겠다는 학생의 약속을 받아 낸다.

4 수입과 지출의 현실적인 현황을 만들어 내기 위해 필요한 정보를 수집한다. (8, 9, 10, 11)

8. 현금 관리와 재정 계획을 향상시키기 위한 아이디어를 얻기 위해 예산에 관한 책(예, Braitman의 『*Dollars and Sense for College Students*』)을 읽도록 권한다.
9. 일주일 동안의 모든 구입비용이나 지출내역(아무리 소액이라 하더라도)을 완전히 추적하고 이에 대한 지출 분석을 수행하는 과제를 준다.
10. 학생에게 Braitman의 『*Dollars and Sense for College Students*』에 있는 견본 예산 작업표와 지출 분석 결과를 사용해 한 달 동안의 모든 수입과 지출 목록을 만들도록 요청한다.
11. 학생의 한 달 예산을 검토하고 변경 가능한 부분을 찾아본다.

5 대학 경비를 위해 가능한 재정지원을 확인하고 신청한다. (12, 13, 14, 15)

12. 학생이 기여할 수 있는 능력 내의 변화 범위에서 보조금 정책을 재검토하도록 학생을 대학 재정지원 담당자에게 의뢰한다.
13. 장학금과 지원금을 확인할 수 있는 책과 웹 사이트 목록을 학생에게 제공한다(예, Schlachter의 『*How to Find Out About Financial Aid and Funding 2003–2005*』, 『*Peterson's Scholarships, Grants, and Prizes 2004*』).
14. 학생이 지원금과 장학금을 조사한 후, 그 중 더 많은 정보를 위해 접촉할 수 있는 적어도 10개를 확인하고, 각각에 대한 구체적인 지원요건과

마감날짜를 찾아내도록 제안한다.

15. 신청금과 장학금 지원 과정을 통해 학생을 지도하고 격려한다(예, 예정된 스케줄 점검하기, 에세이 분석하기)

6 파트타임 일을 찾아 취업하도록 한다. (16, 17, 18)

16. 학생 자신의 파트타임 취업에 대한 기준(예, 이상적인 주당 근무시간과 스케줄, 요구하는 임금 범위, 일에 대한 의무)을 목록으로 작성하도록 한다. 일에 대한 기준을 다듬고 가능한 고용 형태와 종류 또는 고용주를 찾도록 도우면서 이 목록을 검토한다.

17. 대학 안팎에서 대학생활 중이나 졸업 후 할 수 있는 고용기회를 조사하도록 하고 직업 탐색 과정에서 자신에게 멘토가 될 수 있는 진로 상담자를 만나도록 학생을 대학 진로센터에 의뢰한다.

18. 학생의 일자리 탐색 과정과 일자리를 얻었을 때의 재정적 목표는 물론 학문적 목표에 대한 움직임의 과정을 모니터한다.

7 현재와 미래의 재정 계획에 대출이 작용하는 역할을 줄인다. (19, 20, 21)

19. 지출 분석을 통해 신용으로 구입한 물건을 확인하도록 하고 그것이 꼭 필요한 물건인지, 그리고 다른 방법으로는 어떻게 지불할 수 있을 것인지 결정하도록 요청한다.

20. 신용카드의 사용으로 야기되어 온 구체적인 문제를 탐색한다(예, 과다한 은행대출에 대한 높은 이자율 지급, 수입이 감당할 수 없는 빚지기,

충동적으로 구입하기, 채권자로부터 지불 요구 받기, 학교 등록을 위태롭게 하기).

21. 신용카드의 사용에서 필요한 변화를 열거하고 우선순위를 정하는 데 도움을 준다(예, 높은 이자나 높은 은행 잔고를 요구하는 카드와 계좌를 없애기, 채권자에게 이자율을 낮추도록 요구하기, 가능한 한 최소로 지불할 수 있는 것만큼 지불하거나 채권자와 협상할 수 있는 소비자 신용서비스와 접촉하기).

8 한 달 경비를 줄이기 위해 비용 절감을 실행한다. (22, 23)

22. 학생이 받은 청구서를 검토하고 이를 줄이기 위한 변화를 브레인스토밍한다(예, 실내온도를 20~21℃로 유지하기, 사용하지 않을 때는 모든 전기 기구의 전원 끄기, 할인매장이나 창고형 마트에서 장보기, 일반적인 상표 상품 사용하기, 비용이 저렴한 통신회사로 바꾸기).

23. 학생이 갖고 있으면 좋지만 꼭 필요하지는 않은 지출을 확인하도록 하고 취소하거나 중대한 변화를 고려하도록 격려한다(예, 케이블, 휴대전화, 인터넷 접속, 잡지 구독, 집에서 다니기/기숙사에 거주하기, 자동차 처분하기, 대중교통수단 이용/대학 내에서 자동차 유지하기).

9 재정 상태와 그에 대한 염려를 논의하고 보다 큰 재정 현황에서 가족의

24. 가족모임에서 논의할 학생의 재정 상태에 관한 주제 목록을 작성하도

역할을 명확히 하기 위해 가족을 만난다. (24, 25, 26, 27)

록 요청한다(예, 최근의 예산, 수입 증대와 지출 감소를 위해 이미 시행하고 있는 활동, 최근 가족이 제공한 재정지원, 아직 학생이 당면하고 있는 재정 문제들).

25. 문제해결 과정에서 고려할 가능한 해결책의 제공은 물론, 가족의 생각이나 의견을 요청함으로써 받을 수 있는 가족 구성원의 도움을 열거하도록 격려한다.

26. 가족 구성원과 직접적으로 그리고 정중하게 의사소통할 수 있음을 확실하게 하기 위해 학생과 함께 재정 관련 가족모임에 대한 역할극을 한다.

27. 가족모임 결과에 따라 학생이 예산 수정을 하도록 돕기 위해 재정 관련 가족모임을 진행한다.

10 새로운 수입과 지출 계획에 근거한 예산을 조정한다. (28, 29)

28. 새로운 수입(예, 파트타임 일, 부모 보조, 장학금, 지원금)에 근거해 예산과 재정 계획을 수정하도록 학생을 격려한다.

29. 학생의 재정을 다루기 위한 노력에 방향과 지지를 효과적으로 제공하기 위해 남은 대학생활 기간 동안 2주에 한 번 학생을 만난다.

11 중요한 인생의 목표와 이러한 목표를 지원할 장기간의 예산을 포함하는 5년 계획을 세운다. (30, 31, 32)

30. 학생에게 Arndt와 Ricchini의 『*Life After Graduation: Financial Advice and Money Saving Tips*』를 읽어 보도록 요청한다. 장기간의 재정 계획을 상세히 검토한다.

31. 5년 계획을 세울 때 고려되어야 할 재정 문제(예, 학자금 대출 갚기, 보험, 매일 매일의 생활 경비, 저축 선택 또는 투자 가능성)를 학생과 함께 브레인스토밍한다.

32. 학생이 인생의 중요한 목표(예, 여행, 해외유학, 대학원 진학)를 달성하기 위한 계획을 공고히 하고 적절한 행동을 취하기 위해 재무 설계자를 만나도록 제안한다.

___. ______________________________

____

___. ______________________________

____

___. ______________________________

____

___. ______________________________

____

___. ______________________________

____

___. ______________________________

____

진단 제안

축 I	308.3	급성 스트레스 장애
	300.02	범불안장애
	300.00	달리 분류되지 않는 불안장애
	309.xx	적응장애
	V62.2	직업 문제
	V62.89	발달단계 문제
	V71.09	진단 없음
	799.9	진단 보류
	______	____________________
	______	____________________
축 II	301.9	달리 분류되지 않는 성격장애
	V71.09	진단 없음
	799.9	진단 보류
	______	____________________
	______	____________________

13 졸업 불안 (Graduation Anxiety)

행동 정의

1 졸업에 대해 생각하면 흥분, 불안, 행복, 두려움, 무감각함, 슬픔, 외로움, 안도감 등의 모순된 감정을 불러일으킨다.

2 스트레스와 관련해 계속되는 신체 증세(예, 두통, 복통, 수면 문제)를 구두로 표현한다.

3 졸업에 필요한 대학의 이수 요건들(예, 모든 과정이 이수되었음을 확인 받기 위해 학업 지도 교수 만나기, 졸업 신청하기, 졸업 모자와 가운 신청하기, 미결제된 청구서와 수수료 지불하기)을 잊어버린다.

4 학업에서 요구되는 마지막 남은 부분을 완수할 수 있는 능력을 심하게 차단하거나 위태롭게 하는 불안을 경험한다(예, 졸업 논문, 졸업 연주회, 연구과제, 포트폴리오).

5 학교 마지막 학년에 전공을 바꾸거나, 다른 학기나 2개의 새로운 과정을 추가함으로써 졸업을 피한다.

6 졸업 후 거주 방식을 결정하는 것을 미룬다(예, 기숙사나 아파트에서 짐을 꾸리고, 적절한 가족 구성원과 거주 방식을 논의하거나 거주할 장소를 확보하는 것).

7 직장을 구하거나 졸업 프로그램을 성공적으로 찾아보기 위해 필요한 절차를 밟는 것을 회피한다(예, 이력서 준비가 안 되고, 직업이나 조직 탐색에 대한 자료가 준비되지 않고, 지원서 접수를 하지 않는다).

8 졸업식이나 졸업 후 계획에 가족들을 참여시키지 않거나 망설인다.

9 졸업식이나 축하연에 참석을 거부하거나 학교에서 만난 중요한 사람들과 헤어지지 않으려 한다.

10 자신의 독립 능력에 대해 의심을 갖고, 자급자족할 수 있는 성인이 되기 위해 필요한 개인적 책임감에 압도된다.

___. ________________________________

____

___. ________________________________

____

___. ________________________________

____

장기 목표

1 대학 졸업과 관련된 지적 · 정서적 과제를 인식하고 효과적으로 다룬다.

2 분리와 독립은 한순간에 일어나는 것이 아니고 하나의 과정이라는 점을 이해하고 받아들인다. 이는 많은 사건, 상호작용, 감정들 그리고 개인적 통찰 등으로 이루어진다.

3 임박한 변화하는 현실을 받아들이고 의식적으로 미래에 대한 자신의 책임감을 수용한다.

4 이별하는 법과 관계를 긍정적으로 마무리하는 법을 배우도록 한다.

5 미래에 대한 비전을 개발하고 이를 구체화시키기 위해 필요한 위험을 감수한다.

___. ________________________________

____

___. ________________________________

____

___. ________________________________

____

단기 목적

1. 학교를 졸업하고 독립하는 과정에서 나타나는 행동과 정서 반응을 기술한다. (1, 2, 3, 4)

2. 졸업이라는 이행 과정에서 부각된 핵심 문제를 확인한다. (5)

3. 졸업이라는 경험에 대한 느낌들에 대해 이해한 것을 구두로 표현한다. (6, 7, 8)

치료 개입

1. 졸업하고 다른 곳으로 이동하는 것을 방해하는 구체적인 문제들을 확인하고 철저히 탐색하도록 학생을 돕는다.
2. 대학을 떠나며 가지게 되는 자신의 생각과 근심, 이러한 문제들과 연관된 느낌들, 그리고 이러한 생각들과 감정들을 유발하는 맥락을 추적하기 위한 일지를 만들도록 과제를 준다.
3. 일지 기입과 졸업 이야기 등을 이용해 대학생활의 마지막 학년 동안에 부적응 행동에 대한 이유들을 명료화하도록 돕는다.
4. 자유롭게 표현되었거나, 억압되었거나, 부적절하다고 간주되었거나, 또는 어떤 면에서는 부인된 느낌들에 특별히 주목하면서 학교를 끝내는 느낌을 탐색하도록 학생을 격려한다.
5. 주된 삶의 주제들, 핵심 감정, 그리고 맥락적인 패턴 등을 확인하면서 졸업과 관련된 생각과 느낌에 대한 학생의 정보를 정제한다.
6. 졸업을 ① 과제 확인과 완성하기, ② 변화 예측하기, ③ 의식에 참석하기, ④ 이동하기 등의 4단계로 나누어 확인하면서 학생의 느낌과 경험을 정상화하고 처리하는 것을 돕는 전환기 단계 모델을 학생에게 제공한

다(Margolis의 『*Learning to Leave: Problems of Graduating*』 참조).

7. 졸업이 가지는 역설적인 면, 즉 많은 새로운 시작(기회)은 물론 많은 끝맺음(상실)을 나타내는 행사라는 사실을 학생에게 가르친다. 이것이 학생의 상실과 기회에 적용되는 만큼 역설을 검토한다.
8. 과제를 완수하는 데 겪는 어려움을 좀 더 이해하기 위해 학생에게 Burka와 Yuen의 『*Procrastination*』을 읽도록 권한다.

4 졸업을 위해 필요한 학업 이수 요건을 완수하기 위한 행동 계획을 실행한다. (9, 10, 11, 12)

9. 졸업하는 날까지 완수해야 하는 모든 학업과제를 열거하도록 한다(예, 포트폴리오, 연구논문, 인턴 시간, 학업 지도 교수와의 만남, 또는 졸업에 필요한 모든 서류 제출).
10. 졸업 전에 마쳐야 하는 각각의 학업과제에 대한 목적과 마감일을 설정하도록 학생을 돕는다.
11. 학생이 거주하는 곳에서 가장 눈에 띄는 위치에 이젤 종이를 사용해 시간대별 학업과제가 진행되는 상황을 표기하도록 학생에게 과제로 준다.
12. 이러한 학업과제에 잘 맞추어 진행된 상황을 매주 업데이트하도록 학생에게 요청한다.

5 신체 관련 근심에 대한 의료 진찰에 협력한다. (13)

13. 신체에 관련된 호소가 생리적 근거를 갖는지 결정하도록 학생을 대학 내 건강센터에 보낸다 .

6 졸업 이행기를 보다 효과적으로 보낼 수 있도록 스트레스 조절 기법을 활용한다. (14, 15, 16)

14. 졸업에 따른 스트레스를 처리할 수 있도록 돕기 위해 학생에게 불안 감소 기법(예, 깊은 심호흡, 긍정적인 상상, 심부근육 이완, 그리고 긍정적인 자기대화)을 가르친다(Davis, Eshelman, McKay의 『*The Relaxation and Stress Reduction Workbook*』, Burns의 『*Ten Days to Self-Esteem*』 참조).
15. 학생이 과거에 성공적으로 사용했던 스트레스 조절 기법(예, 운동 증진하기, 일정한 수면 패턴 유지하기, 영양 섭취에 대한 주의 기울이기, 시각화, 명상, 마사지, 또는 긍정적이고 지지해 주는 친구와 같이 시간 보내기) 열람표를 만들도록 하고 이들 중 여러 개를 일상생활에서 사용하도록 한다.
16. 학생을 스트레스 조절 집단에 의뢰하고 참여하도록 권장한다.

7 왜곡되고 불안을 유발하는 생각을 확신을 주는 현실적인 생각으로 대체한다. (17, 18)

17. 졸업 불안감을 조장하는 왜곡되고 부정적인 생각(예, '새로운 직업의 책임을 맡을 준비가 되지 않았다.' '모든 경쟁을 뚫고 직업을 얻을 수는 결코 없을 것 같다.' '나는 마지막 과제를 실패할 것이기 때문에 졸업을 못하게 될 것이다.')을 확인하도록 돕는다.
18. 졸업이 가까워 오면서 가지는 왜곡된 생각을 자신감, 침착함 그리고 흥분되는 느낌이 증진될 수 있는 현실적이고 긍정적인 생각(예, '나는 직

업을 얻을 준비가 되어 있다.' '미래의 고용주에게 자신감과 열정을 가지고 나를 소개할 수 있다.' '나는 나 자신이 능력 있는 학생임을 입증하였기 때문에 마지막 학업의 어려움도 좋은 결과로 끝낼 수 있다.')으로 대체하도록 학생을 지원한다(Helmstetter의 『*What to Say When You Talk to Yourself*』 참조).

8 진로와 직업 탐색 계획을 위한 도움을 구한다. (19, 20)

19. 당면한 그리고 장기간의 진로 결정과 직업 탐색에 도움을 받도록 대학 진로센터에 학생을 의뢰한다.
20. 어느 특정 분야에 대한 장점과 기술을 보유하고 있음을 강조하고 확신시키는 목표와 경험 부문을 좀 더 상세히 기술하도록, 학생의 이력서를 검토한다.

9 졸업 후의 거주 계획을 마무리 짓는다. (21, 22, 23)

21. 종이에 숙소에 대한 선호 기준을 열거하도록 학생에게 요청한다(예, 최신 아파트 거주, 새로운 룸메이트 찾기, 집으로 돌아가기).
22. 학생에게 숙소에 대한 선택 중 가장 좋다고 생각되는 두 가지를 선정해서 각각에 대한 구체적인 실천 계획을 세우도록 과제로 준다.
23. 매 회기마다 거주 계획을 마무리 지으려는 학생의 결정 과정을 가볍게 다루고, 필요에 따라 과정을 정정한다.

10 졸업 후의 계획과 느낌을 가족 구성원과 공유한다. (24, 25)

24. 학생에게 성인 가족 구성원과 졸업에 대한 일반적인 느낌은 물론 학업

에 대한 도전 그리고 거주와 직업에 대한 걱정들을 같이 나누도록 제안한다.

25. 학생이 자신의 생각과 느낌을 직접적으로 정직하고 공손하게 대화할 수 있도록 학생과 가족 구성원 사이의 의사소통을 역할극으로 해 본다.

11 가족 구성원과 함께 졸업 행사 일정을 논의한다. (26, 27, 28)

26. 대학 당국에서 개최하는 졸업 행사를 검토하고 학생이 적어도 한 개의 행사에는 참석하도록 격려한다.
27. 학생이 가족과 접촉해서 자신이 참석할 졸업 행사에 가족을 초청하도록 한다.
28. 학생이 즐길 만한 가족의 축하 방식을 생각해 보고 이러한 바람을 가족과 대화해 보도록 학생이 노력할 것을 지원한다.

12 졸업 과정을 성공적으로 수행하기 위한 개인의 힘을 확인하고 이용한다. (29, 30, 31)

29. 변화를 통해 만들어진 도전에 대응하기 위해 사용했던 기술과 재능을 확인하면서 학생이 지금까지 성취해 온 다른 과도기에서의 변화를 논의하도록 한다.
30. 다른 종류의 과도기에 대한 이야기를 들려준 뒤 학생이 자신의 기술과 장점의 패턴을 확인하도록 돕는다.
31. 학생으로 하여금 졸업 과정에 자신의 기술과 재능을 적용함으로써 향상되고 교정될 수 있는 현재의 상황을 확인하도록 격려한다.

13 졸업 문제와 관련된 정서적인 갈등

18. 졸업이 가까워 오면서 가지는 왜곡

의 해결을 구두로 표현한다. (18, 32, 33)

된 생각을 자신감, 침착함 그리고 흥분되는 느낌이 증진될 수 있는 현실적이고 긍정적인 생각(예, '나는 직업을 얻을 준비가 되어 있다.' '미래의 고용주에게 자신감과 열정을 가지고 나를 소개할 수 있다.' '나는 내 자신이 능력 있는 학생임을 입증하였기 때문에 마지막 학업의 어려움도 좋은 결과로 끝낼 수 있다.')으로 대체하도록 학생을 지원한다(Helmstetter의 『*What to Say When You Talk to Yourself*』 참조).

32. 두려움과 불안을 줄이기 위해 학생의 가장 큰 근심거리에 관한 질문(예, '내가 해낼 수 있을까?' '누가 나를 도와줄 것인가?' '나의 과거 업적이 지금 도움이 될까?' '나에게 성공은 어떤 모습인가?')을 검토한다.
33. 졸업이라는 전환기에 겪는 학생의 힘듦은 물론 졸업에 대한 상반된 느낌 간의 갈등을 해결한다.

14. 졸업 때문에 변화되거나 중단될 대학에서의 관계를 마무리 짓도록 한다. (34, 35, 36, 37)

34. 졸업으로 영향 받을 모든 관계의 목록(예, 친구, 룸메이트, 좋아하는 교수, 지도 교수, 부모)을 작성하도록 하고 최선의 이별 방식(예, 이메일, 감사카드, 개인적 방문, 저녁식사)을 결정한다.
35. 학생과 이별 인사를 하는 역할극을 한다.
36. 학교를 떠나기 전에 좋아하던 캠퍼스

의 장소들을 방문하도록 권유한다.

37. 감사와 작별의 의미로 좋아하던 대학의 사람들과 장소를 스크랩 책으로 만들거나 사진첩으로 만들도록 한다.

15 과거에 대한 회상을 미래에 대한 비전과 목표로 대체한다. (38, 39, 40, 41)

38. 학생이 미래에 대한 비전에 초점을 맞출 수 있도록 앞으로 어떤 것이 변해야 하는지에 대해 쓰도록 한다.

39. 학생이 임무에 근거한 목표 진술문을, 완수할 마감 날짜를 제시하면서 개발하도록 돕는다. 이러한 목표를 현실화시키는 데 개인적 책임감을 갖도록 요구한다.

40. 학생의 비전과 임무에 조언해 줄 수 있는 사람을 찾도록 도움을 준다. 이러한 사람들과 접촉하고 그들의 지원을 요청하도록 격려한다.

41. 다방면의 졸업 이행 과정에 대한 학생의 진전 상황을 모니터하기 위해 매주 있는 회기를 이용한다.

__. ____________________

__. ____________________

__. ____________________

__. ____________________

__. ____________________

__. ____________________

진단 제안

축 I	309.24	불안 동반 적응장애
	309.0	우울감 동반 적응장애
	309.3	품행장애 동반 적응장애
	308.3	급성 스트레스 장애
	300.02	범불안장애
	313.82	정체감 문제
	V62.3	학업 문제
	V62.89	발달단계 문제
	V71.09	진단 없음
	______	______________________
	______	______________________
축 II	301.82	회피성 성격장애
	301.83	경계성 성격장애
	301.9	달리 분류되지 않는 성격장애
	V71.09	진단 없음
	______	______________________
	______	______________________

14 슬픔/상실 (Grief/Loss)

행동 정의

1 수업이나 다른 장면에서 집중력 부족, 하염없이 흐르는 눈물, 그리고 무엇을 할 것인가에 대한 혼란 등과 결부되어 상실감으로 가득 찬 생각들

2 우울한 기분과 낙담을 초래한 일련의 상실을 최근에 경험하고 있다(다시 말하면, 죽음, 부모의 이혼, 이주).

3 개인적인 상실에 대해 이야기할 때 격한 정서 반응을 보인다.

4 상실 이후 우울감의 다른 징후는 물론 식욕 부진, 체중 감소, 불면증과 같은 증상을 경험한다.

5 상실을 막기 위해 충분한 역할을 하지 못했다는 죄책감이나 상실에 일정 부분 책임이 있다는 비합리적인 신념을 가진다.

6 상실에 대해 정서적으로 깊이 있게 이야기하는 것을 회피한다.

7 대학 입학을 위해 지역적으로 멀리 이동하는 것이 긍정적인 지원망의 상실로 이어진다.

___. ______________________________

____

___. ______________________________

____

___. ______________________________

____

장기 목표

1 상실에 대해 건강하게 슬퍼하는 과정을 시작한다.

2 슬픔에 대한 회피가 얼마나 부정적으로 자신의 삶에 영향을 주었는지를 자각하도록 도우면서 치유 과정을 시작한다.

3 중요한 다른 사람이나 안전한 상황에 대한 상실감을 흘려보내는 과정을 완수한다.

4 상실감을 치유하고 캠퍼스와 그 외 지역에서 새로운 사람을 만나는 것을 시작한다.

___. ______________________________

____

___. ______________________________

____

___. ______________________________

____

단기 목적

1 경험한 상실(들)을 확인하고 문제나 증상을 유발하는 이에 대해 자세한 내력을 털어놓는다. (1, 2)

2 상실과 관련된 느낌을 구두로 표현하기 시작한다. (3, 4)

치료 개입

1. 학생의 상실과 관련된 내력을 둘러싸고 있는 사실을 탐색한다.
2. 학생이 자신의 삶에서 일어난 상실의 상황을 자서전에 상세하게 적어 보게 한다.
3. 학생이 매 회기에서 자신의 생각과 느낌을 확인하고 표현할 수 있도록 지속적인 눈 맞춤, 적극적인 경청, 무조건적인 긍정적 존중, 그리고 따

뜻한 수용 등으로 신뢰 수준을 적극적으로 쌓는다.

4. 학생이 대학생활 장면에 대처하려고 노력할 때, 학생 자신의 상실과 관련 있는 구체적인 느낌과 문제를 확인하고 명료화하도록 돕는다.

3 상실이 정서와 행동에 준 충격을 확인한다. (5, 6)

5. 학생이 현재 슬픔과 상실의 느낌을 극복해 가는 과정을 탐색한다. 학생의 사회적 · 학업적 · 정서적 적응 등에 끼친 슬픔의 충격을 탐색한다.

6. 학생이 학교 환경에서 슬픔과 상실의 느낌을 이용하는 기회나 이에 대처하는 것을 회피하는 기회들을 평가한다.

4 애도하는 과정의 단계에 대한 이해 증대를 구두로 표현한다. (7, 8)

7. 애도 과정의 단계를 학생에게 교육하고 학생이 경험한 애도 과정과 연관된 모든 질문들에 대답해 준다.

8. 학생이 여러 사람들에게 그들의 삶에서 겪은 상실에 관해, 특히 그들이 어떻게 느끼고 극복하였는지에 관해 말해 달라고 요청해 보게 한다. 애도 과정에 대해 배운 것을 요약하면서 학생의 인터뷰 경험을 검토한다.

5 경험을 좀 더 잘 이해하고 희망의 느낌을 증대시키기 위해 슬픔이라는 주제에 대한 자료를 읽는다. (9, 10, 11)

9. 학생에게 슬픔과 상실을 다룬 책(예, Westberg의 『*Good Grief*』, Smedes의 『*How Can It Be All Right When Everything Is All Wrong*』, Kushner의 『*When Bad Things Happen to Good People*』)을 읽어 보도록 한다.

10. 학생의 부모에게 Schiff의 『*The Be-*

reaved Parents』를 읽도록 한다. 독서를 통해 얻은 핵심 주제를 검토한다.

11. 상실과 슬픔을 다룬 영화(예, 〈Terms of Endearment〉 〈Dad〉 〈Ordinary People〉)를 보도록 권한다. 배우들이 어떻게 상실을 다루고 슬픔을 표현하는지 나눈다.

6 슬픔 지원 단체에 참석한다. (12)

12. 학생을 슬픔/상실 지원 단체에 의뢰하고 참석 경험을 검토한다.

7 상실을 다루는 것을 회피함으로써 갖게 된 부정적 영향을 확인한다. (13)

13. 학생이 슬퍼하는 것을 회피해서 자신의 삶과 대학생활에 부정적으로 영향을 준 방식들을 열거해 보도록 요청한다.

8 술/약물 남용이 상실과 관련된 느낌을 피하는 데 어떻게 도움을 주었는지 확인한다. (14, 15)

14. 슬픔의 고통에서 벗어나기 위해 사용한 약물 남용의 역할을 평가한다.
15. 약물 의존 치료를 주선하여 학생이 명료하고 정신이 맑은 상태에서 슬픔 문제를 대면할 수 있게 한다(6 약물 의존/남용 참조).

9 자신이나 사망한 사랑했던 사람에게 집중된 분노나 죄책감이 슬퍼하는 과정을 가로막으므로, 이 분노나 죄책감을 언어화하고 해결한다. (16, 17, 18)

16. 학생이 가지게 되는 상실에 따른 분노나 죄책감을 탐색하고 그러한 느낌의 원천을 이해하도록 돕는다.
17. 죄책감이나 분노를 해결하기 위하여 자신과 사망한 사람을 용서하도록 한다. 용서를 다룬 책(예, Smedes의 『*Forgive and Forget: Healing the Hurts We Don't Deserve*』 또는 『*The Art of Forgiving*』)을 추천한다.
18. 사망한 사람에게 좋은 기억, 고통스럽고 마음 아픈 추억, 마지막으로 가

졌던 의미 있는 접촉, 그리고 현재 어떻게 느끼고 있는지에 대한 내용을 편지로 쓰는 과제를 준다. 회기에서 그 편지를 읽고 내용을 정리한다.

10 사망한 사랑했던 사람에 대한 행동 또는 관계와 연관되어 애석한 감정의 원인을 확인한다. (19)

11 생전에는 표현하지 않았던 사망한 사랑했던 사람에 대한 생각과 느낌을 표현한다. (20, 21)

12 사망한 사랑했던 사람의 긍정적인 성격, 그와의 긍정적인 관계, 그리고 이러한 점들을 어떻게 적절하게 추억할 수 있는가를 확인한다. (22, 23, 24, 25)

19. 상실에 관한 모든 애석함을 작성하는 과제를 주고 회기에서 그 내용들을 검토한다.

20. 이미 사망하여 학생이 생전에 한 번도 이야기해 보지 못한 사랑했던 사람(빈 의자에 그 사람이 있다고 상상하게 하면서)에게 표현하기에 초점을 맞추면서 빈 의자 기법을 수행한다.

21. 학생에게 사망한 사랑했던 사람의 묘소를 찾게 하고, 사망한 사람과 이야기하고, 감정을 해소하도록 한다.

22. 사망한 사랑했던 사람과의 추억 중 가장 긍정적인 면의 내용을 기술하도록 학생에게 요청한다.

23. 학생에게 상실과 관계 있는 그림이나 유품을 회기에 가져오게 하고 그 의미를 논의하도록 한다.

24. 학생이 사망한 사랑했던 사람의 삶 가운데 기억할 만한 면을 축하할 의식(예, 사망 기일에 신문에 추모 글 싣기, 사망한 사랑했던 사람이 좋아하는 곳에서 자원봉사 시간 갖기, 돌아가신 분이 즐겨 찾던 식당에서 식사하기, 예배에 조화 놓기)을 개발해 보도록 돕는다.

25. 사망한 사랑했던 사람의 활동, 관심

사, 헌신, 사랑, 열정 등을 조사하도록 요청하고, 자신의 영예를 위해 (지역사회와 연관된) 활동들 중 하나를 선택한다.

13. 슬픔과 상실을 극복하기 위한 행동 대처 전략을 실행한다. (26, 27)

26. 슬퍼하는 과정에서 문제가 되는 각각의 측면에 대한 행동 대처 계획을 개발하도록 학생을 지원한다(예, 지지적인 연결망을 형성하기 위한 사회적 접촉 시작하기, 정신적 지원그룹과 접촉하기, 학업 이수 과정에 다시 돌아가기 위해 대학 내 개인교수 서비스 활용하기).

27. 행동적인 용어로 주제나 요구를 공손하게 확인하고, 양측의 요구와 권리를 인정하며, 서로에게 이익이 될 수 있는 해결책을 제안할 수 있는 자기주장적인 대화를 학생에게 가르쳐 주기 위해 역할극과 모델링 기법을 사용한다. 사회성을 증진시키기 위해 주장성을 실행하도록 하고 요구와 욕구를 언어화하도록 학생을 격려한다.

14. 슬픔과 상실의 극복 과정에서 혼란스러운 감정을 조장하거나 악화시키는 왜곡된 자기대화를 확인하고 대체한다. (28, 29, 30)

28. 학생 자신에게 슬픔, 격리감, 갈등 또는 방어나 불신 등을 조장하거나 중재하는 부정적이고 왜곡된 자기대화를 확인하도록 돕는다(예, '절대 이 일이 일어나기 이전에 행복했던 것처럼 행복해지지는 않을 것이다.' '이런 고통이 어떤 것인지 그 누구도 이해할 수 없다.' '이 일이 일어난 이상

나는 결코 대학을 마칠 수 없다.' '모든 사람이 나를 진정으로 돕기 원하는 것처럼 행동하지만 실제로는 별 관심이 없다.').

29. 상실에 대처할 수 있도록 평화와 신속한 회복력을 증진시키는 현실적이고 긍정적인 자기대화법을 학생에게 가르친다(예, '나는 합리적이고 지성 있는 사람이다. 따라서 이것을 넘어서는 것을 배울 수 있다.' '나는 나를 돌봐줄 사람을 확보할 것이다.' '이러한 좌절에도 불구하고 내가 착수한 일들은 전과 마찬가지로 완수할 수 있다.').

30. 학생의 비합리적이고 왜곡된 책임감에 대한 진술을 부드럽게 직면할 수 있도록 합리적 · 정서적 치료를 사용하고 그들을 현실에 근거한 사실들과 비교한다.

15 슬픔과 상실에 연관된 느낌을 효과적으로 해소하는 데 장애가 되는 비합리적인 신념을 확인하고 대체한다. (31, 32)

31. 효과적인 대처를 방해하는 학생의 비합리적인 신념을 확인하도록 돕는다(예, '모든 사람들은 내가 이 문제를 실제보다 더 크게 확대해서 다루고 있다고 생각한다.' '이제 내 삶은 영원히 파멸되었다.' '나는 결코 이 일을 지나간 일로 돌릴 수 없다.').

32. 효과적인 대처에 방해가 되는 장애물을 제거하기 위해 학생이 가지고 있는 비합리적인 신념을 합리적으로 재구성하도록 가르친다(예, '모든 사

람들이 이 같은 일을 겪지만 모두 괜찮아진다.' '내가 받고 있는 도움과 지원을 통해 시간이 지나면서 이 일을 효과적으로 다룰 수 있다고 나는 믿어야만 한다.' '상실을 다룰 수 있는 새로운 방법을 배우는 것은 의미가 있고, 이를 사용하고 실행할 수 있는 능력이 내 안에 있다.').

16 상실에 신경 쓰는 시간을 매일 ___% 줄인다. (33, 34, 35)

33. 학생이 상실을 애도할 수 있도록 매일 구체적으로 제한된 시간을 정해 놓도록 제안한다. 매일 정해진 애도 시간이 지나면 다시 일상으로 돌아가고 슬픈 생각은 다음 예정된 애도 시간까지 미루어 놓는다.
34. 학생에게 매일 적어도 한 번은 사회적 상호작용 활동을 하도록 하고 이 경험에 대한 느낌을 일지에 기록하도록 안내한다.
35. 학생이 중요한 다른 사람에게 얼마나 의존하고 있는지 확인하도록 돕고 이에 수반되는 버려진 느낌과 홀로 남겨진 느낌을 표현하고 해결하도록 한다. 폭넓은 사회적 지지망을 형성하기 위해 손을 내밀도록 학생을 격려한다.

17 슬픔과 상실을 극복하는 데 용기를 주고 지원해 주는 대학 환경 내 지지체계를 확인한다. (36, 37)

36. 학생이 힘든 정서에 대처하거나 다루는 데 도움이 될 수 있는 동료 자원(예, 지지적인 룸메이트, 교회 그룹, 슬픔 지지 그룹)을 탐색한다.
37. 학생의 이야기를 잘 경청하면서 어

18 각자가 자신의 슬픈 경험을 나누는 것에 초점을 둔 가족치료 회기에 참여한다. (38)

19 위로와 희망을 제공하는 자원으로 정신적 믿음 행위들을 실행한다. (39, 40)

___. ______________________

____

___. ______________________

____

___. ______________________

____

려울 때 조언해 줄 수 있는 행정 직원 지원(예, 기숙사 조언자 또는 기숙사 책임자)을 찾아본다.

38. 상실과 연관된 각자의 경험을 이야기할 수 있는 학생과 가족으로 구성된 회기를 수행한다.

39. 지원 자원으로서 정신적 믿음 행위, 활동(예, 기도, 명상, 예배, 음악), 그리고 교제에 의지하도록 학생을 격려한다.

40. 상실과 관련해서 영적 상담을 해 줄 수 있는 목사, 신부 또는 랍비에게 학생을 의뢰한다.

___. ______________________

____

___. ______________________

____

___. ______________________

____

진단 제안

축 I	309.0	우울감 동반 적응장애
	309.3	품행장애 동반 적응장애
	296.2x	주요 우울장애, 단일 삽화
	296.3x	주요 우울장애, 재발성
	V62.82	사별 반응
	300.4	기분부전장애
	______	______________________
	______	______________________
축 II	799.9	진단 보류
	V71.09	진단 없음
	______	______________________
	______	______________________

15 향수병/독립하기 (Homesickness/Emancipation Issues)

행동 정의

1 끊임없이 집에 대한 생각에 집착한다(예, 부모, 형제, 친척, 친구, 애완동물).

2 집을 생각하면 불안하고, 혼란스럽고, 슬프고, 화가 난다.

3 거의 매일 집과 연락한다.

4 집과 가족에게 거의 연락을 하지 않는다.

5 새로운 관계 맺음을 심각하게 제한하면서 다른 사람과 교류하는 것을 거부한다.

6 자신을 뒤돌아보고, 슬퍼하고, 또는 해방감에 적응할 수 있는 개인 시간을 심각하게 줄일 정도로 새로운 관계에 지나치게 몰입한다.

7 어떤 결정을 할 때 개인적인 요구, 희망, 가치, 능력 그리고 목표를 고려하기보다는 가족이나 다른 사람을 즐겁게 하거나 괴롭히는 것에 근거를 둔다.

8 자기 이해가 부족하고 또는 자신에 대해 불편해한다.

9 새로운 역할과 생활방식의 실험에 대해 다른 사람이 승인하지 않는 것을 두려워한다.

10 과도기에 효과적인 지지체계를 찾고 개발하는 능력이 부족하다.

__. ____________________

____

__. ____________________

____

__. ____________________

____

장기 목표

1 집과 가족을 떠나는 지적이고 정서적인 과업을 효과적으로 다룬다.

2 가족으로부터 벗어나는 과정에서 생기는 상실과 모험을 고유의 특성으로 이해하고 받아들인다.

3 대학과 같은 환경 내에서 가능한 역할을 탐색하고 생활방식을 실험할 수 있는 기회들을 알아차리게 되고 참여하기 시작한다.

4 새롭게 형성되는 자아개념에 도전과 지원을 줄 수 있는 사람들이나 집단들과 연결할 수 있는 기회를 제공해 주는 환경을 자세히 조사한다.

5 자신의 의사결정을 다른 사람들에게 알릴 때 자의식을 사용하며, 자신의 정체성을 받아들인다.

__. ______________________________

____

__. ______________________________

____

__. ______________________________

____

단기 목적

1 대학으로의 성공적인 이행기를 거치면서 겪은 어려움을 논의한다. (1, 2)

치료 개입

1. 학교 적응에 장애가 되는 구체적인 느낌과 문제들을 확인하고 명료화하도록 학생을 돕는다.
2. 대학 환경에 적응하기 위해 이용할 기회와 피해야 할 기회를 평가한다.

2 집을 떠날 때 보인 정서적 · 행동적

3. 대학에 지원을 시작한 시기부터 지

반응을 확인하면서, 대학으로 오게 된 과정을 전부 말한다. (3, 4, 5)

금까지, 학생이 집을 떠난 과정을 탐색한다.

4. 대학에 지원한 시기부터 지금까지, 집을 떠나는 과정에서 보인 학생 행동의 이유를 명료화하도록 학생을 돕는다.
5. 학생이 집을 떠날 때 느낀 감정들과 연관된 느낌을 구체적인 느낌(허용된, 부적절하다고 생각된, 또는 어떤 식으로든 거부된 느낌)으로 느껴 보도록 격려한다.

3 집을 떠날 때 보인 현재와 과거의 경험에 대한 가족의 반응을 확인한다. (6, 7)

6. 집 떠나는 과정에서 다른 사람이 보인 행동과 표현된 느낌들을 확인하도록 학생을 돕는다.
7. 집 떠나는 것에 대해 학생의 가족이 보인 역기능적인 반응(예, 분노, 부인, 불안, 회피, 영원히 떠나는 것처럼 받아들이는 것에 대한 거부)과 같은 특별한 관심의 패턴을 학생이 인식하도록 돕는다.

4 집 떠남에 대한 핵심적인 걱정을 명료화한다. (8, 9, 10, 11)

8. 집 떠남에 대한 생각과 걱정, 이러한 문제와 관련된 느낌, 그리고 이러한 생각과 느낌을 갖게 된 맥락을 기록하도록 학생에게 과제를 준다.
9. 집 떠남에 대한 생각과 느낌을 기록한 학생의 과제를 검토해서 핵심이 되는 문제, 가장 우세한 느낌, 그리고 맥락상의 패턴들을 검토한다.
10. 학생의 현재 느낌들과 행동들을 명료화하기 위해 집 떠남에 대한 자신

의 핵심적인 걱정과 가족의 반응 사이를 연관 짓는다.

11. 집을 떠나는 것이 상실과 모험 모두를 포함하는, 원천적으로 모순을 가지고 있는 개념임을 학생에게 알려준다.

5 불안감을 줄이기 위해 학교에 안전한 물리적 공간을 만든다. (12, 13, 14, 15)

12. 학생이 기숙사 방에 잘 정착하기 위해 자신만의 친숙한 공간을 만들도록 격려한다(예, 완전히 짐을 풀고, 중요한 사람이나 행사 사진을 진열하고, 또는 냉장고 · 방을 기분전환을 돕는 음식으로 채운다).

13. 학생이 자기가 아끼던 물건들을 집에서 가져올지, 그리고 이들을 불안감을 감소하는 데 사용할지 여부를 결정한다(예, 사진, 봉제동물인형, 스포츠 용구, 스크랩북, 좋아하는 책, 자그마한 가구).

14. 학생의 수면 패턴을 탐색하고, 전형적인 수면 패턴이 새로운 환경 때문에 방해를 받는다면 새로운 대안을 제안한다(예, 낮잠 자지 않기, 매일 같은 시간에 일어나기, 카페인이나 니코틴 사용을 줄이기, 규칙적으로 잠자리에 드는 시간을 유지하기).

15. 학생의 필요성과 집에서 익숙한 형태를 기본으로 해서 공부할 수 있는 공간을 만들도록 돕는다(예, '완벽한 소음 차단' 대 '약간의 소음이 배경으로 있는 형태', '도서관' 대 '기숙사

방', 컴퓨터에 대한 접근성, '개인' 대 '그룹' 선호).

6 합리적인 경계 내에서 집에 있는 가족이나 친구들과 의미 있는 접촉을 유지한다. (16, 17, 18, 19)

16. 집에 있는 가족과 친구들에게 연락하기 위해 이메일이나 카드를 사용하도록 권한다. 대화 내용이 감정에 치우치거나 의존성이 커질 때는 불안감이나 우울을 줄이기 위해 즉각적인 메시지 작성을 자제하고 건강한 경계를 유지하도록 제안한다.
17. 가족과 접촉할 수 있는 주당 횟수와 가족과 같이 보낼 수 있는 시간에 대한 현실적인 한계를 설정하도록 학생을 돕는다.
18. 혹시 집과 연락이 끊어지는 경우 적어도 일주일에 한 번은 어떤 식으로든 연락할 수 있는 방법(예, 편지, 카드, 이메일, 전화 또는 방문)을 시작하도록 학생을 격려한다.
19. 집과 계속적인 연결을 유지하는 수단으로써 가족과 친구들 그리고 공유할 수 있는 정보의 형태와 양을 가려내도록 학생을 돕는다.

7 독립적으로 행동할 수 있는 개인적인 힘을 확인하고 활용한다. (20, 21, 22)

20. 한쪽 또는 양쪽 부모에 대한 학생의 정서적 의존도와 이 의존성을 키운 가족 역동을 탐색한다(예, 지배적이거나 비판적인 부모, 또는 공생적인 부모 관계).
21. 부모, 형제들에 대한 의존성을 끊는 데 근거가 될 수 있는 학생 자신의 힘(예, 지적인 능력, 판단력 또는 사회

적 기술)을 확인하도록 돕는다.

22. 학생의 강점을 이용하는 대학문화에서 보다 더 독립적으로 행동할 수 있는 행동 계획을 개발하도록 학생을 돕는다.

8 자유로워지는 것에 대한 두려움을 극복하기 위한 행동적 · 인지적 대처 전략을 이행한다. (23, 24, 25)

23. 집과 가족을 떠나 사는 것에 대해 학생이 가지는 두려움에 대한 목록을 작성해 오도록 과제를 준다. 이러한 두려움을 명료화하고 검토한다.

24. 자유로워지는 과정과 관련 있는 각 두려움에 대한 행동 대처 계획(예, 자기주장적 또는 사회적 기술 습득하기, 네트워크 형성을 위한 사회적 접촉 시작하기, 정신적 지원 그룹과 접촉하기, 또는 대학 내 개인교수 서비스 활용하기)을 개발하도록 학생을 돕는다.

25. 자유로워지는 것과 연관된 두려움이나 불안감을 조장한 부정적이고 왜곡된 자기대화를 찾아내도록 학생을 돕는다. 왜곡된 자기대화를 자신감과 독립심을 증진시키는 긍정적이고 현실적인 메시지로 대체한다.

9 사람들과의 어울림에 대한 욕구를 충족시키고 소속감을 증진시키기 위해 동료들과의 사회적 접촉 빈도를 늘린다. (26, 27, 28)

26. 혼자 식사하는 것에 대비해서 학생과 대학 내 식당에서 다른 학생들과 함께 식사하기로 하는 계약을 맺는다.

27. 사회적 연결망으로서의 가능성을 제공하는 다른 학생(예, 룸메이트, 짝, 기숙사 조교, 동급생 또는 학생 클럽이나 단체)을 찾아보도록 학생을 돕는다.

28. 새로운 사람들과 만나거나 교류하는 과정에서 학생이 편안한 느낌을 가질 수 있도록 처음 만남이나 대화에서 어떻게 해야 하는지 시범을 보여주거나 역할극을 한다.

10 개인적인 홍미와 가치에 부합하는 그룹, 프로그램, 수업 그리고 특별 행사와 관련된 정보를 수집한다. (29, 30)

29. 대학 내 행사에 대한 정보 매체들(예, 학생신문, 게시판, 대학 또는 학생 단체 웹사이트, 대학 방송국, 모임과 특별한 행사 안내 이메일 또는 학생 우편함)을 학생에게 가르쳐 준다.

30. 대학이나 지역사회 활동과 행사에 관한 정보를 얻기 위해 기숙사 직원, 지도 교수, 학생처 직원 그리고 교수진들을 학생이 확인해 보도록 격려한다.

11 클럽, 단체, 운동경기 그리고 정신적 활동에 더 많이 참여하거나 일하는 시간을 늘린다. (31, 32, 33, 34)

31. 대학 내 단체 행사, 클럽 소개 모임, 교내 운동 게임 응원, 또는 학생 자신의 홍미와 가치에 부합하는 정보 제공 시간에 참여할 것을 권유한다.

32. 교내 취업, 교내 운동경기, 정신적 활동, 신체 단련 교실, 자원봉사 기회, 학생회, 종교적 피정 또는 특별 행사에 대한 학생의 질문들을 지원한다.

33. 학생이 온전히 참여할 수 있는 몇 가지 핵심 활동들을 선택하기 위해 클럽, 단체, 학문 분야, 지역사회 프로그램 그리고 일할 기회 등에 대한 자세한 정보를 분류할 수 있도록 학생을 돕는다.

34. 학생 자신이 참여하고 있는 여러 단체나 활동을 바꿀지는 물론 계속 참여할 것인지 여부를 결정하기 위해 학기 동안에 여러 면에서 자신의 참여 정도와 관심의 지속 정도를 평가하도록 권유한다.

⑫ 역할 모델이나 멘토로서 도움을 주고자 하는 경험이 있는 사람들을 찾는다. (35, 36)

35. 지도 교수, 좋아하는 교수, 학교 직원, 또는 관심 있는 단체나 클럽의 학생 임원들과의 지속적인 접촉을 늘린다.

36. 교수의 지도 또는 진로 멘토 프로그램의 참가 등을 통해 자원봉사, 리더십 훈련을 받을 수 있는 기회를 조사하도록 학생을 격려한다.

⑬ 개인적 가치와 정체성에 근거한 의사결정을 한다. (37, 38)

37. James March로부터 영감을 받은 세 가지 주요 질문을 포함하는 의사결정 모델(decision-making model)을 학생에게 가르친다(March의 『*A Primer on Decision Making: How Decisions Happen*』 참조). ① 이것은 어떤 상황인가? ② 나는 누구인가? ③ 나 같은 사람은 이런 상황에서 어떻게 행동해야 하는가?

38. 학생에게 March의 『*A Primer on Decision Making: How Decisions Happen*』을 읽도록 하고 학생이 현재 내려야만 하는 결정에 적용하는 과정을 논의한다.

⑭ 자유로워지는 과정이 어떻게 자신의 정체성을 정의 내리는 데 도움을 주

39. 집을 떠나는 것이 자신의 삶에 상실과 모험을 가져다준다는 책을 읽도록

는지 일지에 기록한다. (39, 40)

학생에게 과제로 부여한다(예, Coelho의 『*The Alchemist*』 또는 Levoy의 『*Callings: Finding and Following an Authentic Life*』). 학생 자신의 삶에 적용되는 핵심 아이디어를 일지에 기록하도록 과제로 주고 다음 회기에서 핵심 아이디어를 검토한다.

40. 자신을 명료화하기 위한 움직임을 도표로 일지에 기록(예, 욕구, 기술, 재능, 가치 있는 관계, 흥미, 가치, 희망, 꿈 또는 두려움을 목록으로 만든다)하도록 학생에게 요청하고 피드백과 제안에 대한 기재사항을 검토한다.

__. ______________________________

____

__. ______________________________

____

__. ______________________________

____

__. ______________________________

____

__. ______________________________

____

__. ______________________________

____

진단 제안

축 I	309.0	우울감 동반 적응장애
	309.3	품행장애 동반 적응장애
	309.24	불안 동반 적응장애
	309.28	혼재성 불안과 우울감 동반 적응장애
	300.23	사회공포증
	300.02	범불안장애
	300.4	기분부전장애
	______	______________________________
	______	______________________________
축 II	301.20	분열성 성격장애
	301.6	의존성 성격장애
	______	______________________________
	______	______________________________

16 친밀감/헌신 문제 (Intimacy/Commitment Issues)

행동 정의

1 결혼 약속이 생존 관계 선택처럼 두렵다.

2 성관계를 진실되고 의미 있는 친밀감과 동일시한다.

3 다른 사람을 알기 위한 시간을 갖지 않고 모르는 사람인 채 성관계를 갖는다.

4 파트너와 시간을 보내기 위해 학교, 가족 그리고 우정에 대한 약속을 무시한다.

5 누군가에 대한 친밀감과 분리된 정체성 유지 사이에 균형 유지가 불가능하다.

6 얻기 어려운 파트너에 습관적으로 매료된다.

7 약해 보이거나 거부당할지 모른다는 두려움 때문에 사랑의 감정을 표현하지 못한다.

8 다른 사람과 정서적으로 관계가 형성되자마자 관계를 끊는다.

9 모든 다른 사람들과의 관계를 중단하거나 다른 사람과 관계를 유지하는 것에 대해 자신의 파트너에게 진실하지 못하다.

10 관계에서 지속적으로 과도하거나 부족하게 기능한다.

___. ______________________________

____

___. ______________________________

____

___. ______________________________

____

장기 목표

1 건강하고 친밀한 관계의 요소들을 이해한다.

2 강하고 긍정적인 대인관계를 이룰 수 있는 능력과 연관된 발달 지연에 대한 회복을 확인하고 시작한다.

3 건강한 관계를 제공할 수 있는 파트너를 선택한다.

4 대인관계에서 적절한 경계를 유지한다.

5 파트너와의 관계를 형성하면서 학업과 진로의 목표를 향한 노력도 지속한다.

6 파트너와의 관계를 형성하면서 다른 사람과의 관계도 유지한다.

___. ______________________________

____

___. ______________________________

____

___. ______________________________

____

단기 목적

1 현재의 관계에 대한 문제와 패턴을 확인한다. (1, 2, 3)

치료 개입

1. 학생에게 자신의 현재 관계에 대한 사실과 역동성을 기술하도록 요청한다.
2. 학생의 관계를 어렵게 만들거나 관계의 지속을 위협하는 문제를 탐색한다.
3. 학생 자신의 관계에서 문제 패턴을 확인하도록 돕고 그들에 대한 느낌

을 구두로 표현하도록 한다.

2 원가족 관계에서 미해결된 과제를 확인하고 이런 관심사를 종식시킬 수 있는 과정을 밟기 시작한다. (4, 5, 6, 7)

4. 학생의 가족 구성원과의 관계에서처럼 표면으로 떠오른 동일한 관계 문제의 패턴이 있는지를 평가한다.
5. 건강하고 친밀한 관계를 유지할 수 있는 능력에 대한 원가족 문제들의 영향(예, 융통성 없는 경계 설정, 경계 유지 불능, 요구사항이나 원함을 요청하는 것에 대한 두려움이나 느낌을 표현할 수 없다)에 관해 학생을 교육한다.
6. 학생에게 Lerner의 『*The Dance of Intimacy*』를 읽도록 요청한다. 친밀감 갈등과 원가족 경험의 역할에 관한 주제들을 검토한다.
7. 학생의 관계에 작용하는 현재의 신념을 원가족 주제(예, 정서적으로 존재하지 않는 부모, 이혼 부모, 학대를 통해 통제하는 부모, 과잉보호 또는 무관심한 부모, 중독된 부모)와 연결한다.

3 관계에 대한 왜곡되고 역기능적인 자기대화를 확인하고, 긍정적이고 현실적인 메시지로 대체한다. (8, 9, 10)

8. 사랑하고 사랑받는 존재에 대한 학생의 역기능적이고 부정적인 사고와 신념을 재구성한다(예, '누구나 파트너를 속인다.' 대 '대부분의 사람들은 믿을 만하고 신뢰할 만하다.' '나는 제멋대로인 사람이라 어느 누구도 나의 요구를 충족시켜 주지 않을 것이다.' 대 '나는 신뢰와 상호성에 근거한 파트너십을 개발할 수 있다.'

'왜 아무도 나를 원하지 않는가?' 대 '나는 좋은 사람이고 나를 파트너로 삼는 사람은 운이 좋은 사람이 될 것이다.').

9. 학생에게 주어졌던 과거의 부정적인 메시지가 현재의 관계에 영향을 주고 있다는 점을 인정하면서, 학생이 다른 파트너들과의 관계를 검토하도록 격려한다(예, '당신은 내가 사랑한 것만큼 당신을 사랑할 수 있는 사람을 결코 찾지 못할 것이다.' '당신을 돌봐 줄 누군가가 필요하다.' '당신은 나 없이 해결할 수 없을 것이다.' '누군가가 관심을 갖거나 좋아하기에는 당신은 너무 [어리석어, 뚱뚱해, 수줍어해, 초라해 등].').

10. 현재의 관계를 초래한 부정적인 기대와 낮은 자기 이미지를 의미 있게 감소시킬 수 있는 인지 반응과 행동 반응을 개발하도록 학생을 돕는다(예, 부정적인 메시지와 대결할 수 있는 자신의 선서를 만들어 자신만의 공간에 눈에 잘 띄게 붙인다, 자신의 가치에 의문이 생길 때 기분을 반전시킬 수 있는 긍정적이고 힘을 불어넣는 음악 CD를 만든다, 부정적이고 부정확한 메시지에 대항할 수 있는 실제 반응 목록을 만들어 항상 쉽게 사용할 수 있도록 가까이 둔다).

4 파트너와의 강하고 긍정적인 관계의 특성을 확인한다. (11, 12, 13)

11. 학생에게 친밀한 관계를 만들어 내는 데 필요한 자료를 읽도록 한다(예, Kasl의 『*If the Buddha Dated*』, Gray의 『화성남자 금성여자의 관계 지키기(*Men, Women and Relationships: Making Peace with the Opposite Sex*)』). 건강한 관계의 특성과 연관 있는 자료를 읽어 얻어진 개념들을 논의한다.

12. 여러 자료에서 얻어진 정보를 통합하도록 격려하고, 중요한 다른 사람과의 관계를 만들고 유지하는 데 필요하다고 믿는 특성에 대한 학생 자신의 개인적인 목록을 작성하도록 한다.

13. 학생의 관계 특성 목록을 사용해서 현재의 관계를 평가하도록 돕고, 자신의 파트너에게서 지각되는 강점과 약점을 공유하도록 제안한다.

5 친밀감, 열정 그리고 헌신 사이의 차이를 구두로 표현한다. (14)

14. 사랑에 대한 스턴버그 모델을 사용하여 친밀감, 열정 그리고 헌신 사이의 차이를 이해하도록 돕는다(친밀감 = 가까움, 애정, 유대감; 열정 = 성적 충동, 신체적 접근, 로맨스; 결정/헌신 = 사랑을 유지하고자 하는 약속에 뒤따르는 사랑에 대한 결정 또는 인정). 학생에게 스턴버그의 삼각 사랑 척도(Triangular Love Scale)를 완성하도록 요청하고(Sternberg의 『*The Triangle of Love*』 참조) 그 결과를 검토한다.

6 **생각과 느낌을 직접적으로, 효과적으로 그리고 정중하게 표현한다.** (15, 16)

15. 학생에게 남을 비난하거나 수치심을 주거나 헐뜯지 않으면서 직접적이고 정직하고 정중하게 '나는'이란 표현을 사용하도록 가르친다. 학생의 감정을 논의하는 상담 회기 중에 이 방식을 가능한 한 많이 사용하도록 요청한다.

16. 자신의 느낌을 적절하게 묘사하고, 분명히 하고, 공유할 수 있는 다양한 범주의 단어들을 배울 수 있도록 느낌 도표를 사용한다.

7 **주의를 기울이는 적극적인 경청 기술을 실행한다.** (17, 18, 19)

17. 효과적인 비언어적 의사소통의 요소(예, 눈 맞춤 유지, 텔레비전이나 휴대전화 등 주위를 산만하게 하는 것을 치우기, 끄덕임, 또는 말하는 사람이 계속 말하도록 비언어적인 신호를 사용하기)를 학생에게 가르친다. 이러한 기술을 적용하기 위해 모델링이나 역할극을 사용한다.

18. 반영적인 듣기에 대한 정보를 학생에게 제공하고, 역할극과 모델링을 통해 이러한 기술을 배울 수 있는 기회를 준다.

19. 학생에게 Covey의 책 『성공하는 사람들의 일곱 가지 습관(*The Seven Habits of Highly Effective People*)』에 있는 '습관: 먼저 이해하려고 노력하면 이해된다'를 읽도록 한다. 이러한 원칙이 어떻게 학생의 관계에 적용될 수 있는지 논의한다.

8 토론 중 예의를 지켜야 하는 지침을 실행하면서 일관성 없는 파트너와의 갈등 문제를 해결하고자 시도한다. (20, 21, 22, 23)

20. 학생이 의견 불일치를 해결하는 데 필요한 기본 원칙을 결정하도록 돕는다(예, 학생이 이 문제에 함께 관련되어 있음을 기억하도록 하고, 개인적인 공격이나 과거의 문제를 들춰 내지 않도록 하며, 현재의 관심사에만 집중하도록 한다).
21. 파트너가 너무 피곤하거나, 화가 나 있거나, 술 취해 있거나, 또는 아파서 온전히 참여할 수 없을 때 문제해결을 시도하지 않기 위해 시간과 장소를 조절하도록 제안한다.
22. 공정한 싸움 지침을 학생에게 제공한다(예, 자신의 관심사가 구체적이도록 한다, 한 번에 한 가지 문제만 다룬다, 현실적이고 합리적인 변화를 요청한다, 자신이 파트너의 이야기를 끝까지 경청하고 또한 기꺼이 변화하려고 해야 함을 인정한다, 어떤 문제를 해결하기 위해서는 시간, 인내 그리고 헌신이 요구됨을 이해한다).
23. 파트너의 노력에 대한 감사 표시와 관계의 중요성에 대한 인정을 표현함으로써 갈등해결에 대한 시도가 끝날 수 있음을 학생에게 상기시킨다.

9 파트너와의 친밀감과 연결을 증진시키는 데 초점을 맞춘 활동을 실행한다. (24, 25, 26)

24. 학생 자신의 현재 관계에 연관되어 있는 연결, 개별화 그리고 분화에 대한 개념을 이해하도록 돕는다(Kerr와 Bowen의 『*Family Evaluation: An*

Approach Based on Bowen Theory』, Lerner의 『*The Dance of Intimacy*』, Kasl의 『*If the Buddha Dated*』 참조).

25. 학생과 학생의 파트너에게 Louden의 『*The Couple's Comfort Book*』을 읽도록 제안하고 친밀감(연결) 수준과 그들의 관계 맥락에서 경계를 형성할 수 있는 능력을 증대시키는 활동들을 선택하도록 한다.

26. 학생과 학생의 파트너가 중요한 주제에 대해 토론을 이끌어 내고 서로의 유사점과 차이점을 이해하고 받아들이도록 하는 McFarland와 Saywell의 『*If …*』 그리고/또는 Piver의 『*The Hard Questions*』에서 만들어진 질문에 대한 대답을 공유하도록 한다.

10 관계에 전념하는 동안에도 학업 수행을 개선하고 유지한다. (27, 28, 29, 30)

27. 학생에게 현재 수강하고 있는 모든 과목들의 강의 계획표를 검토하도록 하여 뒤처진 영역을 확인하도록 한다.

28. 학업 진도를 따라잡거나 성적을 향상시키기 위해 교수들을 만나 제출 마감일을 조정해 보거나 추가 과제물을 받도록 격려한다.

29. 시간관리 기술을 사용해 학업과 일자리에 적절한 시간을 투자할 수 있도록 조언한다.

30. 학생이 자신의 학업과 일의 수행에 대한 새로운 정보를 매주 제공하도록 요청한다.

11 다양한 분야의 친구들과 여러 가지

31. 학생이 자신의 파트너와의 관계 때

홍미 있는 활동을 통해 사회성을 키운다. (31, 32, 33)

12 파트너와의 친밀감을 위해 헌신을 하고자 할 때 나타나는 두려운 느낌을 확인하고 해결한다. (34, 35, 36)

—.

—.

—.

문에 축소되거나 끝난 관계를 확인하도록 격려한다.

32. 학생을 도와 과거의 관계를 복원할 수 있는 방법과 새로운 사람을 만나 자신의 사회적 네트워크를 넓힐 수 있는 방법을 결정하도록 돕는다.
33. 학생에게 자신의 홍미와 관련된 학생단체 회원자격을 갱신하거나 자신의 홍미를 충족시켜 줄 수 있는 학생단체 또는 지역사회 단체를 찾아 적극적으로 참여하도록 권한다.
34. 학생이 가지고 있는 친밀한 관계에 대한 두려움과 헌신에 관련된 두려움을 탐색한다.
35. 학생이 가지고 있는 친밀한 관계와 연관된 거부 또는 내처짐에 대한 두려움을 검토한다.
36. 파트너와 상처받기 쉬운 친밀감을 **나누기** 위해 조금씩 단계별로 해 나가는 나누기-체크 방법(share-check method)을 사용하도록 격려한다. 그리고 신뢰가 존경과 친절, 그리고 상호이익으로 보상되었는지를 확인한다.

—.

—.

—.

진단 제안

축 I	300.2	범불안장애
	300.00	달리 분류되지 않는 불안장애
	313.83	정체감 문제
	309.24	불안 동반 적응장애
	301.13	순환성 장애
	302.70	달리 분류되지 않는 성기능 부전
	V62.89	발달단계 문제
	V71.09	진단 없음
	799.9	진단 보류
	______	______________________
	______	______________________
축 II	301.9	달리 분류되지 않는 성격장애
	301.83	경계성 성격장애
	V71.09	진단 없음
	799.9	진단 보류
	______	______________________
	______	______________________

17 학습/신체 장애 (Learning/Physical Disabilities)

행동 정의

1 낮은 학업 수행 성취도는 지각장애, 뇌손상이나 뇌기능장애, 난독증 또는 발달 실어증 등에 따른 결과로 예상된다.

2 학습장애는 학업 수행과 읽기, 계산하기, 쓰기 등을 필요로 하는 기본적인 일상생활 기술 습득을 실질적으로 방해한다.

3 이동성과 운동을 제한하고 자세를 뒤틀리게 하는 신체장애(예, 뇌성마비, 근이양증, 척추이분증, 불완전 골형성증[부서지기 쉬운 골 질환], 절단[사지 결손], 척수손상)를 갖는다.

4 학업 이수 요건을 생각하면 좌절하고, 불안하고, 분노하거나 자신과 맞지 않는다고 느낀다.

5 아무리 노력해도 긍정적인 성과를 얻기 힘들다는 믿음 때문에 새롭거나 도전적인 학업 상황을 회피한다.

6 학문적으로 또는 독립적으로 무언가를 이루려 할 때 수반될 수 있는 곤혹스러움, 비판, 실망감을 두려워한다.

7 대인관계에서 다른 사람과 거리를 두게 하는 적절하지 못하고 부자연스럽게 방어적인 행동을 보인다.

8 수업 과제를 완수하지 못하거나 늘 시작조차 하지 않으며 강의에 제멋대로 가지 않는다.

9 교수들이나 대학 행정 직원들에게 필요한 시설을 주장할 수도, 주장할 의지도 없다.

10 육체적 불편이나 고통이 학업 수행과 사회적 상호작용을 자주 방해한다.

11 참기 힘든 느낌과 경험을 무디게 하기 위해 약물을 사용한다.

___. ____________________

____

___. ____________________

____

___. ____________________

____

장기 목표

1 오랜 시간을 두고 결손된 영역에서의 학업 기능을 실제적으로 향상시킨다.

2 학교 환경 내에서 최대한의 기동성과 접근성을 유지한다.

3 장애라는 것이 중요하기는 하지만 삶 전체로 볼 때 한 부분에 지나지 않는다고 믿는 자아개념을 기른다.

4 장애라는 사실을 이해하고 장애관리를 위한 사전대책을 강구한다.

5 학업적 · 사회적 성취를 위해 필요한 편의시설을 주장하는 것을 배운다.

6 학업성취를 도울 수 있는 현실적인 학업 기대치와 개인적 습관을 개발한다.

7 진로 계획을 개발한다.

___. ____________________

____

___. ____________________

____

___. ____________________

____

단기 목적

1 장애에 대한 사실을 분명히 한다. (1, 2, 3)

2 학업 수행과 사회적 수용에 미치는 장애의 영향에 대한 느낌과 두려움을 공유한다. (4, 5, 6)

치료 개입

1. 학생 자신의 장애에 대한 실제적 이해 정도를 평가한다.
2. 장애에 대한 증빙서류를 검토할 수 있도록 허락을 구하고 이러한 장애가 초래하는 학업적 · 사회적 영향에 관한 실제적인 정보를 분명히 하고 나누기 위해 이 정보를 학생과 논의한다.
3. 만약 증빙서류가 없다면 학생의 장애 정도를 평가하고 증명할 수 있는 대학이나 지역사회 공동체 시설에 의뢰할 수 있도록 대학 내 장애학생을 위한 코디네이터에게 학생을 보낸다.
4. 학업과 사회생활에서 나타난, 자신의 장애에 따른 직접적인 결과라고 믿는 문제들을 목록으로 작성하도록 요청한다.
5. 장애에 관해 가지고 있는 인지 왜곡을 확인하고 재구성하도록 돕는다(예, '장애는 신경학적이거나 신체적인 조건이다.' 대 '장애는 성격적이거나 도덕적 결함, 또는 치명적인 결점이다.' '지적인 사람들도 학습장애를 가질 수 있다.' 대 '학습장애가 있는 사람들은 어리석다.' '신체장애는 특정한 진로 선택을 배제할 수 있다.' 대 '신체장애를 가지고 있는 사람은 가치 있는 직업을 가질 수 없다.' '사

람들은 나와 내 장점을 받아들이고자 한다.' 대 '사람들은 단지 내 장애만을 주시한다.').

6. 학생이 부정적이고 비합리적인 생각들과 맞설 수 있도록 긍정적인 자기대화를 하도록 가르친다.

3 현재의 학기 동안 학업 수행과 사회적 상호작용을 증가시킬 수 있도록 계획을 세운다. (7, 8, 9, 10)

7. 학생의 강점을 확인하고 자신의 감각 또는 자기효능감을 증가시켰던 성공적인 학업과 사회적 상황을 논의하도록 학생을 격려한다.
8. 다른 사람들의 도움이 필요한 상황은 물론 학생이 현재 가지고 있는 강점과 기술을 사용해서 개선될 수 있는 학업과 사회적 문제들을 확인하도록 지원한다.
9. 학생이 즉시 실행할 수 있는 구체적인 학업/사회적 기술과 전략들(예, 모든 교수 요목을 검토하고 달력에 과제를 표기하기, 매일 해야 할 일의 목록을 만들고 따르기, 스터디 그룹에 참여하기, 관심 있는 대학 동아리에 참여하기)을 선택하고 약속을 이행하도록 계약을 맺는다. 성공한 것은 강화하고 실패한 것은 재수정하도록 매주 학생의 진행 정도를 평가한다.
10. HOPE 모델을 사용하기(Help = 어떤 도움이 필요한가, Obligations = 무엇이 이루어져야 하고 이를 위해 어떠한 준비가 필요한가, Plans = 자신의 계획과 목표를 향해 학생이 계속 움

직여 갈 수 있는 구조를 제공한다, Encouragement = 치어리더나 자기 편같이 학생의 삶에 긍정적인 힘이 되도록 한다). 학생이 다른 사람들의 도움, 성과를 올릴 수 있는 구체적인 시설을 요구하는 상황을 확인하도록 돕는다.

4 학업이나 사회적인 면에서 성취할 수 있도록 지원과 도움을 줄 수 있는 자기편−개인 또는 단체−목록을 만든다. (11, 12, 13)

11. 앞으로 생길 건강에 대한 염려 또는 약물치료에 대한 해답을 위해 대학 건강센터와 학생을 연결한다.
12. 개인교습에 대한 요구를 조정하고, 장애인을 위한 지원 그룹과 연결하고, 기숙사, 교실 또는 회의실에 환경 친화적인 시설을 제공하기 위해 장애학생을 위한 서비스 기관 코디네이터에게 학생을 의뢰한다.
13. 학생에게 대학 동아리에 대한 정보를 제공해 동료들과 사회적으로 교류할 수 있는 기회를 확대하도록 적어도 한 개의 동아리에 참여하기를 촉진한다.

5 자기주장 기술의 사용을 실행한다. (14, 15, 16, 17)

14. 과목 이수 요건들, 수행에 대한 걱정들, 그리고 과정이 부과한 특별한 도전들을 논의해 편의시설에 대한 필요성을 결정하기 위해, 학생에게 수업 등록 이전에 각 교수마다 만남을 요청하도록 한다.
15. 학생에게 자기주장적인 의사소통 기술(예, '나' 표현 사용하기, 걱정을 구체적으로, 행동적으로 그리고 비판

단적으로 표현하기, 분명하고 직접적으로 요청하기)을 가르친다.

16. 구체적이고 현실적인 편의시설을 요청하는 것은 물론 분명하고 객관적인 방식으로 학생의 장애를 편안하게 논의할 수 있도록 도와주기 위해, 교수진과 학생의 만남을 역할극으로 해 본다.

17. 학생의 교수진과의 만남, 격려 제공, 자기주장에 대한 능력 키움을 통해 학생의 진전 상황을 모니터한다.

6. 어떤 특정한 편의시설이 학생의 완벽한 참여를 촉진한다면 자기주장 기법을 적용해 필요한 것을 얻어 낸다. (18, 19, 20)

18. 학생의 삶에서 자기주장이 유용할 수 있는 다른 영역(예, 의사, 가족 구성원, 학생그룹들)을 찾도록 학생을 돕는다.

19. 학생을 도와 도움이 될 만한 편의시설을 확인하도록 한다(예, 학생 동아리 모임 장소를 보다 쉽게 접근할 수 있는 위치로 옮김, 서점에 녹음테이프로 된 책 주문하기, 또는 의사나 건강관리요원들이 가족 구성원들에게 전화회의나 이메일을 통해 계속 정보 제공 요청하기). 모든 필요한 항목들이 포함되었는지를 확인하기 위해서 이러한 요구사항을 전부 기록하도록 학생을 격려한다.

20. 편의시설에 대한 요청을 주장적으로 할 수 있다는 자신감을 키워 주기 위해 역할극을 한다.

7. 대인관계에서의 상호작용과 자존감

21. 기분 상태, 기분 변화의 원인, 그리고

을 향상시키기 위해 건강한 기분관리 기법을 실행한다. (21, 22, 23, 24, 25)

학생이 규칙적으로 사용하는 기분향상 기법을 추적하도록, 2주 단위로 학생에게 일지나 녹음기를 사용하도록 요청한다.

22. 학생의 음주와 약물 사용을 조사하고, 만약 약물 사용/남용이 문제가 되면 적절한 기관(예, 약물 의존 치료센터, 학생건강센터, AA 또는 NA)과 연결시키도록 한다.
23. 학생을 담당 의사와 연결해 처방된 의약품이 기분 또는 고통을 다루는 데 유용한지를 결정하도록 한다.
24. 의사의 자문을 받아 학생과 계약을 맺어 처방된 의약품 외에 약물들을 제한하거나 절제하도록 한다.
25. 학생에게 기분 변화와 효과적인 기분 관리를 위한 구체적인 기법을 교육한다(예, 지지적인 친구나 친척에게 전화하기, 긍정적인 자기대화, 부정적인 생각들의 재구성, 양육적이고 재충전되는 활동에 참가하기, 또는 지원 그룹에 참여하기).

8. 자존감과 유대감을 높이기 위해 사회적 상호작용 참여를 늘린다. (26, 27, 28, 29)

26. 어떤 사람들이 학생의 삶에 긍정적이고 건강한 힘이 되는지, 그리고 어떤 사람들이 자신에게 부정적이거나 우울한 기분을 들게 하는지를 기록해서 학생이 현재의 관계를 평가할 수 있도록 지원한다.
27. 점심 약속이나 스터디 모임과 같은 활동을 통해 사교 시간을 미리 계획

하여 긍정적인 사람과 접촉할 때 주도적이 되도록 격려한다.

28. 타인의 존재를 알아차릴 수 있는 기회들을 찾아내고, 그들에게 긍정적인 태도를 취해 상호교류가 촉진되도록 학생을 돕는다.
29. 부정적인 사람들과는 상호작용을 제한하도록 개인적인 경계를 유지하는 법을 학생에게 가르친다.

9 긍정적이고 지지적인 가족 구성원들과 사교적 접촉을 늘린다. (30, 31, 32)

30. 최근에 학생과 학생의 가족들 사이에 존재하는 의사소통의 질을 평가한다.
31. 학생의 개인 발달을 지속시키는 데 필요한 경계를 적절히 유지하면서도, 자신의 가족들의 지원과 지속적으로 연결될 수 있는 의사소통의 형태와 양을 결정하도록 학생을 돕는다.
32. 학생이 가족과 지지적인 의사소통을 수립하고 유지하면서 이룬 진전을 모니터하고 강화한다.

10 진로 목표를 확인하고 행동 계획을 실행한다. (33, 34, 35)

33. 학생의 진로에 대한 포부를 탐색한다.
34. Ryan의 『*Job Search Handbook for People with Disabilities*』라는 책을 통해 학생의 진로 선택 과정을 검토하도록 한다.
35. 평가, 진로 정보 또는 경험에 따른 선택을 위해 학생을 대학 진로센터에 의뢰한다.

11 대학에서 제공하는 학업, 사회 그리고 직업에 관한 자료를 효과적으로

36. 학업과 사회적 진전을 확실하게 하기 위해 목표를 향한 학생의 움직임

활용한다. (36, 37)

을 한 학기 또는 두 학기 동안 주 단위로 모니터한다.

37. 학생이 자원봉사 활동, 대학에서 일하기, 그리고 자신의 사회적 · 직업적 발달에 도움이 되는 인턴십 등에 참여하도록 격려한다.

__. ______________________________
____

__. ______________________________
____

__. ______________________________
____

__. ______________________________
____

__. ______________________________
____

__. ______________________________
____

진단 제안

축 I	315.00	읽기장애
	315.1	산술장애
	315.2	쓰기 표현장애
	314.01	주의력 결핍/과잉행동장애, 복합형
	314.00	주의력 결핍/과잉행동장애, 주의력 결핍 우세형
	312.34	간헐적 폭발성 장애
	305.00	알코올 남용
	305.20	대마계 제제 남용
	294.9	달리 분류되지 않는 품행장애
	V62.3	학업 문제
	V62.2	직업 문제
	V62.89	발달단계 문제
	V71.09	진단 없음
	799.9	진단 보류
	______	______________________________
	______	______________________________
축 II	301.50	히스테리성 성격장애
	301.82	회피성 성격장애
	301.9	달리 분류되지 않는 성격장애
	V71.09	진단 없음
	799.9	진단 보류
	______	______________________________
	______	______________________________

18 외로움 (Loneliness)

행동 정의

1 최근에 있었던 중요한 관계의 상실(예, 파트너와의 이별, 가족의 사망, 친구의 전학 등) 때문에 슬픔과 위축감을 느낀다.

2 새로운 관계 형성을 저해하는 사회적 불안으로 고통 받는다.

3 혼자 있을 때 슬프고, 불안하고, 절망적이 되고, 가치 없고, 격리된 느낌을 갖는다.

4 혼자 있는 것을 피하기 위해 매 순간을 구조화된 활동으로 채운다.

5 친구들과 교류할 기회를 찾기보다는 자신의 방에 박혀 있다.

6 집을 방문하는 데 과도하게 많은 양의 시간을 쓴다.

7 학교에서 관계를 형성하기보다는 집에서 친구 사이를 유지하는 데 전념한다.

8 상처받기 쉬운 감정을 드러내기를 거부하면서 마치 학교에서의 관계는 중요하지 않은 것처럼 행동한다.

9 지나치게 요구하고 참견하는 행동으로 다른 사람들로부터 스스로를 고립시킨다.

__. ______________________________

____

__. ______________________________

____

__. ______________________________

____

장기 목표

1 최근의 또는 과거의 상실을 적극적으로 슬퍼한다.

2 사회적 불안을 극복하고 대학에서 제공하는 연결과 지원을 위한 여러 가지 기회에 참여한다.

3 건강한 관계를 형성하고 유지하는 것은 시간, 개방성 그리고 신뢰를 필요로 하는 과정임을 인정한다.

4 흔들리는 관계(다시 말해서, 추적자 역할 또는 추적 당하는 역할)를 건강한 관계로 전환하는 데 도움이 되는 행동으로 대치한다.

5 혼자 있는 시간을 자기인식과 자기 돌봄에 대한 기회로 생각한다.

6 가정에서의 관계를 유지하는 것에 더해서 학교에서의 관계에도 투자한다.

___. ______________________________

____

___. ______________________________

____

___. ______________________________

____

단기 목적

1 사회적 네트워크의 부족을 초래하고 그 부족에서 초래된 현재의 요소들을 논의한다. (1, 2)

치료 개입

1. 학생에게 자신의 외로움에 대해 인지하고 있는 원인을 가능한 구체적으로 논의하도록 요청한다(예, 다른 사람들은 친절하지 않다, 룸메이트는 거리감이 있다, 사회적 불안 때문

에 다른 사람에게 손을 내밀 수가 없다, 공부 때문에 너무 바빠서 사회생활을 할 수가 없다).

2. 사회적 네트워크의 부족함으로 야기된 결과를 나누도록 학생을 격려한다(예, 방에서 거의 나가지 않는다, 대부분의 시간을 인터넷이나 텔레비전 시청, 비디오 게임을 하며 지낸다, 과도하게 몰입하거나 너무 바쁘게 지낸다).

2 외로움과 연관된 생각과 느낌을 확인한다. (3, 4)

3. 학생의 외로움에 깔려 있는 감정(예, 슬픔, 두려움, 불안, 절망, 우울)을 탐색한다.
4. 학생이 자신의 느낌과 연관된 (인지 왜곡에 주의를 환기시키는) 생각이나 신념을 표현할 수 있는 일지 작성을 과제로 준다.

3 사회적 철수를 지속하게 하는 인지 왜곡을 확인하고 다른 것으로 바꾼다. (5, 6, 7)

5. 학생을 도와 자신의 현재 외로움의 뿌리가 되는 신념들의 목록을 작성하도록 한다.
6. 인지 왜곡에 대한 자신의 신념을 평가하도록 학생을 돕는다(예, '나는 영원히 혼자일 것이다.' '아버지 상실의 고통을 느끼는 대로 놓아두면 난 죽을 것이다.' '내가 손을 내밀면 거절당할 것이다.').
7. 사회화에 대해 학생이 가지고 있는 인지 왜곡을 재형성한다(예, '아무도 나에게 말을 걸지 않기 때문에 나갈 이유가 없다.' 대 '만약 내가 나가면,

같은 관심사를 가지고 있는 사람과 이야기를 나눌 수 있다.' '지금 이 관계를 끝내면 나는 다치지 않을 것이다.' 대 '내가 다치더라도, 나는 살아남고 다음 관계를 더 좋게 만들 수 있는 무언가를 배울 수 있을 것이다.' '그 사람은 나와 시간 보내는 것에 결코 관심이 없을 것이다.' 대 '내가 다른 사람의 마음을 읽고 미래를 부정적으로 예측하는 것을 중단할 필요가 있다.').

4 자존감에 대한 외로움의 영향에 통찰을 제공하는 과거력을 확인한다. (8, 9, 10, 11)

8. 학생이 자신의 삶에서 극도로 외로웠던 시간들을 확인하도록 지지한다.
9. 학생에게 과거의 외로움에 대한 반응을 나누도록 요청하고 역기능적인 행동 형태를 인정하도록 돕는다(예, 다른 사람과 거리 두거나 집착하기, 다른 사람들을 밀쳐내고는 그들이 떠나면 분노하기, 또는 '괜찮다'고 하면서 상실을 무시하기).
10. 학생의 역기능적인 사회적 행동이 자신의 자존감에 미친 효과를 탐색한다(예, 자신이 사랑받을 수 없다고 믿기, 어떤 면에서 치명적으로 흠이 있다고 느끼기, 또는 자신이 영원히 혼자일 수밖에 없는 운명이라고 판단하기).
11. 학생의 역기능적인 사회적 행동이 현재 상황과 대학 내에서 건강한 방법으로 다른 사람과 연결할 수 있는

자신의 능력에 미친 효과를 조사한다 (예, 도움을 요청할 수 있는, 신뢰할 수 있는, 취약해질 수 있는 또는 개별화를 허용할 수 있는 능력의 감소).

5 건강하고 건설적인 방법으로 상실을 슬퍼한다. (12, 13)

12. 학생에게 슬픔을 극복할 수 있는 능력이 있음을 확신시키면서 애도 과정의 단계를 교육한다.

13. 학생에게 대학 내의 지원 그룹을 이용하도록 제안한다.

6 다른 사람과 거리를 두려는 시도와 다른 사람에게 매달리려는 시도의 반복이 관계의 상실을 초래한다는 점에 대한 이해를 구두로 표현한다. (14, 15, 16)

14. Lerner의 『*The Dance of Intimacy*』에서 정의한 것과 같이 관계 춤(relationship dance)의 요소(예, 버려지거나 밀착됨에 대한 두려움)를 이해할 수 있게 학생을 돕는다.

15. 건강한 관계 속에서 분화는 온전히 완벽하게 개인으로 남을 수 있는 능력뿐 아니라 다른 사람과의 관계를 허용하는 능력이라는 개념을 학생에게 설명한다.

16. 관계 춤과 관계 분화의 개념을 사용해서 관계의 소멸에 학생 자신이 어떤 역할을 하였는지 결정하기 위해 현재와 과거의 상실을 평가하도록 학생을 격려한다.

7 다양한 관계에 참여하고 즐기기 위해 필요한 불안 대처 기술을 실행한다. (17, 18, 19)

17. 매달리거나 밀쳐 내려는 자신의 요구를 유발하는 느낌 또는 상황을 인식함으로써 춤추기를 중지하는 것을 학생에게 가르친다.

18. 학생에게, 관계에 매달리거나 멀어지고자 하는 것을 억제할 때 경험하

는 즉각적인 불안을 다스리기 위해 간편한 기법(예, 심호흡, 생각 중지, 긍정적인 자기대화, 또는 긍정)을 사용하도록 지도한다.

19. 사회적 불안을 극복하는 데 도움이 되는 자료(예, Butler의 『*Overcoming Social Anxiety & Shyness*』, Antony와 Swinson의 『*The Shyness and Social Anxiety Workbook: Proven Techniques for Overcoming Your Fears*』)를 읽도록 권장한다. 학습한 개념을 실행해 보도록 한다.

8 혼자 있어 생기는 불안감을 줄인다. (20, 21)

20. 학생과 함께 외로움과 혼자 있는 것의 차이를 논의한다(예, **외로움**: 불안하게 하는 고립된 느낌, 혼자 있거나 다른 사람들과 같이 있는 동안 경험할 수 있는 우정이나 동료의식이 없어서 슬프거나 절망하는 느낌, **혼자 있는 것**: 물리적으로 헤어져 있거나 떨어져 있고 홀로 있는 상태를 말하며, 평화롭고 이완되며, 또는 원기를 회복하는 느낌일 수 있다).

21. 학생이 혼자 있을 때 초기에 느끼는 불안감에 대처할 수 있는 불안관리 기법을 사용하도록 격려한다.

9 혼자 있는 시간을 긍정적으로 사용한 내용을 보고한다. (22, 23, 24)

22. 포스터 용지에 홀로 있는 시간에 할 수 있는 만족스러운 활동 목록(예, 독서, 글쓰기, 그림 그리기, 칠하기, 음악 감상, 산책, 좋아하는 영화 보기, 애완동물과 놀기)을 작성하도록

하여 혼자 있을 수 있는 학생의 능력을 키운다.

23. 하루 중 적어도 30분은 혼자 있는 시간을 갖도록 하여 이 시간이 편안하고 궁극적으로는 기다려지는 시간이 되도록 한다.

24. 매주 회기에서 혼자 있는 시간의 편안함의 정도에 대해 학생의 진전 상황을 추적하여 성공은 강화하고 실패는 재수정한다.

10 대학생활의 한 부분을 느낄 수 있도록 대학 서비스, 단체, 조직에 참여한다. (25, 26, 27, 28)

25. 학생에게 (학생 안내 책자나 대학 활동 안내 사무실에서 찾을 수 있는) 대학 내 조직이나 동아리 목록을 검토하도록 하고 자신이 참여할 수 있는 몇 군데를 확인하도록 한다.

26. 학생 자신이 관심 있어 하는 대학 행사를 달력에 기록해 놓도록 하여 일주일에 적어도 한 번은 참여하도록 한다.

27. 관심 있는 각 단체들의 모임에 몇 번 참석한 후 참여할 한두 개의 단체를 선택하도록 제안한다.

28. 학생을 대학 레크리에이션 시설에 보내 강좌나 교내 팀을 조사해 보도록 하고 적어도 한 곳에는 등록하도록 한다.

11 삶의 순간순간에 외로움이 생길 수는 있지만 황폐해지는 것이 아니며 대처할 수 있다는 사실을 인정한다. (29, 30)

29. 학기 동안 계속해서 학생을 매주 만나 대학생활에의 참여 정도를 추적하여 성공은 격려하고 실패는 다시 방향을 잡도록 해 준다.

30. 학생 자신의 관심사와 관계를 개발

하고 외로움이 표면에 드러났을 때 이를 다룰 수 있도록 계속해서 학생을 지원한다.

—. ______________________
____

—. ______________________
____

—. ______________________
____

—. ______________________
____

—. ______________________
____

—. ______________________
____

진단 제안

축 I	300.4	기분부전장애
	308.3	급성 스트레스 장애
	300.02	범불안장애
	309.xx	적응장애
	296.2x	주요 우울장애, 단일 삽화
	V62.3	학업 문제
	V62.89	발달단계 문제
	V71.09	진단 없음
	799.9	진단 보류
	______	______________________
	______	______________________
축 II	301.6	의존성 성격장애
	301.83	경계성 성격장애
	V71.09	진단 없음
	799.9	진단 보류
	______	______________________
	______	______________________

19 임 신 (Pregnancy)

행동 정의

1 오랫동안 관계를 유지한 파트너와의 사이에서 임신하게 된다.

2 새로운 관계나 우연히 만난 성관계 상대자와의 사이에서 임신하게 된다.

3 임신에 대해 불안하고, 당황스럽고, 부끄러운 느낌을 갖는다.

4 임신에 관한 선택을 두고 파트너와 갈등을 겪는다.

5 임신중절에 대해 양가감정을 갖는다.

6 임신중절 결정을 어떻게 하면 안전하게 할 수 있는지에 대한 정보가 없다.

7 아이를 낳고자 하는 바람과 더불어 미래에 대한 혼란과 불안감이 동반된다.

8 임신이 가져온 현재와 미래의 삶, 그리고 교육 계획에 대한 함축된 의미를 부인한다.

9 임신 기간 동안 조언이나 도움을 주는 지지체계가 미약하다.

10 아이를 입양시키려 하지만 절차에 대한 정보가 부족하다.

11 임신 때문에 학교를 자퇴한다.

12 임신 때문에 가족과 심각한 갈등을 겪는다.

__. ______________________________

____

__. ______________________________

____

__. ______________________________

____

* 이 장 내용 중 일부는 Wodarski, Rapp-Paglicci, Dulmus과 Jongsma의 『*The Social Work and Human Services Treatment Planner*』에서 인용하였다.

장기 목표

1 임신을 끝까지 지속할 것인지를 결정한다.

2 중단이 결정되면 임신중절 시술을 받는다.

3 임신을 계속 유지하게 되면 산전 진찰을 받도록 한다.

4 아이를 계속 키울 것인지 혹은 입양시킬 것인지를 선택한다.

5 학업을 계속하기 위한 계획을 세우고 완수한다.

6 임신에 대한 결정을 위해 지속적인 대화와 정보 제공을 통해 가족의 지원을 받도록 격려한다.

7 임신 후에는 효과적인 피임을 하도록 한다.

__. ____________________

____

__. ____________________

____

__. ____________________

____

단기 목적

치료 개입

1 임신 여부와 몇 주째인지 확인한다. (1)

1. 임신 여부와 임신 기간 확인을 위한 검사를 위해 학생을 학생건강센터에 의뢰한다.

2 임신에 관한 사실과 느낌을 확인한다. (2, 3, 4)

2. 임신에 이르게 된 관계의 정황과 임신에 대한 학생의 느낌을 탐색한다.
3. 임신에 관련된 학생의 파트너와의 관계에서 현재의 안정성 여부, 그리고 앞으로는 어떻게 될 것인지를 학생과 함께 검토한다.
4. 학생 행동에 영향을 줄 수 있는 가족 역동을 조사한다(예, 문제의 거부나 포기, 성 학대 과거력, 성적 친밀감에 대한 부주의한 태도의 모델링).

3 임신에 대한 대처 방안과 각 방안이 초래할 수 있는 결과를 열거한다. (5, 6)

5. 학생이 임신과 관련된 다양한 선택 범위(즉, 낙태, 입양 또는 아이 키우기)를 평가할 수 있도록 돕는다.
6. 이러한 상황에서 학생의 의사결정 능력을 높일 수 있는 문제해결 기법(예, 선택안들을 브레인스토밍하기, 각 선택안들의 장단점 분석하기, 선택안들을 검토하기 위한 외부 자원 활용하기, 그리고 현실 검증)을 가르친다.

4 아이를 낳을 것인지, 임신중절을 할 것인지 결정한다. (6, 7, 8)

6. 이러한 상황에서 학생의 의사결정 능력을 높일 수 있는 문제해결 기법(예, 선택안을 브레인스토밍하기, 각 선택안들의 장단점 분석하기, 선택안들을 검토하기 위한 외부 자원 활용하기, 그리고 현실 검증)을 가르친다.

7. 문제해결 과정에 파트너 양측을 적절하게 참여시켜 커플이 함께 회기를 갖는다.
8. 가족들에게 상황을 알려 주고 그들이 지원할 수 있는 방법을 논의할 수 있도록 학생에게 가족들과 접촉할 것을 권유한다.

5 임신과 그와 관련된 결정에 따른 스트레스를 다루는 데 도움을 주는 다양한 대학 서비스를 활용한다. (9, 10)

9. 임신과 관련된 결정의 실행과 효과에 대해서 개인 그리고/또는 커플 상담을 계속한다.
10. 정서적인 배출구와 지지 자원을 향상시키기 위해 대학 치료 진단에 학생을 의뢰한다.

6 지속적으로 진료와 산전 진찰을 받는다. (11)

11. 진료와 산전 진찰을 위해 대학건강센터에 학생을 의뢰한다.

7 학업 목표를 향해 계속 전진한다. (12, 13, 14)

12. 학생의 수업 출석과 과제 완수를 강화한다.
13. 의료적 또는 출산 전 문제 때문에 특별한 준비가 필요한 경우를 대비해 강사와 학장 사무실에 미리 알려 놓도록 학생을 격려한다.
14. 스케줄 변경과 이것이 졸업과 진로 목표에 미치는 영향을 논의하도록 학업 지도 교수에게 학생을 의뢰한다.

8 부모교육 강좌에 참여하는 데 동의한다. (15)

15. 부모교육 강좌를 제공하거나 대학이나 사회공동체 시설에 학생을 의뢰한다.

9 분만 후 생활에 대한 현실적인 기대를 구두로 표현한다. (15, 16, 17, 18)

15. 부모교육 강좌를 제공하거나 대학이나 사회공동체 시설에 학생을 의뢰한다.

16. 육아에 대한 책임을 생각해야 하는 현실적인 출산 후 목표를 설정하도록 학생을 돕는다.
17. 학생과 함께 출산 후 정서적 지원과 육아 지원을 제공할 수 있는 가능한 모든 자원을 검토한다.
18. 현재 기숙사에 살고 있다면 남은 학기 동안 대체할 만한 적절한 숙소를 찾을 수 있도록 학생을 돕는다.

10 출산 후 지속적으로 피임할 것을 동의한다. (19)

19. 출산 후 피임의 중요성을 논의하고 학생을 건강센터, 준비된 부모모임(Planned Parenthood), 또는 피임법을 제공하는 다른 시설에 의뢰한다.

11 낙태 결정이나 부모의 권리 포기를 죄책감에서 자유로워진 상태에서 구두로 표현한다. (20, 21, 22, 23)

20. 낙태나 입양으로 파생되는 갈등에 대해 학생의 도덕적·종교적·문화적·인종적 가치를 탐색한다. 임신에 대한 모든 정보를 이해한 뒤 결정 내릴 수 있는 학생의 권리를 강화한다.
21. 낙태나 입양 결정 후 따라오는 다양한 감정(예, 수치심, 죄책감, 슬픔, 분노, 외로움)에 대비하도록 하고 이를 해결하기 위해 이러한 느낌을 구두로 표현하도록 권장한다.
22. 임신과 관련된 결정에 대한 가족과 친구들의 태도에 대처할 수 있게 학생을 지지한다.
23. 격려와 함께 필요에 따라 실제적인 도움을 줄 수 있는 자원을 찾도록 돕기 위해 출산 후 학기 내내 매주 학생을 만난다.

__. ____________________ __. ____________________

__. ____________________ __. ____________________

__. ____________________ __. ____________________

진단 제안

축 I	308.3	급성 스트레스 장애
	309.0	우울감 동반 적응장애
	309.24	불안 동반 적응장애
	309.28	혼재성 불안과 우울감 동반 적응장애
	300.00	달리 분류되지 않는 불안장애
	V62.89	발달단계 문제
	V71.09	진단 없음
	799.9	진단 보류
	____	____________
	____	____________
축 II	V71.09	진단 없음
	799.9	진단 보류
	____	____________
	____	____________

20 정신병적 와해 (Psychotic Break)

행동 정의

1 기괴한 생각들(예, 과대망상, 피해망상, 관계망상, 영향망상, 조절망상, 체성감각망상, 배신망상)을 구두로 표현한다.

2 매우 비논리적인 생각/발언을 한다(예, 관련 없는 내용이 담긴 발언, 지리멸렬함, 비논리적인 사고, 모호하고 추상적이거나 반복적인 말, 신조어, 이상언행 반복, 음성연상 언행).

3 더욱 악화되는 지각 혼란의 증거를 구두로 표현한다(예, 환각, 주로 청각이지만 가끔은 시각 또는 후각).

4 심각하게 혼란스런 정동을 나타낸다(예, 둔감한, 무감정한, 단조로운, 부적질한).

5 자신감의 상실을 보인다(예, 자아 경계의 상실, 주체성 결핍, 노골적인 혼란).

6 크게 감소된 결단력을 보인다(예, 일련의 행동이 논리적인 결론에 이르게 하는 부적절한 관심, 욕구 또는 능력, 목표지향적인 행동에 대한 현저한 양가감정이나 중단, 수업 결석 또는 학업 활동과 과외 활동에의 참여 부족).

7 대부분의 관계들로부터 철수한다(외부세계와의 차단, 자기중심적 사고와 공상에의 몰두, 룸메이트들과 급우들과 친구들 또는 가족과 소원해짐).

8 지속적인 정신운동 이상을 보인다(대학 또는 외부 환경에 대해 현저히 줄어든 반응, 다양한 경직된 패턴[예, 마비, 경직, 흥분, 일정한 자세 또는 거부증 등], 유별난 매너리즘이나 얼굴 찡그림).

9 자신에게 해가 될 수도 있는 자신의 신체적 요구들을 신속하고 적절하게 돌보지 못한다.

__. ____

____

___. ____________________

____

___. ____________________

____

장기 목표

1 급성의 반응적이고 정신병적인 증세들을 제거하고 정동, 생각하기 그리고 관계 맺기에서 정상적으로 기능하는 상태로 회복한다.

2 생산적이고 만족스러운 학업생활과 대학 활동으로 돌아갈 수 있게 적절한 기능을 할 수 있도록 안정시킨다.

3 지속적으로 향정신성 약물을 복용한다.

4 환각이나 망상을 현저하게 줄이거나 제거한다.

5 증세에 대처할 수 있는 적응 방법을 개발하고 필요할 때는 치료를 청한다.

___. ____________________

____

___. ____________________

____

___. ____________________

____

단기 목적

치료 개입

1 대학생활에서 정상적인 기능을 방해하는 생각, 느낌 그리고 지각들을 기술한다. (1, 2, 3)

1. 학생 스스로 증상을 확인하고 표현할 수 있는 능력을 높이도록 돕기 위해 지속적인 눈 맞춤, 적극적인 경청, 무조건적인 긍정적 존중 그리고 따뜻한 수용 등을 통해 학생과 신뢰관계를 적극적으로 쌓아 간다.
2. 학생의 비합리적인 신념을 탐색하고, 더 나은 구조적인 치료와 목표를 설정하기 위해 주제나 패턴과 관련된 내용을 평가한다.
3. 학생의 현실지각 혼란의 심각성과 자꾸 끼어드는 비합리적인 사고의 빈도를 평가한다.

2 정신병 증상의 발달력을 명료화한다. (4, 5)

4. 과거에서 현재에 이르기까지 학생의 증상 발현 과정을 탐색한다. 학생의 정신병이 급성인지, 반응성인지 또는 전구증상과 반응적인 요소를 가지고 있는 만성인지를 결정한다.
5. 학생 가족에게 심각한 정신질환 병력의 증거가 있는지를 탐색한다.

3 최근 학교생활에서 이같은 급성 정신병적 와해를 유발했을지 모르는 심한 스트레스 요인들을 기술한다. (4, 6)

4. 과거에서 현재에 이르기까지 학생의 증상 발현 과정을 탐색한다. 학생의 정신병이 급성인지, 반응성인지 또는 전구증상과 반응적인 요소를 가지고 있는 만성인지를 결정한다.
6. 학생의 반응성 정신병 원인을 탐색한다. 정신병을 유발하는 스트레스 요인의 성질과 심각성을 평가한다.

4 사고 혼란의 심각성을 평가하기 위해 심리검사의 도움을 받는다. (7)

7. 사고 혼란의 정도를 평가하기 위해 심리검사를 시행하거나 의뢰한다. 결과를 학생에게 알리거나 적절한 동의를 받은 후 가족과 자문하는 전문가들에게 알린다.

5 항정신병 약물치료의 필요성을 평가하고 뇌종양, 치매 또는 기타 기여하거나 원인이 되는 기질적 요인을 평가/감별하기 위해 정신과적인 평가에 도움을 받는다. (8)

8. 항정신병 약물의 필요성을 평가하고 정신병 증상에 기여하거나 원인으로 작용하는 기질적 요인을 평가 또는 감별하기 위해 학생을 정신과 의사에 의뢰해 진찰받도록 한다.

6 처방된 대로 계속 항정신병 약물을 복용해야 하는 필요성과 순응해야 하는 점에 대한 이해를 구두로 표현하고, 효능과 부작용을 보고한다. (9, 10)

9. 효과와 부작용에 주목하면서 약물치료에 대한 학생의 순응도를 모니터한다. 학생에게 정보 유출에 대한 동의를 얻은 후 약을 처방하는 정신과 의사와 협조한다.
10. 항정신병 약물의 사용과 예상되는 효능에 관해 학생에게 교육한다.

7 학생이 학교를 중단하고 보호감독을 받을 수 있는 환경 또는 정신병원에서 지낼 수 있게 한다. (11, 12, 13)

11. 학생이 정신병 때문에 입원해야 할지를 정신과 의사, 가족 그리고 학생 본인과 상의한다.
12. 학생이 학교를 중단하고 가족의 보호 아래 지낼 수 있게 준비하는 것을 돕는다.
13. 만약 학생이 자신의 기본적인 욕구를 돌볼 수 없거나 자신 또는 다른 사람들에게 해가 되거나 자발적으로 입원에 협조하지 않으면 본인의 의사와 관계없이 폐쇄병동에 입원할 수 있도록 준비한다.

8 고통스러운 증상들이 정신질환 때문

14. 정신병의 과정, 생화학적 요소 그리

이라는 점을 이해한다고 구두로 표현한다. (14, 15, 16)

고 합리적인 사고에 혼란을 초래하는 정신병의 효과 등의 특성을 설명한다.

15. 현실에 대한 왜곡된 인식을 확인하고, 실제적이고 현실에 근거한 이해로 대체하도록 도움을 준다. 상황을 분석하고 보다 합리적인 실행을 고려하도록 가르치기 위해 역할극과 모델링을 사용한다.

16. 학생의 두려움을 완화하고 소외감을 감소시키기 위해 지지치료를 제공한다.

9 소외감, 두려움 그리고 고립감 등의 느낌들을 표현할 수 있도록 여러 가지 매체를 활용한다. (17)

17. 예술치료를 시행하고 학생에게 여러 가지 예술 매체를 통해 느낌을 표현하도록 격려한다. 예술작 업의 의미를 논의한다.

10 환각의 빈도가 줄고 정도가 약해지며 환각과 망상이 중단된 것을 보고함으로써 사고의 혼란이 감소했음을 보인다. (9, 18, 19, 20)

9. 효과와 부작용들에 주목하면서 약물치료에 대한 학생의 순응도를 모니터한다. 정보 유출에 대한 학생의 동의를 얻은 후 약을 처방하는 정신과 의사와 협조한다.

18. 학생이 환각을 표현하면 대안적인 현실에 근거한 지각을 학생에게 부드럽게 제공한다.

19. 방향감각을 잃고 학생의 왜곡된 지각과 신념에 대비되는 외부세계의 현실에 초점을 맞추도록 격려한다.

20. 차분하게 그리고 사실적으로 학생이 망상적 생각들에 직면하도록, 논쟁 없이 현실에 근거한 설명이나 해석

을 제공한다.

11 기괴한 행동을 중단한 것을 보고하고 시연해 보인다. (9, 21)

9. 효과와 부작용에 주목하면서 약물치료에 대한 학생의 순응도를 모니터한다. 학생에게 정보 유출에 대한 동의를 얻은 후 약을 처방하는 정신과 의사와 협력한다.

21. 학생이 보인 정상적인 표정, 행동 또는 말을 긍정적으로 강화한다(예, 자신에게 이야기하는 것, 부적절하게 웃거나 울기, 가식적인 태도, 얼굴 찡그리기, 두서없는 말, 멍하니 쳐다보기 등을 그친다).

12 혼란스러운 정서를 유발하는 왜곡된 자기대화를 확인하고 대체한다. (22, 23)

22. 증상과 정서 혼란을 야기하거나 중재하는 부정적이고 왜곡된 자기대화를 확인하도록 학생을 돕는다.

23. 학생의 현실감을 높이기 위해 현실적이고 긍정적인 자기대화를 가르친다.

13 비합리적인 신념을 찾아내 현실에 근거한 지각으로 대체한다. (24, 25)

24. 정확하게 현실을 이해하는 데 장애가 되는 학생의 비합리적인 신념을 확인하도록 돕는다.

25. 학생의 비합리적인 신념을 합리적으로 재구성하도록 가르친다.

14 스트레스를 다룰 때 격려하고 도움을 줄 수 있는 기숙사 내 지지체계를 확인한다. (26, 27)

26. 스트레스 요인들을 다루는 데 학생이 이용할 수 있는 동료 자원(예, 스터디 그룹, 조용한 모임들, 동급생이 이끄는 대학 내 스트레스 관리 교육 그룹)을 탐색한다.

27. 필요시 학생에게 조언이나 지원을 해줄 수 있는 행정 직원(예, 기숙사 조

언자 또는 기숙사 책임자)을 확인하도록 학생을 돕는다.

15. 현실에 근거한, 일관된, 주제에 초점을 맞춘 논리적이고 조직화된, 적절한 정서로 특징 지어지는 사회적 상호작용에 참여한다. (28, 29)

28. 다양한 사회적 상호작용에 대한 역할극 또는 역할전환을 수행하고 학생이 보여 주는 사회적 기술들의 적절성에 대해 피드백을 준다.

29. 학생이 룸메이트, 친구들, 다른 학생들 그리고 교수진들과의 적절한 사회적 상호작용을 주도적으로 행하도록 적극적으로 강화한다.

16. 옷 입기, 위생, 몸단장 그리고 화장실 가기 등과 같은 기본적인 욕구를 적절하게 보살핀다. (21, 30)

21. 학생이 보인 정상적인 표정, 행동 또는 말을 긍정적으로 강화한다(예, 자신에게 이야기하는 것, 부적절하게 웃거나 울기, 가식적인 태도, 얼굴 찡그리기, 두서없는 말, 멍하니 쳐다보기 등을 그친다).

30. 학생에게 매일의 자기 돌봄 활동 목록을 준비하도록 과제를 학생에게 준다. 매일의 생활에서 독립적인 활동을 수행하도록 적극적으로 강화한다.

17. 동요, 두려움 또는 중단 등이 없이 밤에 6~9시간 동안 정상적인 수면 패턴을 갖도록 한다. (31)

31. 예정된 시간에 잠자도록 지도하고 학생이 지킨 것에 대해 적극적으로 강화한다.

18. 가족들이 학생이 보이는 기괴한 행동과 비합리적인 사고들은 정신질환 때문에 생긴다고 이해함을 구두로 표현한다. (32, 33, 34, 35)

32. 학생에 대한 비판이나 적대적 분위기를 연민, 공감 그리고 학생에 대한 지원으로 대체하기 위해 가족치료 회기를 가진다. 정신병의 의지력 없는 측면을 강조하면서 정신질환의 증세를 가족들에게 교육한다.

33. 학생의 치료와 예후에 대한 정보를 제공하기 위해 가족치료 모임이나 회기를 주선한다.

34. 학생이 앓고 있는 정신질환에 대한 가족들의 좌절, 죄책감, 두려움 또는 슬픔에 대한 느낌을 나누도록 (학생이 없는 자리에서) 가족들을 격려한다.

35. 일관성이 없고 상반된, 그래서 결국 학생에게 불안감, 혼란 또는 정신병적 증상만을 증가시키는 이중 메시지 대신에 분명하고 직접적이며 구체적이고 지지적인 의사소통으로 대체하도록 가족 구성원들을 지원한다.

19 보상작용 상실의 증상에 대한 자각과 문제가 더욱 악화되면 치료자, 룸메이트, 가족 또는 영향력 있는 사람들과 접촉할 수 있는 방법을 구두로 표현한다. (36, 37)

36. 학생에게 보상작용의 상실로 인해 나타나는 결정적인 증상을 자각하도록 가르치고, 정신병적 증상들이 나타나고 자신의 일상적인 기능이 방해받기 시작하면 의료진 접촉을 주도적으로 하도록 촉구한다. 조기 중재를 위해 학생에게 적절한 동의를 얻은 후 이러한 계획을 학생의 룸메이트, 친구 또는 가족 구성원에게 알린다.

37. 가족, 룸메이트, 친구들 그리고 학생에게 문서로 된 설명서와 학생의 증세가 악화될 때 사용할 전화번호를 제공한다.

20 환경과 연계된 위협받는 느낌을 줄일 수 있도록 학생의 주변 환경을 변화시키기 위한 절차를 밟는다. (12, 26, 27, 38, 39)

12. 학생이 학교를 중단하고 가족의 보호 아래 지낼 수 있게 준비하는 것을 돕는다.

26. 스트레스 요인들을 다루는 데 학생

이 이용할 수 있는 동료 자원(예, 스터디 그룹, 조용한 모임들, 동급생이 이끄는 대학 내 스트레스 관리 교육 그룹)을 탐색한다.

27. 필요시 학생에게 조언이나 지원을 해 줄 수 있는 행정 직원(예, 기숙사 조언자 또는 기숙사 책임자)을 확인하도록 학생을 돕는다.

38. 학생의 정신병 에피소드를 유발하는 스트레스 요인(예, 사회적 격리, 학업에 대한 중압감, 룸메이트와의 갈등, 가정사와 가족 일에 참여하지 않음, 약물 중독, 연애관계에서 거절당함)을 확인하도록 학생을 돕는다.

39. 학생의 생활에서 스트레스를 줄이는 절차를 확인하기 위해 각 유발 요인을 논의한다.

21. 기능적인 면에서 점차 발병 전의 수준과 비슷하게 수업과 학업 장면으로 복귀하고, 학생 자신의 기본적인 욕구와 돌봄에 대한 책임감을 수용한다. (29, 40)

29. 학생이 룸메이트, 친구들, 다른 학생들 그리고 교수진들과의 적절한 사회적 상호작용을 주도적으로 행하도록 적극적으로 강화한다.

40. 학생의 심각한 정신질환에 대해 (동의를 얻은 후) 교수에게 알려 주고, 학생이 경감된 수업에 복귀할 수 있도록 조치한다. 책임감을 회복할 수 있는지 모니터하고 지원한다.

__. ______________________________

__. ______________________________

__. ________________ __. ________________

__. ________________ __. ________________

진단 제안

축 I	297.1	망상장애
	298.8	단기 정신병 장애
	295.xx	정신분열증
	295.30	정신분열증, 편집형
	295.70	분열정동장애
	295.40	정신분열형 장애
	296.xx	양극성 I 장애
	296.89	양극성 II 장애
	296.24	주요 우울장애, 단일 삽화, 심한 정신병적 양상 동반
	310.1	성격 변화 (축 III 장애에 따른)
	____	____________
	____	____________
축 II	799.9	진단 보류
	V71.09	진단 없음
	____	____________
	____	____________

21 강간/성폭행 피해자 (Rape/Sexual Assault Victim)

행동 정의

1 지속적인 신체 문제를 경험한다(예, 불면증, 악몽, 과장된 놀람 반응, 두통, 위/허리 통증, 또는 피부 문제).

2 상처받기 쉽고 무기력해져 혼란스럽고, 집중이 안 되고, 결정하지 못하고, 두려움과 심한 공포 반응을 보인다.

3 강박적으로 폭행에 관해 생각하고 이야기한다.

4 폭행이 일어났고 또는 정상적인 기능에 큰 충격을 주었다는 사실을 인정하기를 거부한다.

5 강간과 성폭행 피해자에 대한 근거 없는 일반적 사회통념을 믿는다(예, 그들이 요구한다, 즐긴다, 좀 더 심하게 반항할 수 있었다, 그들이 그같이 옷을 입고 행동해서 스스로 자초한 일이다, "아니야."라고 말 못할 정도로 너무 취했기 때문에 그들 자신의 잘못이다).

6 강간범이나 성폭행범에 대한 근거 없는 일반적 사회통념을 믿는다(예, 그들은 분명히 미쳤다, 정신이 나갔다, 그들은 자신을 통제하지 못하는 낯선 사람이다).

7 사회적 고립, 우울증, 과민성, 기분 변화가 심함, 또는 위험한 행동 등을 초래하는 성폭행에 대한 자기비난과 수치심을 경험한다.

8 범죄자에 대한 분노와 성폭행에 대한 비통함에 압도된다.

9 매일 학업을 위해 해야 할 일(예, 출석하기, 과제 수행, 시험 보기)을 하지 못하거나 성취도가 떨어진다.

10 매일의 생활에서 해야 할 일(예, 목욕, 세탁과 방 청소, 식사하기)을 극히 일부만 가끔 해낸다.

__. ____________________

____

___. ____

____

___. ____

____

장기 목표

1 어느 정도의 안전함과 삶을 조절할 수 있다는 느낌을 갖기 위해 성폭행과 관련된 두려움과 감정을 효과적으로 다룬다.

2 회복하기까지는 수개월이 지속된다는 점을 인정하고, 강간/성폭행에서 회복하는 데 필요한 행동을 되풀이해서 연습한다.

3 강간/성폭행은 결코 피해자의 잘못이 아니라는 점을 받아들인다.

4 성폭행의 결과로 경험한 신체적 · 사회심리학적 변화가 충격적인 사건에 대한 정상적 반응이라는 점을 이해한다.

5 강간과 성폭행 예방 기법을 배우고 실습한다.

6 생존자로서 외상의 충격을 정체성과 목표에 통합시키면서도 외상의 충격을 인지할 수 있는 안목을 키운다.

___. ____

____

___. ____

____

___. ____

____

단기 목적	치료 개입
1 상담을 받는 환경에서는 안전한 느낌을 가지게 된다고 구두로 표현한다. (1, 2)	1. 주위 환경이 안전하다는 느낌을 가질 수 있도록 학생에게 편안한 자리를 선택하게 하거나 좌석을 재배치한다. 학생이 안전감과 안정감을 갖기 위해 가능한 모든 것을 원하는 대로 할 수 있다는 점을 확신시킨다. 2. 안정감을 줄 수 있는 소품(예, 베개, 가벼운 모포, 봉제 동물 인형)을 사무실에 배치하고 학생에게 편안함을 주는 소품이 있다면 품에 안고 있으라고 권한다.
2 강간/성폭행에 관한 가능한 많은 정보를 제공한다. (3, 4, 5)	3. 학생에게 강간/성폭행이 일어났던 상황(예, 언제, 어디서, 누가 또는 성폭행이 일어나기 전 활동들)을 이야기하도록 요청한다. 4. 성폭행 자체에 대해 가능한 많은 정보(예, 있었던 일, 위협, 느낌, 알고 있는 사람, 사용된 강간 도구, 고발하였는지)를 학생이 제공하도록 격려한다. 5. 학생에게 **강간**인지, **성폭행**인지 명명해 주고, 이에 대한 분명한 정의(**강간**: 당사자의 의지에 반해서 이루어진 성관계, 남색 또는 오랄 성교 강행, **성폭행**: 당사자의 의지에 반해서 자행되거나 시도되는 성적 행동)를 알려 준다.
3 강간/성폭행으로 일깨워진 느낌을 구두로 표현한다. (6, 7, 8, 9)	6. 학생을 위해 이런 형태의 외상이 야기한 다양한 느낌(예, 정서적인 무감

각과 쇼크, 수치심과 죄책감, 불신과 부인, 무기력과 두려움, 불안과 우울, 분노와 비통함)을 명료화한다.

7. 강간/성폭행에 대한 학생 자신의 느낌을 가능한 한 구체적으로 확인하고, 표현하고, 정상화하도록 학생을 돕는다.
8. 느낌을 입증하고 방출하기 위해 매일의 일지에 학생의 느낌과 생각을 기록하도록 권유한다. 검토를 위해 상담 회기에 일지를 가져오도록 한다.
9. 학생에게 시도 때도 없이 아무런 경고 없이 오만 가지 느낌이 범람할 수 있음을 대비하도록 하고 이러한 느낌들이 '미쳐 가는' 조짐이 절대 아니라는 점을 재확인시킨다.

4 근거 없는 일반 통념을 드러내는 강간/성폭행에 대해 사실에 입각한 이해를 구두로 표현한다. (10, 11, 12)

10. 학생이 근거 없는 이야기나 비합리적인 신념에 따라 움직이고 있는지의 여부를 확인하기 위해 강간/성폭행에 대한 학생 자신의 신념을 상담자와 공유할 수 있도록 학생을 지원한다.
11. 몇 가지 주요 개념을 강화한다. ① 강간/성폭행은 결코 피해자 잘못이 아니다. ② 성폭행에 대해 말하는 것이 쉽지 않겠지만, 말하는 것이 자신을 치유하는 데 도움이 된다. ③ 이 상처로 어려움을 겪는 것이 자신이 사태를 잘못 처리하고 있다는 것을 의미하지는 않는다. ④ 무엇이 일어났

었는지 다루는 것을 부정하거나 거부하는 것은 '자신의 인생을 산다'는 목표를 벗어나게 한다. ⑤ 이 상처가 잠시 동안은 자신의 생활을 혼란스럽게 하겠지만 결국은 회복하고 생존자로서 마음의 평형감을 다시 얻을 수 있을 것이다.

12. 학생에게 강간에 대한 사실에 근거한 정보를 강화하기 위해 Warshaw의 『*I Never Called It Rape*』 또는 Brownmiller의 『*Against Our Will: Women, Men and Rape*』를 읽도록 권한다.

5 강간과 관련된 제반 문제를 치료하기 위해 진료를 받는다. (13, 14, 15)

13. 성폭행 후 받은 응급치료에 관해 묻는다.
14. 학생을 대학건강센터에 의뢰해 강간/성폭행 결과 생긴 의학적 문제를 추적 관리하도록 한다.
15. 학생이 감당해야 할 의학적 · 법적 처리 과정 동안 상담자의 지원을 학생에게 확인시킨다.

6 경찰 조사보고서와 성범죄자에 대한 고소 제출을 마무리 짓는다. (15, 16, 17)

15. 학생이 감당해야 할 의학적 · 법적 처리 과정 동안 상담자의 지원을 학생에게 확인시킨다.
16. 성폭행 후 가해자를 고발하고 고소하기 위해 경찰 또는 변호사와의 접촉 여부를 학생에게 묻는다.
17. 고발이 접수되지 않았으면 대학 공공 안전 사무실, 대학 법률 클리닉, 또는 공공 법 집행기관과 법률기관

들에 의뢰를 제안한다.

7 안전한 느낌을 만들어 내는 행동들을 확인하고 실행한다. (18, 19, 20)

18. 회복 초기 단계에는 계속적인 지원과 지도를 받기 위해 학생에게 적어도 일주일에 두 번은 만나 상담을 받도록 권유한다.
19. 학생이 즉시 사용할 수 있는 안전조치 목록들(예, 며칠간 친구와 함께 머물기, 항상 대학 경호 서비스 이용, 자물쇠 바꾸기, 애완견 구입)을 브레인스토밍하여 안전감을 증가시킨다.
20. (지역사회나 대학 공공 안전 기관, 또는 대학 스포츠 센터에서 일반적으로 제공되는) 자기방어 수업에 등록하도록 학생에게 제안한다.

8 불안, 스트레스 관리 기법을 실행한다. (21, 22, 23, 24)

21. 스트레스를 줄일 수 있는 연습 틀을 개발하기 위해 대학 레크리에이션 센터의 트레이너와 학생을 연결한다.
22. 신체적으로 활동적이 되고 다른 사람들과 연결될 기회를 갖기 위해 구내 스포츠 팀이나 클럽에 가입하도록 학생에게 권한다.
23. 학생이 시행할 이완 기법(예, 요가, 심부근육 이완, 마사지, 음악, 온수 목욕 또는 명상)의 목록을 개발하도록 돕는다.
24. 회복기 동안 균형 있는 식사와 일상적인 수면시간을 유지하는 것이 중요하다는 것을 학생에게 강조한다. 필요하면 대학건강센터의 영양사에

게 학생을 의뢰한다.

9 치유 과정에 도움이 될 수 있는 사람과 성폭행 경험을 공유한다. (25, 26, 27, 28)

25. 학생이 회복 과정을 거치는 동안 지원해 줄 수 있고 개인적 판단을 피할 수 있는 사람을 찾도록 돕는다.
26. 어느 정도의 한계를 정해 놓고 학생이 성폭행에 대해 이야기하고 구체적인 형태의 지원을 요청하는 대화를 역할극으로 해 본다.
27. 학생이 가족과 친구들과 접촉해 무슨 일이 일어났는지 이야기하고 그들의 도움을 요청할 때 학생의 노력을 검토하고 지원을 제공한다.
28. 학생의 회복 과정에 적합한 대학 내 지원 그룹에 학생을 의뢰한다.

10 현재의 학업 상황을 검토하고 학업의 성공과 회복 과정을 동시에 지원할지를 결정한다. (29, 30, 31, 32)

29. 학생에게 현재 학업의 걱정거리(예, 수업, 과제 또는 시험 등을 놓친 것)를 확인하도록 요청하고 수업 이수 요건을 처리할 수 있는 가장 좋은 접근 방법을 결정한다.
30. 너무 많이 빠진 수업에 대한 학업 윤곽을 잡는다(예, 진료 정보 공개를 위해 대학건강센터와 접촉, 수업 포기를 위해 학장과 접촉, 또는 연장이나 불완전한 이수를 위해 학업 조언자나 교수와 접촉).
31. 학생의 동의하에 학생에게 필요한 정보와 증명을 결정하기 위해 도움이 되는 대학 직원과 선택한 대안을 논의하도록 제안한다.
32. 학생이 꼭 접촉해야 할 사람의 이름

과 학생이 제공해야만 하는 정확한 정보를 학생에게 제공한다.

11 치유를 위해 다루어야 하는 느낌들과 두려움에 대한 정보를 계속 제공하는 자료로 일지를 사용한다. (8, 33, 34, 35)

8. 느낌을 입증하고 방출하기 위해 매일의 일지에 학생의 느낌과 생각을 기록하도록 권유한다. 검토를 위해 상담 회기에 일지를 가져오도록 한다.

33. 두려움, 분노 그리고/또는 슬픔을 다루는 구체적인 기법 사용에 중점을 두면서, 학생의 일지 기입 내용에서 확인된 특정 주제와 패턴을 처리한다(예, 성기능 장애, 사회적 고립, 또는 친밀한 관계와 거리 두기/철수).

34. 만약 분노가 특별한 관심사가 되면 적절한 표적에 학생의 분노가 향하도록 편지를 쓰거나 가해자와 만나는 역할극을 하도록 제안한다.

35. 학생이 자신의 슬픔이나 분노가 표면에 떠오르는 것을 허용하도록 부드럽게 격려하고, 이러한 압도적인 느낌은 끝날 것이고 학생이 영원히 울지 않게 될 것이고 분노로 소진되지도 않을 것이라는 점을 일깨워 준다.

12 쉬고 노는 것을 일상생활의 구성 요소로 통합시킨다. (36, 37)

36. 학생이 휴식 시간(예, 이완하거나, 낮잠을 자거나, 책을 읽기 위한 조용한 시간)을 갖도록 격려한다.

37. 쉬는 시간이 치유에 필수적이라는 점을 학생이 인정하도록 돕고 재미있는 활동들(예, 악기 연주, 그림 그리기, 정원 가꾸기, 공예)을 찾을 수 있도록 돕는다. 마음을 돌리고 긴장을

풀 수 있는 활동을 모니터하고 강화한다.

13 안전감 증진을 위해 매일 해야 하는 연습을 확인하고 실행한다. (38, 39, 40)

38. 주변에 대한 경각심을 가질 수 있도록 학생을 돕는다(예, 환한 곳에 주차한다, 항상 방과 자동차 문을 잠근다, 밤이나 낮에 외진 곳을 피한다, 대학 내 응급전화의 위치를 미리 알아 놓는다).

39. 학생이 자신의 본능에 귀 기울이도록 지원한다(예, 비록 자신이 구체적으로 확인할 수는 없지만 뭔가 잘못된 것이 있다고 믿는다면 그럴 가능성이 있다).

40. 붙여 놓고 매일 읽을 수 있는 안전 일람표를 학생과 함께 개발한다(예, 억제되지 않는 술과 마약의 영향을 기억하기, 처음 만나는 사람은 공공장소에서 만나기, 자신이 최근에 만난 사람을 집으로 데리고 가지 않기, 혼자 걷지 않기, 밖의 문을 열어 놓지 않기, 열쇠를 가지고 있지 않은 사람은 건물 안에 들여 놓지 않기).

14 삶에서의 조절과 평형감을 다시 얻을 때까지 회복 과정에 능동적으로 참여한다. (41)

41. 강간/성폭행이 일어난 후 6개월 정도는 모든 감정을 정리하고, 일상생활로 돌아갈 수 있도록 지도하고, 계속되는 걱정거리를 다루고 외상으로부터 벗어나도록 매주 학생을 만난다. 6개월 후에는 2주일에 한 번 학생이 자신의 삶을 다시 준비하고 평온해할 때까지 회복 과정을 점검한다.

__. ________________ __. ________________

__. ________________ __. ________________

__. ________________ __. ________________

진단 제안

축 I	308.3	급성 스트레스 장애
	300.00	달리 분류되지 않는 불안장애
	309.24	불안 동반 적응장애
	309.0	우울감 동반 적응장애
	309.81	외상후 스트레스 장애
	V71.09	진단 없음
	799.9	진단 보류
	____	____________
	____	____________
축 II	301.9	달리 분류되지 않는 성격장애
	V71.09	진단 없음
	799.9	진단 보류
	____	____________
	____	____________

22 룸메이트와의 갈등 (Roommate Conflicts)

행동 정의

1 같이 생활하면서 하나 또는 서너 가지 주제에 대해 동거인과 자주, 지속적으로 의견이 맞지 않는다(표현되든 표현되지 않든).

2 룸메이트에게 언어적 또는 비언어적으로 적대감을 보인다.

3 룸메이트와 갈등을 해소하려는 시도가 계속 실패로 끝난다.

4 좋아하지 않는 룸메이트를 접촉하면 불안하고 화가 난다.

5 심하게 대립되는 성격 때문에 룸메이트와 갈등이 생긴다(예, 조용함 대 시끄러움, 적극적 대 수동적, 외향적 대 내향적, 리더 대 리더).

6 가치와 우선순위의 충돌 때문에 룸메이트와 갈등이 생긴다(예, 공부하기 대 파티하기, 취침하기 대 사교 활동하기, 청결 대 지저분함).

7 룸메이트와의 갈등 때문에 스트레스, 수면장애, 주의력 상실, 그리고 학업 수행 부진 등을 겪는다.

8 갈등에 대한 책임을 전적으로 룸메이트에게 돌린다.

9 문제해결 기술과 자기주장 기술이 부족하다.

10 폭넓은 사회적 네트워크를 구성하고 유지할 수 있는 사회적 기술이 부족하다.

__. ______________________________

____

__. ______________________________

____

__. ______________________________

____

장기 목표

1 룸메이트와 대인관계적인 갈등을 해결한다.

2 대인관계 문제를 윈-윈하는 방법으로 해결할 가능성을 높이기 위해 갈등관리 기술을 개발한다.

3 다른 룸메이트의 관점을 인정하고 지지하며, 직접적이고 예의 바르게 상호작용할 수 있는 능력을 개선하기 위해 자기주장적인 의사소통 기술을 개발한다.

4 의사소통과 자기 자각의 확장을 통해 공동체에서 살아가는 방법을 향상시킨다.

___. ______________________________

____

___. ______________________________

____

___. ______________________________

____

단기 목적	치료 개입
1 룸메이트와의 갈등에 관한 모든 내용을 말한다. (1, 2)	1. 학생이 같이 살고 있는 사람들과 의견이 맞지 않는 점의 자세한 내력과 특징을 탐색한다. 일반화된 용어보다는 구체적인 행동 용어로 갈등을 논의하도록 학생을 격려한다. 2. 룸메이트와 의견이 맞지 않는 데 대한 학생의 느낌을 탐색하고 명료화하도록 돕는다.
2 대인관계에서의 갈등 상황에 대한	3. 대인관계에서의 갈등에 대한 학생의

전형적인 정서 반응과 행동 반응들을 확인한다. (3, 4)

전형적인 행동 반응을 확인하고 목록을 작성하도록 돕는다.

4. 대인관계에서의 갈등에 대한 학생의 전형적인 정서 반응을 확인하고, 표현하며, 목록으로 작성하도록 학생을 돕는다.

3 갈등, 분노 그리고 불안에 대한 학습된 반응을 확인하기 위해 원가족 내에서 갈등이 다루어지는 방식을 검토한다. (5, 6 ,7)

5. 갈등해결의 역기능적인 패턴을 확인하기 위해 학생의 원가족을 탐색한다(예, 다른 사람들에게 갈등의 책임을 떠넘기기, 화난 공격적 반응, 철수와 빈약한 의사소통).
6. 집에서 있었던 최근 세 가지 논쟁이나 갈등에 대한 요약(각 가족 구성원의 반응과 갈등이 해소된 방법 등을 포함해서)을 작성하는 숙제를 학생에게 부과한다. 가족 내에서 학습된 갈등 처리 방식에 대한 과제 결과를 검토한다.
7. 학생으로 하여금 가족의 역기능적이고 비효과적인 갈등 처리 방식과 자신의 룸메이트와의 갈등에 대한 최근의 반응 사이에 관련이 있다는 점을 이해하도록 돕는다.

4 긴장을 완화시키고 삶의 여건을 개선하는 데 도움이 되는 행동에서의 변화들을 확인한다. (8, 9)

8. 효과적인 갈등 해소에 유용한 일반적인 갈등 반응 목록(예, 침착하고 조용한 상태 유지하기, '나' 메시지와 적극적인 경청 기술 사용하기, 학생 자신의 역할 인정하기, 가능한 많은 해결책 검토하기)을 작성하도록 학생을 돕는다.

9. 효과적인 갈등 해소 기술을 개발하기 위해 개선할 여지가 있는 영역에 주목하면서 학생이 보이는 갈등에 대한 행동과 정서 반응 목록과 효과적인 갈등 해소 반응 목록(예, 이완, 적극적 경청, 자기주장 또는 문제해결 기술을 배우려는 욕구)을 비교한다.

5 직접적이고 예의 바른 의사소통으로 개선하기 위해 갈등에 대한 구체적인 행동 반응을 실행한다. (10, 11, 12, 13)

10. 서로의 개인적인 요구와 권리를 함께 인정하고, 서로에게 이익이 되는 가능한 해결책을 제공하고, 정중하게 행동적인 용어로 문제들을 확인하는 자기주장적인 대화 모델을 학생에게 소개한다.
11. 학생에게 효과적인 갈등해결 방법 또는 문제해결 기술을 가르친다. ① 행동적인 용어로 문제의 확인 또는 명료화하기, ② 가능한 대안적인 해결책에 대한 공동의 브레인스토밍과 각각의 장단점에 대해 검토하기, ③ 실행할 수 있는 대안책을 공동으로 마련하기, ④ 상호 만족이라는 관점에서 결과 평가하기, ⑤ 필요하다면 서로의 만족을 증진시키기 위한 해결책 조정하기
12. 학생이 룸메이트와 의견 차이를 보이는 최근의 문제에 대해 효과적인 갈등 해소 기법을 적용하도록 가르치기 위해 역할극과 모델링 기법을 사용한다.
13. 학생에게 룸메이트와 생긴 갈등 중

하나를 선택해서 최근에 배운 해결책을 실제로 실행해 보는 과제를 부여한다. 실행 결과를 검토해서 성공적인 것은 강화하고 실패한 것은 재수정하도록 한다.

6 갈등해결 과정에서 감정을 더욱더 혼란스럽게 하는 왜곡된 자기대화를 확인하고 교체한다. (14, 15)

14. 분노, 불안, 불신 또는 방어적인 느낌들을 유발하거나 중재하는 학생의 부정적이고 왜곡된 자기대화를 확인하도록 돕는다(예, '그는 나보다 자기가 더 현명하다고 생각한다.' '그녀는 자기 몫의 할 일을 여기에서는 절대 하지 않는다.' '그녀는 단지 나를 이용하길 원하기 때문에 결코 변하지 않을 것이다.' '그는 내가 자기 방식대로 모든 것을 하기를 원한다.').

15. 갈등을 다룰 때 평화롭고 공정한 학생의 느낌을 증가시키기 위해 현실적이고 긍정적인 자기대화를 학생에게 가르친다(예, '나는 합리적이고 지적인 사람이다.' '우리는 자질구레한 일을 서로 나눌 수 있는 합리적인 방법에 대해 말할 수 있다.' '그녀도 내가 원하는 만큼 우리의 차이점을 잘 해결하기를 원할 것이다.').

7 효과적인 대화와 갈등해결을 막는 비합리적인 신념을 확인하고 대체한다. (16, 17)

16. 학생을 지원하여 효과적인 갈등해결에 장애가 되는 자신의 비합리적인 신념을 확인하도록 한다(예, '누구나 나를 이용하려고 한다.' '내 룸메이트가 우리가 가진 모든 문제들의 원인이다.' '나는 나와 너무나 많이 다른

사람을 견딜 수가 없다.').

17. 갈등해결의 장애물을 제거하기 위해 자신의 비합리적인 신념을 합리적으로 재구성하도록 학생을 가르친다(예, '대부분의 사람은 다른 사람들에게 친절하고 배려한다.' '나도 어떤 방식으로든지 우리 문제들에 원인을 제공했다고 믿어야 한다.' '사람들 간의 차이점을 존중하고 인정하는 것을 배우는 것이 건설적이고 성숙한 것이다.').

8 룸메이트와의 갈등을 해결하는 동안 이완 기법을 실행한다. (18, 19)

18. 대인관계상의 어려움 때문에 야기되는 스트레스와 불안에 보다 잘 대처할 수 있도록 심부근육 이완, 심호흡, 그리고 긍정적인 심상 이완 기법들을 학생에게 가르친다.
19. 학생에게 룸메이트나 공동체에서 함께 생활하는 구성원들과의 관계에서 매일 생기는 갈등을 다루는 데 긍정적인 자기대화, 재구성된 신념과 이완 기법 등을 실행하도록 과제를 준다. 결과를 검토하고 성공한 것은 강화하고 실패한 것은 재수정하도록 한다.

9 룸메이트와의 갈등해결을 격려하고 도와줄 수 있는 기숙사 내 지지체계를 확인한다. (20, 21)

20. 학생과 룸메이트 사이의 갈등해결을 중재하거나 조언 제공이 가능한 동료 자원을 탐색한다.
21. 학생에게 룸메이트와의 갈등에 대한 중재나 조언을 해 줄 수 있는 행정 직원(예, 기숙사 조언자 또는 기숙사 책임자)의 지원을 탐색한다.

10 의사소통을 개선하고 갈등을 줄일 수 있는 방법을 찾기 위해 룸메이트와의 상호작용을 모니터한다. (22, 23)

22. 기숙사 공동체 내에서 다른 사람들과 학생의 상호작용 방식을 추적할 수 있도록 학생에게 매일 일지를 쓰도록 과제를 준다. 학생의 관계 특성과 갈등해결 방식에 대한 통찰을 얻기 위해 일지 내용을 검토한다.

23. 학생의 룸메이트와의 관계에 대한 일지를 검토한 후 자신의 의사소통과 갈등해결 행동을 개선할 수 있는 세 가지 방법을 열거하도록 학생에게 요청한다.

11 자기주장적 대화를 성공적으로 실행한 것을 보고한다. (24, 25, 26)

24. 학생을 자기주장 훈련 집단에 의뢰하거나 학생에게 자기주장 의사소통 기법을 가르쳐서 대인관계 문제해결에서 공격적 · 수동–공격적 또는 수동적 패턴의 반응보다 자기주장적 대화법이 유리한 점이 있음을 가르친다.

25. 학생이 룸메이트와의 갈등 상황에서 자기주장을 적용하도록 가르치기 위해 역할극과 모델링을 사용한다. 매일매일 자기주장을 실행하도록 격려한다.

26. 학생의 자기주장 경험을 검토하여 성공적인 것은 강화하고 실패한 것은 재수정하도록 한다.

12 개인적 경계의 필요성과 언제 그것이 침해되는지에 대한 자각 증가를 구두로 표현한다. (27, 28, 29, 30)

27. 다른 사람의 행동이나 느낌에 대해 학생이 책임을 지려고 하지 않도록 자신의 새로운 경계를 개발할 수 있게 도움을 준다.

28. 자신과 다른 사람들에 대한 책임감

을 받아들이는 경계 그리고 자신과 다른 사람들에 의해 무시되는 경계를 언제 자각하는지에 관한 일지를 매일 기록하도록 학생에게 요청한다.

29. 학생에게 개인적 경계 설정에 관한 책(예, Katherine의 『*Boundaries: Where You End and I Begin*』 또는 Whitfield의 『*A Gift to Myself*』)을 읽도록 과제를 준다. 학생이 이해하는 주요 골자를 검토한다.

30. 개인적 경계를 설정하려는 학생의 시도들을 검토한다. 성공적인 것은 강화하고 실패한 것은 재수정한다.

13 대학 내에서 가능한 조직화된 사회활동에 참여를 늘리고 룸메이트와 보내는 시간을 줄인다. (31, 32, 33)

31. 학생에게 자신의 사회적 관계의 동심원 도표를 만들도록 돕는다. 룸메이트 외에 학생이 갖고 있는 사회적 네트워크의 깊이와 넓이를 그 도표를 통해 평가한다.

32. 사회생활과 여가생활을 위해 학생이 사회적 네트워크를 넓히고 룸메이트에게 의지하는 것을 줄이도록 격려한다.

33. 학생과 함께 사회화를 증가시키고 룸메이트와의 문제에서 벗어날 수 있는 대학생활의 다양한 분야(예, 대학 단체와 동아리들, 파트타임 일, 교내 스포츠, 또는 종교 활동과 단체)를 탐색한다.

14 새로운 사회관계를 만들기 위해 애쓰면서 새로운 사회 기술을 실행한다.

34. 학생에게 사회생활 준비의 핵심 요소가 되는, 머리글자로 된 SOFTEN

(34, 35, 36, 37, 38)

(Smiling: 웃음, Open posture: 열린 마음, Forward leaning: 앞으로 기울이기, Touch: 접촉, Eye contact: 눈맞춤, Nodding: 끄덕임)이라는 말의 의미를 가르친다. 학생이 사회적 접촉을 시작할 때 이러한 행동을 하도록 격려한다.

35. 학생에게 일주일 동안 SOFTEN과 새로운 사회적 행동을 한 가지 실행하도록 약속할 것을 요청한다(예, 대화를 먼저 시도하기, 대화를 유지하기, 누군가에게 차 한 잔 하자고 초대하기). 결과를 검토하고 성공적인 것은 강화하고 실패한 것은 재수정하도록 한다.

36. 학생에게 ① 주의를 집중해 경청하기, ② 내용뿐 아니라 느낌을 경청하기, ③ 메시지를 들었다는 것을 나타내는 바꾸어 말하기 등을 포함하는 적극적인 경청 기술을 가르친다.

37. 학생에게 '나' 진술문(I statements)의 개념과 장점을 가르친다('당신이 ___할 때 나는 ___를 느낀다. 왜냐하면 ___.' '만약 당신이 ___하다면 나는 그렇게 하고 싶다.').

38. 학생에게 일주일 동안 적극적인 경청 기술과 '나' 진술문을 사용하도록 격려한다. 결과를 검토하여 성공적인 것은 강화하고 실패한 것은 재수정하도록 한다.

___. ______________________ ___. ______________________

______________________ ______________________

___. ______________________ ___. ______________________

______________________ ______________________

___. ______________________ ___. ______________________

______________________ ______________________

진단 제안

축 I	309.0	우울감 동반 적응장애
	309.3	품행장애 동반 적응장애
	309.24	불안 동반 적응장애
	309.28	혼재성 불안과 우울감 동반 적응장애
	300.23	사회공포증
	300.02	범불안장애
	300.4	기분부전장애
	______	______________________
	______	______________________
축 II	301.20	분열성 성격장애
	301.6	의존성 성격장애
	______	______________________
	______	______________________

23 자존감 부족 (Self-Esteem Deficit)

행동 정의

1 다른 사람들이 자신에게 주는 찬사를 거부하거나 깎아내린다.

2 학업 능력, 외모, 사회생활 또는 자신의 다른 면들을 깎아내리는 언급을 자주 한다.

3 자신을 동급생들이나 다른 사람들과 비교할 때 매력 없고, 무가치하고, 실패자이고 또는 중요하지 않은 사람으로 본다.

4 실제로 잘못했든 아니든 쉽고 흔쾌히 자신의 잘못으로 받아들인다.

5 몸치장에 자신이 없다.

6 다른 사람들의 개인적 부탁 요청에 "아니요."라는 말을 하기가 어렵다.

7 다른 사람들이 좋아하지 않는다고 추측한다.

8 다른 사람들, 특히 룸메이트들, 동급생들 또는 동료 그룹의 다른 친구들로부터 거부되는 것을 두려워한다.

9 대학 경험을 위한 명확한 목표가 결여되어 있고 부적절하게 낮은 학업 수행 목표를 설정한다.

10 자신에 관한 긍정적인 면을 확인하고 구두로 표현할 수 없다.

11 사회적인 상황, 특히 규모가 큰 그룹, 수업 중 토론 그리고 그룹 활동 등에 참가하는 것을 불편해한다.

__. ______________________________

____

__. ______________________________

____

___. ________________________________

____

장기 목표

1 자존감을 키운다.

2 긍정적인 자기 이미지를 지속적으로 개발한다.

3 외모에서의 더 큰 자신감, 보다 많은 주장성, 대화 중 보다 빈번한 눈 맞춤, 그리고 자기대화에서 긍정적인 특성 확인 등을 통해 증대된 자존감을 보인다.

4 사회, 그룹, 강의실 상황 그리고 대인관계에서 불안이 줄어든 것을 경험한다.

5 자신과 학업 능력에 대한 자신감을 현저하게 보인다.

6 대학생활과 졸업 후 생활에 대해 적절하게 향상된 목표를 세운다.

7 다양한 학업과 비학업적인 상황에서 적절한 사회 접촉을 주도할 때 개선된 기술을 보인다.

___. ________________________________

____

___. ________________________________

____

___. ________________________________

____

단기 목적

치료 개입

1. 낮은 자존감의 특성과 내력을 기술한다. (1, 2, 3)

1. 낮은 자존감을 확인하고 표현할 수 있도록 학생의 능력을 증가시키기 위해 지속적인 눈 맞춤, 적극적인 경청, 무조건적인 긍정적 존중, 그리고 따뜻한 수용 등을 통해 학생과의 신뢰를 적극적으로 형성한다.
2. 대학 장면에서의 낮은 자존감을 확인하고 명료화하도록 학생을 돕는다.
3. 과거에서 현재까지 학생의 낮은 자존감의 내력을 탐색한다.

2. 낮은 자존감의 과거와 현재 근거를 확인한다. (4, 5)

4. 학생이 자신의 낮은 자존감의 최근 원인(예, 사회적 거부 또는 학업 갈등)을 명료화하도록 돕는다.
5. 낮은 자존감의 원인 규명을 위해 학생의 가족과 유년 시절의 내력(예, 학대, 방치, 유기 또는 심한 비난)을 탐색한다.

3. 자신에 대해 부정적으로 말하거나 다른 행동 대안의 실행을 거부함으로써 얻어지는 이차적 이득을 확인한다. (6, 7)

6. 부정적인 행동 패턴을 유지하는 이차적 이득의 힘과 의미를 학생에게 가르친다.
7. 자기비하와 새로운 행동의 회피가 어떻게 이차적 이득을 가져올 수 있는지 확인하도록 학생을 돕는다(예, 다른 사람들이나 책임을 인계받은 사람들로부터의 칭찬).

4. 부정적이며 자기를 비하하는 자기대화의 빈도를 줄이고 긍정적인 자기표현의 빈도를 늘린다. (8, 9, 10, 11)

8. 학생이 낮은 자존감, 불안, 불신 또는 방어적인 감정을 유발하거나 중재하는 자신의 부정적이고 왜곡된

자기대화를 확인하도록 돕는다(예, '여기에서 나는 아무것도 아니다.' '그녀는 결코 나와 외출하고 싶어 하지 않을 것 같다.' '나는 결코 팀을 만들지 못할 것이다.').

9. 학생에게 자신의 현실감과 공정성을 키우기 위해 현실적이고 긍정적인 자기대화를 가르친다(예, '이곳이 낯설지만 새로운 친구들을 사귀는 것을 배울 수 있다.' '그녀에게 커피 한 잔 하자고 감히 말해 볼 만하다.' '훈련에 집중하다 보면 팀에 합류할 좋은 기회가 올 것이다.').
10. 학생의 자기비하 표현에 대해 부드럽게 직면하고 이의를 제기하거나 재구조화한다.
11. 학생에게 자존감 형성 훈련을 위한 과제를 준다(예, Shapiro의 『*The Building Blocks of Self-Esteem*』, Burns의 『*Ten Days to Self-Esteem*』, Helmstetter의 『*What to Say When You Talk to Yourself*』). 결과를 검토한다.

5 룸메이트들, 기숙사 내 다른 거주자들, 동급생들 또는 교수진들에게 주장적이고 문제해결적인 행동들의 빈도가 증가한다. (12, 13, 14, 15)

12. 예의 바르게 행동적인 용어로 문제를 확인하고, 양측의 개인적 욕구와 권리를 인정하며, 서로에게 이익이 되는 가능한 해결책을 제시할 수 있는 주장적인 대화의 모델을 학생에게 소개한다.
13. 학생에게 효과적인 갈등해결 방법

또는 문제해결 기술을 가르친다. ① 행동적인 용어로 문제의 확인 또는 명료화하기, ② 가능한 대안적인 해결책에 대한 공동의 브레인스토밍과 각각의 장단점에 대해 검토하기, ③ 실행할 수 있는 대안책을 공동으로 마련하기, ④ 상호 만족이라는 관점에서 결과 평가하기, ⑤ 필요하다면 서로의 만족을 증진시키기 위한 해결책 조정하기

14. 현재 겪고 있는 학생의 낮은 자존감을 극복하기 위해 눈 맞춤, 자기주장 그리고 문제해결의 방법을 가르치는 데 역할극과 모델링을 사용한다.

15. 사회적 관계에서 학생이 자신을 주장하는 과정을 검토한다. 성공한 것은 강화하고 실패한 것은 재수정하도록 한다.

6 지속적으로 낮은 자존감을 갖게 하는 비합리적인 신념들을 확인하고 대체한다. (11, 16, 17)

11. 학생에게 자존감 형성 훈련을 위한 과제를 준다(예, Shapiro의 『*The Building Blocks of Self-Esteem*』, Burns의 『*Ten Days to Self-Esteem*』, Helmstetter의 『*What to Say When You Talk to Yourself*』). 결과를 검토한다.

16. 효과적인 대처에 장애가 되는 학생의 비합리적인 신념을 확인하도록 돕는다(예, '나는 패배자라 누구도 나를 알고 싶어 하지 않는다.' '나는 변변치 않고 재미없는 인간이라 이곳

에서 사회생활하기가 어렵다.' '나는 멍청해서 이번 학기도 낙제할 것 같다.').

17. 보다 긍정적인 자존감 형성에 장애가 되는 요소들을 제거하기 위해 학생이 자신의 비합리적인 신념을 재구성하도록 가르친다(예, '대다수의 사람들 역시 이곳이 새롭기 때문에 그들도 내가 느끼는 것과 같은 느낌을 가질 것이다.' '나는 내 관심사와 취미에 관련된 대학 동아리를 찾을 수 있다고 확신한다.' '수업이 고등학교 때보다 힘들지만 필요하면 개인지도를 받을 수 있다.').

7 **낮은 자존감을 고치고 자신감을 갖기 위해 행동 변화를 실행한다.** (18, 19)

18. 학생이 낮은 자존감의 경험에 대한 자신의 전형적인 회피 행동 반응들을 확인한 후 목록을 작성하도록 돕는다.

19. 학생의 긍정적인 특성과 성취들의 목록 작성을 돕는다. 이 목록을 자신의 이미지와 통합하도록 한다.

8 **긍정적인 개인적 특성과 성취를 매일 확인하고 구두로 표현한다.** (20, 21, 22)

20. 낮은 자존감과 연관된 각각의 두려움에 대한 행동 대처 계획(예, 자기주장성, 문제해결 또는 사회적 기술을 실행하기, 네트워크를 형성하기 위해 사회 접촉 주도하기, 같은 관심을 가지고 있는 학생 그룹과 접촉하기, 또는 대학 내 개인지도 서비스 이용하기)을 개발하도록 학생을 돕는다.

21. 학생이 매일 자신에 관해 적어도 하

나의 긍정적인 문장을 만들어 일지에 기록하고 회기에서 그 내용을 검토하도록 한다.

22. 학생이 거울 앞에서 자기 자신에 대해 긍정적으로 말해 보는 연습을 과제로 준다.

9 낮은 자존감을 보이는 동안에 격려와 도움을 제공해 줄 수 있는 기숙사 환경 내의 지지체계를 확인한다. (23, 24)

23. 학생에게 지원을 중재하거나, 지원에 대한 조언을 제공하거나, 사회 활동에 참여하도록 도움을 주는 것이 가능한 동료 자원(예, 기획된 그룹 활동, 스터디 그룹, 또는 집단)을 탐색한다.

24. 자신감과 사회적 기회를 가질 수 있도록 도와 주기 위해, 가능한 선택들에 대한 제안을 학생에게 제공해 주는 것이 가능한 행정 직원(예, 기숙사 조언자 또는 기숙사 책임자)의 지원을 탐색한다.

10 자주 거부된 경험과 그 경험이 자신과 다른 사람들에 대한 현재의 느낌에 끼친 영향을 확인한다. (25, 26)

25. 학생이 자신의 거부에 대한 현재의 두려움과 과거에 경험한 거부와의 연관성을 자각할 수 있도록 돕는다.

26. 학생이 겪은 학대 사건(예, 정서적, 신체적, 성적)을 탐색하고 해석하며, 그것들이 학생이 가지고 있는 현재의 느낌과 채워지지 않은 양육과 인정에 대한 욕구에 얼마나 영향을 주었는지 탐색하고 해석한다.

11 대학에서의 경험, 학업 수행과 사회적인 면에서 현실적이고 적절하며 달성 가능한 목표를 세운다. (27, 28)

27. 학생이 자신의 목표가 현실적이고 달성 가능한 것인지를 확신할 수 있도록 목표를 평가하는 것을 돕는다.

28. 학생에게 대학생활의 다양한 영역, 학업 수행, 사회적 경험 등에 대한 목표들의 목록을 작성하도록 과제를 부여하고, 목표 달성을 위한 단계별 계획을 개발한다.

12 자기실현을 위해 채워지지 않은 욕구 목록을 작성한다. (25, 26, 29)

25. 학생이 자신의 거부에 대한 현재의 두려움과 과거에 경험한 거부와의 연관성을 자각할 수 있도록 돕는다.

26. 학생이 겪은 학대 사건(예, 정서적, 신체적, 성적)을 탐색하고 해석하며, 그것들이 학생이 가지고 있는 현재의 느낌과 채워지지 않은 양육과 인정에 대한 욕구에 얼마나 영향을 주었는지 탐색하고 해석한다.

29. 학생 자신의 욕구를 확인하고 구두로 표현할 수 있도록 학생을 돕기 위해 역할극과 역할전환 기법을 사용한다.

13 확인된 요구들을 충족시키기 위한 계획을 미리 적극적으로 표명한다. (30, 31)

30. 적절하게 충족되지 않은 학생 자신의 요구를 표현하고 욕구를 충족시키기 위한 계획을 개발하기 위해 공동의 또는 가족치료 회기를 운영한다.

31. 친구들, 룸메이트들 그리고 교수진들과의 관계에서 욕구를 적절하게 충족시킬 수 있는 구체적인 행동 계획을 개발할 수 있도록 학생을 돕는다.

14 강의실, 기숙사 그리고 그 밖의 사회적 상황에서 다른 사람들과 눈 맞춤의 기회를 늘린다. (14, 32, 33)

14. 현재 겪고 있는 학생의 낮은 자존감을 극복하기 위해 눈 맞춤, 자기주장 그리고 문제해결의 방법을 가르치는 데 역할극과 모델링을 사용한다.

32. 학생이 눈 맞춤을 피하는 것이 관찰되면 부드럽게 직면한다.

33. 학생이 누군가와 이야기하고 있는 도중에 눈 맞춤을 해야 하는 과제를 학생에게 준다.

15 평상시의 옷차림과 개인적인 위생 상태를 개선하고 유지하는 책임감을 갖는다. (34)

34. 학생의 옷차림과 위생 상태에 대해 모니터하고 의견을 준다.

16 다른 사람들로부터 받은 칭찬을 깎아내리지 않고 긍정적으로 인정한다. (35)

35. 학생에게 다른 사람들로부터의 칭찬을 자각하고, 기록하고, 기분 좋게 (깎아내리지 않고) 인정하도록 요청한다. 이를 역할극과 역할전환을 통해 회기에서 연습한다.

—. ______________________________

____

—. ______________________________

____

—. ______________________________

____

—. ______________________________

____

—. ______________________________

____

—. ______________________________

____

진단 제안

축 I	300.4	기분부전장애
	300.23	사회공포증
	296.xx	주요 우울장애
	309.0	우울감 동반 적응장애
	296.xx	양극성 I 장애
	296.89	양극성 II 장애
	______	______________________
	______	______________________
축 II	301.83	경계성 성격장애
	799.9	진단 보류
	V71.09	진단 없음
	______	______________________
	______	______________________

24 자해/경계성 성격 (Self-Mutilation/Borderline Personality)

행동 정의

1 사소한 스트레스에도 극단적인 정서 반응을 보여 외견상 자신을 해하는 통제할 수 없는 충동을 초래한다.

2 룸메이트, 동급생, 친구, 가족, 교수진들과 격렬하고 혼란스러운 대인관계 패턴을 보인다.

3 현저한 정체성 혼란을 보인다.

4 잠재적으로 신체 손상을 일으킬 수 있는 충동적인 행동에 빠진다.

5 반복적인 자살 제스처, 위협 또는 자해행동을 한다.

6 전문가, 가족, 친구의 관여가 필요할 정도의 수준에서 자살 시도 과거력을 가지고 있다(예, 입원 치료, 외래 진료, 응급 진료, 또는 관계하고 있는 사람들의 근접 관리).

7 만성적으로 공허한, 지루한, 고립된, 의존적인 느낌 또는 격리된 느낌을 갖는다.

8 격렬하고 부적절한 분노를 자주 분출한다.

9 룸메이트, 동급생, 친구, 가족 또는 교수진들이 자신을 부당하게 대한다거나 그들을 믿을 수 없다는 느낌을 쉽게 갖는다.

___. ______________________________

____

___. ______________________________

____

___. ______________________________

____

장기 목표

1 외견상의 자해행동을 없앤다.

2 극단적인 기분을 다룰 수 있는 대처 기술을 개발하고 실현하여 충동적인 행동을 줄이도록 한다.

3 자살 충동이나 사고를 완화하고 미래에 대한 희망은 물론 자신, 삶, 학업 그리고 사회 활동에 대한 희망을 갖게 된다.

4 충동을 조절하고, 행동화하려는 행동을 억제하며, 대학생활과 다른 사람들과의 관계에서 스스로 적절하게 행동할 수 있는 능력을 개발한다.

5 분노 조절 기술을 개발하고 실현한다.

6 다른 사람에 대한 신뢰를 바탕으로 한 대인관계 기술을 배우고 연습한다.

7 가족, 룸메이트, 친구, 상담자 그리고/또는 다른 사람들과 적절한 방식으로 정서를 교감한다.

___. ____

____

___. ____

____

___. ____

____

단기 목적

1 자해행동을 유발하는 격한 감정과, 어떻게 그런 감정들이 자해행동을 통해 완화되는지 구두로 표현한다. (1, 2)

치료 개입

1. 자해행동과 관련 있는 충동적인 생각과 느낌을 확인하고 표현할 수 있는 학생의 능력을 향상시키기 위해 지속적인 눈 맞춤, 적극적인 경청,

무조건적인 긍정적 존중, 그리고 따뜻한 수용을 통해 신뢰의 수준을 적극적으로 형성한다.

2. 대학 환경에서 자해하려는 충동으로 이끄는 구체적인 느낌과 문제를 확인하고 명료화하도록 학생을 돕는다.

2 대학에 입학하기 전부터, 그리고 그 이후 보인 자해행동의 내력과 특징을 기술한다. (3)

3. 학생이 가지고 있는 자해행동의 과거에서 현재까지의 내력을 탐색한다.

3 자해 욕구가 심각하게 일어나는 경우에는 지원하고 돌봐 주는 사람들에게 연락하겠다는 약속을 구두로 표현한다. (4, 5)

4. 자살 욕구가 강해진다거나 자해행동이 일어나기 전에 상담자, 병원 응급실, 또는 위기 도움 라인과 주도적으로 접촉할 것이라는 약속을 학생으로부터 받아 낸다. 학생에게 24시간 운영되는 응급 위기 도움 전화번호를 제공한다.

5. 학생으로부터 적절한 서면 동의서를 받은 후 학생의 룸메이트, 가족 또는 의미 있는 중요한 사람들과 예방 조치에 대한 계약을 공유한다.

4 자해 충동이 자살로 이어지고, 자제되지 않거나 현저하게 심해지면 입원 치료에 협력한다. (6)

6. 만일 자제하기 힘든 위해를 학생 자신에게 가할 위험이 있다고 판단되면 입원을 주선한다.

5 약물치료의 필요 여부를 결정하기 위해 평가를 받는다. (7)

7. 학생을 정신과 의사에게 의뢰하여 우울증의 심각성, 치명성 수준, 자살 가능성, 정신약리학적 치료 개입의 필요성 여부 등을 평가받도록 한다.

6 처방된 대로 약을 복용하고 효과는 물론 부작용도 보고한다. (8)

8. 처방받은 향정신성 약물을 잘 복용하는지의 여부는 물론이고 치료 효과 또는 부작용 여부를 알기 위해 학생

을 모니터한다. 학생의 동의하에 정기적으로 약을 처방한 의사와 협의한다.

7 최근의 정서적 · 인지적 기능을 평가하고 감별진단에 도움받기 위해 심리평가를 받는다. (9)

9. 학생의 정신적, 정서적 상태에 대한 심리평가를 시행하거나 주선한다. (학생의 동의하에) 결과를 가족, 자문의사, 그리고/또는 학생에게 적절한 만큼 알려 준다.

8 자기패배적인 생각, 느낌 그리고 결과로 나타나는 행동들을 매일의 일지에 기록한다. (10, 11)

10. 학생에게 느낌, 기분, 상황 그리고 결과로 나타나는 행동들을 기록한 매일의 일지를 작성하도록 요청한다. 학생이 자해하려는 이유와 반대 이유, 결과 그리고 느낌 등 자해에 대한 경험을 검토한다.
11. 학생에게 자기패배적인 사고(예, 절망감, 무력감, 무가치감, 파멸감 또는 미래에 대한 부정적 예측)를 매일 기록하도록 요청하고, 각 생각에 대한 정확성을 위해 이의를 제기한다. 각각의 역기능적인 사고를 현실적이고, 긍정적이며, 자기확장적인 사고로 바꾼다.

9 효과적인 문제해결과 감정표현을 차단하여 자해로 이어질 수 있는 비합리적인 신념 또는 부정적인 자기대화를 확인하고 이를 보다 현실적이고, 정확하며, 긍정적인 사고와 자해충동을 완화하는 메시지로 바꾼다. (12, 13)

12. 자살 사고 또는 자해의 느낌에 효과적으로 대처하는 데 장애가 되는 학생의 비합리적인 신념을 확인하도록 학생을 돕는다(예, '나의 정서적 고통을 신체적인 고통으로 다루는 게 더 낫다.').
13. 자살 사고 또는 자해의 느낌과 같은 장애를 제거하기 위해 학생에게 자신의 비합리적인 신념을 합리적으로

재구성하도록 가르친다(예, '굉장히 속상하지만 스트레스를 잘 다룰 수 있는 때도 있다.' '나를 진심으로 돌봐 줄 사람들이 이곳, 대학에 있다.').

10 자해 충동을 촉발하는 상황과 사건에 대한 왜곡된 인지적 해석을 확인하고 대체한다. (14, 15)

14. 자해 충동을 유발하거나 중재하는 학생의 부정적이고 왜곡된 자기대화를 확인하도록 돕는다(예, '어느 누구도 진정으로 나에게 관심 두지 않는다.' '내가 얼마나 큰 고통 속에 있는지 아무도 모른다.' '더 나아질 게 없다.').

15. 학생의 삶에서 긍정적인 면을 부각시키기 위해 현실적이고 긍정적인 자기대화를 가르친다(예, '나는 다소 문제를 가지고 있지만, 내 문제를 보다 효과적으로 다룰 수 있는 새로운 방법을 배울 능력이 있는 꽤 지적인 사람이다.' '때때로 문제가 전혀 개선되지 않는 것처럼 보이지만 도움과 지원 그리고 노력으로 이것들은 개선될 것이다.').

11 자해행동으로 초래된 자신과 다른 사람들에 대한 부정적인 결과들의 목록을 작성한다. (16)

16. 학생의 자해행동으로 초래된 자신과 다른 사람들에 대한 파괴적인 결과들의 목록을 작성하도록 학생에게 과제를 준다.

12 자해 충동을 극복하기 위해 보다 큰 자기 통제력을 훈련하는 행동 대처 전략을 실행한다. (17, 18, 19)

17. 자해 충동에 대한 행동 대처 계획(예, 자기주장, 스트레스 관리, 사회적 기술 배우기, 얼음 덩어리 잡고 있기, 단거리 뛰기, 제자리 뛰기, 윗몸 일으키기, 테니스 볼 쥐어짜기 등과

같은 격렬한 운동)을 개발하도록 학생을 지원한다.

18. 자해 유발 요인을 다루는 대처 전략을 개발하도록 학생을 지원한다(예, 더 많이 운동하기, 룸메이트나 상담자와 의논하기, 학업/수업에 적극 참가하기, 내면 집중 줄이기, 사회 참여 늘리기, 신앙에 의존하기, 과외 활동에 참여하기, 또는 적절한 방식으로 보다 자주 자기 느낌 표현하기).

19. 학생에게 문제해결 기술을 가르친다. ① 행동적인 용어로 문제의 확인 또는 명료화하기, ② 가능한 대안적인 해결책에 대한 공동의 브레인스토밍과 각각의 장단점에 대해 검토하기, ③ 실행할 수 있는 대안책을 공동으로 마련하기, ④ 상호 만족이라는 관점에서 결과 평가하기, ⑤ 필요하다면 서로의 만족을 증진시키기 위한 해결책 조정하기

13. 자해 충동을 극복하기 위해 보다 나은 자기조절을 행하는 인지 대처 전략을 실행한다. (20, 21)

20. 학생에게 충동적인 자해행동에 대한 조절 능력을 얻고 향상시키기 위한 인지 방법(예, 생각 멈춤, 생각 대체, 또는 재구성)을 가르친다.

21. 학생의 인지 과정에서 지나치게 비극적으로 생각하는 경향을 확인하고 직시하여, 고통스러운 상황에 마주치면 보다 현실적인 희망을 찾도록 인지 재구성 기법을 사용해 핵심 도식을 재구성하는 훈련을 한다(예, 전

부가 아니면 아무것도 아니라는 극단적인 사고, 최악의 경우만을 상상하는 사고 등에 대항하는).

⑭ 멈추기, 보기, 듣기 그리고 생각하기 등의 전략이 대학 내, 교실, 그 외 지역에서 실행된 구체적인 상황을 기술한다. (22, 23)

22. 학생에게 자신의 충동성을 억제하고, 자해행동을 줄이기 위해 멈추고, 보고, 듣고, 생각하는, 중재적이고 자기조절적인 전략을 가르친다.
23. 학생의 매일 매일의 생활경험 속에 멈추기, 보기, 듣기 그리고 생각하기 전략을 적용하도록 역할극과 모델링 기법을 사용한다. 이 기법을 사용하도록 강력히 추천하고 결과를 검토한다.

⑮ 근육 긴장을 풀고 수면을 촉진하도록 이완 훈련을 실시한다. (24, 25)

24. 스트레스 상황을 좀 더 잘 다룰 수 있도록 이완 기법(예, 점진적인 근육 이완 또는 심상 유도)을 학생에게 가르친다.
25. 학생의 수면 패턴을 모니터하고, 원기를 회복하고 숙면을 유도하기 위해 자기 몸을 조절하는 바이오피드백, 자기최면, 그 외의 방법들을 교육한다.

⑯ 충동적 폭발행동을 줄이고 보다 더 잘 적응된 문제해결을 위한 수단으로 자기주장적 기술을 배우고 적용한다. (26, 27)

26. 자기주장적인 방법을 가르치기 위해 모델링과 역할극을 사용하거나, 자기주장 훈련 교실이나 그룹에 의뢰한다.
27. 학생 자신의 매일매일 생활 속에서 건강한 자기주장을 실천하도록 격려한다. 모니터하면서 성공한 것은 더욱 강화시키고 실패한 것은 재수정하도록 한다.

17 가족 구성원이나 자해행동과 관련된 느낌을 확인하고 갈등을 해결하기 위해 가족치료 회기에 참여한다. (28, 29, 30)

28. 학생 자신의 가족관계에서 비롯된 절망감을 세밀히 탐색한다.
29. 학생이 가지고 있는 스트레스의 원인을 이해하고 평가하기 위해 학생이 중요하게 여기는 사람들과 룸메이트, 가족 또는 친구들을 만난다.
30. 자해에 영향을 미친 가족 요인을 확인하기 위해 기족치료 회기를 갖는다.

18 가족치료에 참여해서 자해행동에 현명하게 대응하고, 자해행동을 줄이도록 도움을 줄 수 있는 방법을 배운다. (31, 32, 33)

31. 자해에 관해, 그리고 학생에게 정서적으로 도움을 줄 수 있는 방법들에 관해 가족에게 교육한다.
32. 학생이 느끼는 슬픔, 마음의 상처 또는 분노 등에 대한 의사소통을 증진시키기 위해 가족치료 회기를 갖는다.
33. 학생에게 자살 충동이나 자해가 다시 일어나는 것에 대해 민감하게 느끼도록 (적절한 동의서를 받은 후) 가족 구성원을 교육한다(예, 자살 시도, 죽음에 대해 몰두하기, 심각한 사회적 철수), 치료적인 반응 방법을 제공한다(예, 상담자나 응급서비스와 접촉하기).

19 자해 느낌을 경험하는 동안 격려해주고 도와줄 수 있는 기숙사 내 지지체계를 확인한다. (34)

34. 자살 사고나 자해 느낌을 억제할 수 없을 때 도움을 줄 수 있는 행정 직원(예, 기숙사 조언자 또는 기숙사 책임자)의 지원을 탐색한다.

20 자해 사건이 없다고 구두로 표현한다. (10, 15, 18, 20, 35)

10. 학생에게 느낌, 기분, 상황 그리고 결과로 나타나는 행동들을 기록한 매일의 일지를 작성하도록 요청한다. 학생이 자해하려는 이유와 반대 이

유, 결과 그리고 느낌 등 자해에 대한 경험을 검토한다.

15. 학생의 삶에서 긍정적인 면을 부각시키기 위해 현실적이고 긍정적인 자기대화를 가르친다(예, '나는 다소 문제를 가지고 있지만, 내 문제를 보다 효과적으로 다룰 수 있는 새로운 방법을 배울 능력이 있는 꽤 지적인 사람이다.' '때때로 문제가 전혀 개선되지 않는 것처럼 보이지만 도움과 지원 그리고 노력으로 이것들은 개선될 것이다.').

18. 자해 유발 요인을 다루는 대처 전략을 개발하도록 학생을 지원한다(예, 더 많이 운동하기, 룸메이트나 상담자와 의논하기, 학업/수업에 적극 참가하기, 내면 집중 줄이기, 사회 참여 늘리기, 신앙에 의존하기, 과외 활동에 참여하기, 적절한 방식으로 보다 자주 자기 느낌 표현하기).

20. 학생에게 충동적인 자해행동에 대한 조절 능력을 얻고 향상시키기 위한 인지 방법(예, 생각 멈춤, 생각 대체 또는 재구성)을 가르친다.

35. 자살이나 자해에 대한 학생의 충동을 모니터한다. 필요하면 보다 체계적이고 집중된 치료를 주선하고 기대한 것만큼 성공적으로 호전을 보이면 강화하도록 한다.

___. ______________________ ___. ______________________

______________________ ______________________

___. ______________________ ___. ______________________

______________________ ______________________

___. ______________________ ___. ______________________

______________________ ______________________

진단 제안

축 I	300.4	기분부전장애
	296.xx	양극성 I 장애
	296.2x	주요 우울장애, 단일 삽화
	296.3x	주요 우울장애, 재발성
	296.89	양극성 II 장애
	312.30	충동조절장애
	______	______________________
	______	______________________
축 II	301.83	경계성 성격장애
	799.9	진단 보류
	V71.09	진단 없음
	______	______________________
	______	______________________

25 성행위 문제 (Sexual Activity Concerns)

행동 정의

1 여러 명의 파트너들과 아무런 정서적인 애착 없이 성행위를 한다.
2 피임하지 않고, 아이에 대한 관심이나, 책임감 없이 성관계를 갖는다.
3 한 파트너와만 성행위를 하지만 서로에 대한 헌신은 없다.
4 안전한 성행위 습관을 갖고 있지 않다.
5 성행위 중이나 직전에 기분과 판단을 전환시키기 위해 마약이나 술을 사용한다.
6 성적인 관계를 신실되고 의미 있는 친밀감과 동일한 것으로 본다.
7 자기가치감이나 기분을 확장하기 위해 성행위를 이용한다.
8 품위를 떨어뜨리고 상처가 되는 성행위에 연루되는 것을 묵인한다.
9 오랫동안 관계를 유지하고, 서로 아끼는 관계에서도 모든 성 접촉을 피하거나 거부한다.
10 성행위 중 생리적 반응 또는 주관적인 만족감이 늘 결여되어 있다.
11 성에 대한 원가족의 태도가 완고하고, 위선적이거나, 그리고/또는 아무런 기준이 없다.

__. ____________________

____

__. ____________________

____

__. ____________________

____

* 이 장 내용의 일부는 Jongsma, Peterson과 McInnis의 『*The Adolescent Psychotherapy Treatment Planner*』에서 인용하였다.

장기 목표

1 건강한 관계를 구성하는 요소들을 이해한다.

2 헌신을 약속하고, 정서적으로 친밀하고, 돌봐주고, 존경하는 관계에서만 성행위에 참여한다.

3 항상 피임과 안전한 성관계를 실천한다.

4 알코올/마약 사용과 건강하지 못한 성 선택 또는 폭력적인 성행위 사이의 관련성을 인식하고 약물 사용을 중지한다.

5 성행위에 대한 즐거움이나 욕구를 증진시킨다.

6 부적응적인 성행위를 초래하게 된 원가족의 갈등을 해결한다.

—. ______________________________

____

—. ______________________________

____

—. ______________________________

____

단기 목적

1 성에 관련된 내력과 현재의 성 활동을 인정한다. (1, 2)

치료 개입

1. 학생으로부터 성관계 파트너 수, 성행위 빈도 수, 피임, 사용된 안전한 성행위 습관, 파트너에 대한 집착 정도, 유년 시절에 얻은 성에 관한 정보 출처, 그리고 첫 성 경험 등에 관한 자세한 내력을 수집한다.

2. 학생 자신의 성생활에 대한 내력과 현재의 활동에 대한 학생의 생각과 느낌을 탐색한다.

2 성에 대한 태도, 느낌 그리고 행동에 영향을 미친 원가족 내에서 겪은 경험에 대한 정보를 제공한다. (3, 4)

3. 성에 대한 생각과 행동에 관한 저항, 죄책감 또는 수치심을 강화하는 학생의 종교적인 훈련의 역할을 조사한다.
4. 성행위에 대한 부정적인 태도 또는 문란함을 주입한 학생의 가족 역할을 조사한다.

3 성 학대의 과거력과 현재의 성행위에 미친 영향력을 밝힌다. (5, 6)

5. 성 학대의 어떠한 과거력이라도 드러낼 수 있도록 학생을 지지한다([7] 아동기에 받은 학대 참조).
6. 학생이 어린 시절의 성 학대 경험과 현재 자신의 성행동 사이에 존재하는 연관성을 찾도록 돕는다(예, 외출 때마다 새로운 사람과의 성관계 또는 성적 요소가 있을 수 있는 어떤 관계에도 참여 거절, 자신이 이미 망가졌기 때문에 성적으로 폭력적이고 위험한 행동에 참여함).

4 건강하지 못한 성적인 태도나 반응 형성에 영향을 준 어린 시절 경험의 역할을 이해한다는 점을 구두로 표현한다. (6, 7)

6. 학생이 어린 시절의 성 학대 경험과 현재 자신의 성행동 사이에 존재하는 연관성을 찾도록 돕는다(예, 외출 때마다 새로운 사람과의 성관계 또는 성적 요소가 있을 수 있는 어떤 관계에도 참여 거절, 자신이 이미 망가졌기 때문에 성적으로 폭력적이고 위험한 행동에 참여함).
7. 부적응적인 성행위 또는 성기능장애

형성에 불건전하거나 학대적인 성에 대한 태도, 메시지 그리고 어린 시절 경험 등이 영향을 주었음을 통찰할 수 있도록 학생을 돕는다.

5 낮은 자존감의 원천과 영향에 대한 통찰을 구두로 표현한다. (8, 9, 10)

8. 학생 자신에 대한 느낌들과 본인이 스스로 자신에 대해 표현하고 행동하는 방식을 탐색한다(23 자존감 부족 참조).
9. 자신의 낮은 자존감의 원천을 확인하도록 학생을 돕는다(예, 학업 실패, 부정적인 신체 이미지, 비건설적인 친구관계, 학대하고 비판적이거나 거부하는 부모).
10. 학생의 성행위에 대한 반응을 자신에 대한 부정적인 느낌과 스스로에 대한 대우와 연관 지어 보도록 학생을 돕는다.

6 자존감을 증진하기 위한 긍정적인 방법들을 확인한다. (11, 12, 13, 14)

11. 성행위를 자신의 자존감을 증진할 수 있는 양육 활동으로 대체하도록 학생을 격려한다(예, 좋아하고 위로가 되는 음식 만들기, 친구들과 좋아하는 영화 감상하기, 자신에게 중요한 미션을 수행할 수 있는 조직에서 자원봉사 활동하기).
12. 학생을 대학 치료 기관이나 지원 그룹에 의뢰한다.
13. 학생이 자신의 신체와의 긍정적인 연결은 물론 성취감을 줄 수 있는 요가, 자기방어 수업, 웨이트와 체력 훈련, 그 외 신체 활동 등에 참여하도

록 학생에게 제안한다.

14. 학생에게 몇 가지 실천 약속 목록을 만들어서 자신의 방의 눈에 띄는 곳에 붙이게 하고 하루에도 여러 차례 큰 소리로 읽도록 한다.

7 정서적 친밀감, 헌신 그리고 열정을 포함한 건강한 관계의 특성들을 확인한다. (15)

15. 사랑에 대한 스턴버그 모델을 사용하여 친밀감, 열정 그리고 헌신 사이의 차이를 이해하도록 돕는다(친밀감 = 가까움, 애정, 유대감; 열정 = 성적 충동, 신체적 접근, 로맨스; 결정/헌신 = 사랑을 유지하고자 하는 약속에 뒤따르는 사랑에 대한 결정 또는 인정). 학생의 현재 관계에서 이러한 구별을 할 수 있는 자신의 능력을 논의한다(16 친밀감/헌신 문제 참조).

8 피임이나 안전한 성행위를 잊어버리거나 거부하여 생기는 위험성을 구두로 표현하고, 앞으로 있을 모든 성행위에서 이러한 행위들을 관찰하도록 약속한다. (16, 17, 18)

16. 학생을 교내 학생건강센터, '준비된 부모모임(Planned parenthood)'과 같은 계획 출산을 장려하는 단체나 지역사회 진료소에 의뢰해서 성병 또는 임신 여부를 검사받고 적절한 치료와 의료 관리를 받도록 한다.

17. 피임과 안전한 성행위에 대한 학생의 행동에 영향을 준 마술적인 생각이나 마음속의 걱정들을 탐색한다(예, 여지껏 임신된 적이 없었기 때문에 임신이 된다는 것은 불가능하다, 콘돔 사용은 성행위 때의 즐거움을 빼앗아 간다, 피임은 여자의 책임이다, 멋진 사람은 절대 성병을 옮기지 않는다). 학생이 이러한 인지 왜

곡을 논박할 수 있도록 돕는다.

18. 피임과 안전한 성행위를 위해 학생이 필요한 처방을 받고 처방전 없이도 약국이나 슈퍼에서 살 수 있는 의약품을 취득하였는지 확인하기 위해 추후에 반드시 점검한다.

9 성적 쾌감을 유도하거나 간섭하는 수단으로 마약/알코올을 사용하는 것을 절제한다. (19, 20, 21)

19. 학생이 성행위 전이나 성행위 중에 마약/알코올을 사용하는 이유를 탐색한다.

20. 마약/알코올이 성행위와 관련된 죄책감과 수치심은 물론 자제력을 잃게 한다는 점을 학생이 인식하도록 돕는다.

21. 학생을 대학 내 AA, NA, OA 또는 ACOA 그룹에 의뢰한다(6 약물 의존/남용 참조).

10 인간의 성 또는 성적 측면에 대한 건강한 수용과 정확한 지식을 구두로 표현한다. (22, 23, 24)

22. 학생에게 성적인 신체 부위, 느낌, 행동에 대해 적절한 언어를 사용하도록 요청한다. 이러한 행동을 격려하기 위해 모델링과 강화 기법을 사용한다.

23. 인간의 성 또는 성적 측면에 대한 정확한 정보를 주는 책(Smith와 Smith의 『*The College Student's Health Guide*』), 성병(www.plannedparenthood.org), 그리고 생물학에 대한 일대기의 영향(Myss의 『*Anatomy of the Spirit*』)에 관한 책을 읽도록 과제를 준다.

24. 학생과 함께 인간의 성적 특질에 대

한 지식을 검토하고 성적 특질에 대해 학문적으로 그리고 긍정적으로 논의할 수 있는 학생의 능력을 강화한다.

11 **선택된, 적절한 그리고 건강한 성행위를 보여 준다.** (25, 26, 27)

25. 특정의 파트너와 성관계를 갖기 전에 정서적 친밀감과 헌신을 형성하도록 학생을 지지한다.

26. 성행위 중에 알코올 또는 마약 사용을 자제하도록 학생을 강화한다.

27. 강하고 긍정적인 관계, 그리고 건강한 성행위를 유지하는 데 필요한 학생의 능력에 대한 염려를 논의하기 위해 학기 동안 매주 만난다.

—. ______________________________

____

—. ______________________________

____

—. ______________________________

____

—. ______________________________

____

—. ______________________________

____

—. ______________________________

____

진단 제안

축 I	300.4	기분부전장애
	305.00	알코올 남용
	308.3	급성 스트레스 장애
	296.xx	양극성 I 장애
	296.89	양극성 II 장애
	301.13	순환성 장애
	313.82	정체감 문제
	304.89	복합물질 의존
	V62.89	발달단계 문제
	V71.09	진단 없음
	799.9	진단 보류
	______	____________________
	______	____________________
축 II	301.50	히스테리성 성격장애
	301.9	달리 분류되지 않는 성격장애
	V71.09	진단 없음
	799.9	진단 보류
	______	____________________
	______	____________________

26 성 정체감 문제 (Sexual Identity Issues)

행동 정의

1 개인적인 성적 기호에 불확실한 느낌을 갖는다.

2 이성 파트너에 대한 관심이나 욕망이 없다.

3 정서적 고통을 야기하는 동성에 대한 성적인 환상과 욕망이 생긴다.

4 혼란, 죄책감 또는 불안을 일으키는, 동성인 사람과 성행위를 즐긴다.

5 기분이 우울하고 대학생활과 학업에 흥미를 잃고 있다는 것을 구두로 표현한다.

6 성적 기호의 불확실성 때문에 야기된 친밀한 관계에서의 갈등을 경험한다.

7 성 정체감 혼란 때문에 죄책감, 수치심, 또는 아무 쓸모도 없다는 느낌을 갖게 되고 이를 구두로 표현한다.

8 중요한 사람들(예, 친구, 룸메이트, 가족)에게 성 정체감을 숨긴다.

9 자신의 성 정체감이 공개되었을 때 대학 내 다른 사람들로부터 받을 부정적인 반응에 대해 걱정한다.

___. ____

____

___. ____

____

___. ____

____

* 이 장 내용의 일부는 Evosevich와 Avriette의 『*The Gay and Lesbian Psychotherapy Treatment Planner*』 성인 부문에 있는 「The Sexual Identity Confusion」에서 인용하였다.

장기 목표

1 성 정체감을 확인하고 보다 폭넓은 관계에 대한 관심을 추구한다.

2 매일매일의 생활과 학업 수행이 손상되지 않도록 성 정체감과 관계 있는 전반적인 불안의 강도를 낮춘다.

3 의미 있는 중요한 사람들에게 성적 기호를 밝힌다.

4 전에 가지고 있던 정서적, 심리적 그리고 사회적 기능 수준으로 복귀한다.

5 우울감의 모든 증세(예, 슬픈 기분, 죄책감, 철수, 무가치감)를 제거한다.

__. ______________________________

____

__. ______________________________

____

__. ______________________________

____

단기 목적

1 대학에 다니면서 경험한 성과 성적 기호에 관한 어려움과 혼란스러운 감정을 논의한다. (1, 2, 3)

치료 개입

1. 성 정체감 혼란에 대한 두려움, 불안 그리고 고통을 확인하고 표현할 수 있는 학생의 능력을 키우기 위해 학생과 지속적인 눈 맞춤, 경청, 무조건적인 긍정적 존중, 그리고 따뜻한 수용을 통해 적극적으로 신뢰를 쌓는다.
2. 대학이라는 환경에서 성 정체감 혼

란에 대한 두려움, 불안 그리고 고통 때문에 일어나는 구체적인 느낌과 문제들을 확인하고 명료화할 수 있도록 학생을 돕는다.

3. 대학 환경에서 성 정체감 혼란에 대한 두려움, 불안 그리고 고통 때문에 겪는 어려움을 줄일 수 있는 학생이 이용하거나 피할 수 있는 기회들을 평가한다.

2 과거에 가지고 있었던 성에 대한 욕구, 환상 또는 경험 등을 공개적으로 논의한다. (4, 5)

4. 어린 시절부터 청소년기를 지나 현재까지 가지고 있는 학생의 과거 성적인 활동, 환상 그리고 생각들을 탐색한다.

5. 자신의 삶에서 지금까지 흥분과 만족, 또는 정서적 기쁨의 원천이었던 성적 경험을 확인하도록 학생을 지원한다.

3 일주일 동안 일어나는 성에 대한 생각들, 환상, 갈등을 일지에 기록하도록 한다. (6, 7)

6. 학생이 성적 매력과 갈등을 좀 더 잘 자각할 수 있도록 돕기 위해 일주일 동안 일어나는 성에 대한 생각들, 환상, 갈등을 일지에 기록하도록 학생에게 과제로 준다.

7. 학생에게 남성과 여성에 대한 성적 매력을 1에서 10까지 있는 척도(10은 매우 매력적인 것, 1은 전혀 매력이 없는 것)로 평가하는 과제를 준다. 다른 사람들과의 상호작용을 근거로 일지에 이러한 평가를 매일 매일 기록하도록 학생에게 요청한다.

4 종교, 문화, 인종 그리고/또는 민족

8. 학생이 속한 문화, 민족 또는 인종 집

적 정체감이 성 정체감의 혼란에 어떻게 영향을 주었는지에 대한 이해 정도를 구두로 표현한다. (8, 9)

단에서는 동성애, 양성애 행동, 또는 정체감을 어떻게 정의하고 바라보는지 탐색한다.

9. 학생이 가지고 있는 종교적 신념들이 자신을 동성애자 또는 양성애자로 확인하는 데 어떻게 갈등을 일으키고, 어떻게 수치심이나 죄책감을 느끼게 하는지를 탐색하도록 한다.

5 대학 환경에서 갖게 되는 성적 기호에 대한 걱정을 논의한다. (10, 11)

10. 과외 활동을 포함한 룸메이트, 팀 동료 또는 동급생들과의 사이에서 일어날 수 있는 잠재적 갈등과 관련한 커밍아웃에 대한 걱정도 검토한다.
11. 학생이 자신의 성 정체감 탐색 때문에 겪은 대인관계에서의 갈등을 탐색한다(예, 놀림, 거부, 멀리하기, 주제 회피하기).

6 성 정체감의 범위에 대한 이해를 구두로 표현한다. (12, 13, 14)

12. 인간의 성의 다양성에 대한 여러 가지 양상을 논의한다(예, 이성애, 동성애, 양성애, 트랜스젠더).
13. 학생에게 앞으로 20년 동안에 있을 삶에 대한 자신의 자서전을 이성애자, 동성애자, 양성애자의 세 가지로 나누어 쓰도록 과제를 내주고 다음 회기에서 그 내용을 검토한다(예, 어떤 삶이 더 만족스럽고 어떤 삶이 더 후회스러울지를 묻는다).
14. 학생에게 Katz의 『*The Invention of Heterosexuality*』를 읽도록 요청한다. 다음 회기에서 내용을 검토한다.

7 자신의 성을 숨기거나 부인하면서 경

15. 학생이 숨기고/부인하는 자신의 성

험하는 부정적인 감정을 확인한다. (15, 16)

에 대한 부정적인 감정을 탐색한다(예, 수치심, 죄책감, 불안, 외로움).

16. 학생이 자신의 성 정체감과 관련해 자살을 생각했는지를 탐색한다. 정신과 입원이나 중요한 사람들로부터 체계화된 24시간 감독을 통해 학생을 자해에서 보호할 수 있는 예방책을 강구한다(27 자살 사고 참조).

8 안전한 성 습관에 대한 이해를 구두로 표현하고 이를 실제로 실천하도록 한다. (17, 18)

17. 안전한 성 습관 실천 지침서의 자세한 내용을 가르치고 앞으로의 모든 성적인 활동에서 이 내용을 따르도록 격려한다.

18. 학생에게 안전한 성 습관을 실천하도록 모니터하고 성공한 것은 강화하고 실패한 것은 재수정하도록 한다.

9 동성애나 양성애 그리고 이성애와 관련된 열 가지 근거 없는 신념에 대한 목록을 작성하고 보다 현실적인 균형 잡힌 관점에 대해 논의한다. (19)

19. 동성애나 양성애와 관련된 열 가지 근거 없는 신념을 확인하고 이를 보다 현실적이고 긍정적인 관점으로 대체하도록 돕는다.

10 학생의 성적 기호에 대한 가족들의 반응을 예상하여 논의한다. (20, 21)

20. 학생의 가족이 학생의 성적 기호를 알았을 때 어떻게 반응할지에 대해 논의하고 자신의 반응 방식들을 계획한다.

21. 자신의 가족에게 밝히려는 자신의 성 정체감에 대한 내용, 각 가족 구성원이 그 내용에 대해 보일 수 있는 반응을 자세히 기록하도록 학생에게 과제로 준다.

11 학생의 삶에서 의미 있는 중요한 사람들에게 성적 기호를 밝힘으로써 언

22. 학생에게 의미 있는 중요한 사람들(예, 가족, 룸메이트, 동급생, 팀메이

는 이익과 불이익 목록을 작성한다. (22, 23, 24)

트, 친구들)에게 성적 기호를 밝힘으로써 얻는 이익과 불이익 목록을 작성하도록 과제를 준다. 다음 회기에서 그 목록을 검토한다.

23. 의미 있는 중요한 사람들에게 자신의 성적 기호를 밝히기 위해 역할극과 역할전환을 사용한다. 이런 연습 과정에서 경험하는 느낌들을 상세히 검토한다.

24. 학생에게 동성애에 대한 정확하고 긍정적인 메시지를 주는 책을 읽도록 과제를 준다(예, Marcus의 『*Is It a Choice? Answers to 300 of the Most Frequently Asked Questions about Gays and Lesbians*』, Signorile의 『*Outing Yourself: How to Come Out as a Lesbian or Gay to Your Family, Friends, and Coworkers*』, Eichberg의 『*Coming Out: An Act of Love*』). 다음 회기에서 읽은 자료들에 대한 반응을 상세히 검토한다.

12 신뢰할 만한 정보들을 수집한 후 동성애자 또는 양성애자들의 삶에 대해 이해가 증가된 점을 구두로 표현한다. (24, 25, 26, 27)

24. 학생에게 동성애에 대한 정확하고 긍정적인 메시지를 주는 책을 읽도록 과제를 준다(예, Marcus의 『*Is It a Choice? Answers to 300 of the Most Frequently Asked Questions about Gays and Lesbians*』, Signorile의 『*Outing Yourself: How to Come Out as a Lesbian or Gay to Your Family, Friends, and Coworkers*』,

Eichberg의 『*Coming Out: An Act of Love*』). 다음 회기에서 읽은 자료들에 대한 반응을 상세히 검토한다.

25. 학생에게 양성애자나 게이/레즈비언들이 건강하고 행복하게 묘사된 영화나 비디오를 보도록 숙제를 준다(예, 〈Desert Hearts, In and Out〉 〈Jeffery〉 〈When the Night Is Falling〉). 다음 회기에서 학생의 반응을 상세히 검토한다.

26. 학생에게 인터넷 웹 사이트를 조사해 게이/레즈비언의 생활습관이나 양성애자들에 관한 정보를 모으도록 숙제로 내준다. 다음 회기에서 학생의 반응을 상세히 검토한다.

27. 학생에게 숙제로 게이/레즈비언, 또는 양성애자에 관한 책들을 읽어 보도록 한다(예, 『*The Advocate*』). 다음 회기에서 학생의 반응을 상세히 검토한다.

13 자신을 동성애자나 양성애자로 밝히고자 하는 사람들을 위한 지지 집단이나 토론 그룹에 참여한다. (28)

28. 학생에게 그 지역의 게이와 레즈비언 공동체 서비스 센터, AIDS Project, 또는 그 외 적절한 단체에 있는 커밍아웃 지원 그룹에 참여하도록 제안한다. 그룹에 참여했던 경험을 학생과 검토한다.

14 대학 내 양성애자, 또는 게이와 레즈비언들의 활동에 관한 정보를 찾아본다. (29, 30)

29. 학생이 강의실, 지지 집단, 또는 그 외 장소에서 만난 대학 내 양성애자, 게이, 레즈비언 학생들과 교류하도록 격려한다.

30. 학생에게 게이와 레즈비언 집단, 그리고 그들의 대학 내 활동 상황을 확인하도록 지원한다. 학생이 이 그룹들과 접촉하도록 격려하고 그 경험을 검토한다.

15. 성 정체감과 관련된 두려움에 대한 행동 대처 전략을 실행한다. (31)

31. 학생이 성 정체감 혼란, 커밍아웃과 연관된 자신의 두려움, 불안 그리고 고통에 대한 행동 대처 계획(예, 자기주장이나 사회적 기술 배우기, 네트워크 형성을 위한 사회 접촉을 주도적으로 시작하기, 지원 그룹과 접촉하기)을 개발하도록 지원한다.

16. 성적 기호와 관련된 혼란스러운 감정을 유발하는 왜곡된 자기대화를 확인하고 대체한다. (32, 33)

32. 성 정체감 혼란에 따른 두려움, 불안, 고통을 유발하거나 중재하는 학생의 부정적이고 왜곡된 자기대화를 확인하도록 학생을 지원한다(예, '내가 진정으로 사랑할 수 있는 사람을 결코 찾지 못할 것이다.' '내 가족이 나의 성 정체감을 알게 되면 기절할 정도로 놀랄 것이다.').

33. 학생에게 성 정체감 혼란에 따른 두려움, 불안, 고통을 다루기 위해 보다 합리적인 접근에 대한 감각을 키우도록 현실적이고 긍정적인 자기대화를 가르친다(예, '나는 내가 사랑할 수 있고, 나를 사랑하는 그 누군가를 찾을 수 있을 것이다.' '내 가족들은 처음에 충격을 받겠지만 시간을 갖고 계속 대화하면 그들도 나를 이해하게 될 것이라고 확신한다.').

17 성적 기호와 관련해 효과적인 의사소통을 저해하는 비합리적인 신념을 확인하고 대체한다. (34, 35)

34. 성 정체감 혼란에 대한 두려움, 불안, 고통을 극복하는 데 방해가 되는 자신의 비합리적인 신념을 확인하도록 학생을 지원한다(예, '만약 이 사실이 알려지면 나는 파멸할 것이다.' '친구들은 이 사실을 알자마자 즉시 나를 쓰레기처럼 버릴 것이다.' '만약 코치가 이 사실을 알면 나는 팀에서 쫓겨날 것이다.').

35. 성 정체감 혼란에 따른 두려움, 불안, 고통을 줄이기 위해 자신의 비합리적인 신념을 합리적으로 재구성하도록 학생을 가르친다(예, '오늘날 대부분의 사람들은 그런 일에 정말로 화를 내시는 않는나.' '친구들은 처음엔 놀랄지도 모르지만, 가장 친한 친구는 이미 알고 있을지도 모르고, 우여곡절이 있을 수 있겠지만 나와 계속 친구관계를 유지할 것이다.' '코치는 운동장에서는 거칠지만, 확신하건대 개인적으로는 정말로 개의치 않을 것이다.').

18 동성애나 양성애에 대한 공개에 대해 긍정적인 반응을 보일 것 같은 친구 한 사람을 확인한다. (36, 37)

36. 학생에게 동성애나 양성애를 받아들일 것 같은 친구를 적어도 한 명은 확보하기를 권한다.

37. 친구에게 성적 기호를 밝히기 이전에 게이/레즈비언의 권리와, 실험적으로 다룬 비슷한 문제를 가볍게 이야기하는 시간을 갖도록 학생에게 권한다.

19 작성한 계획에 따라 의미 있는 중요

38. 학생에게 자신의 성적 기호를 밝히

한 사람들에게 성적 기호를 밝힌다. (38, 39, 40)

기 위한 자세한 계획, 즉 누구에게, 언제, 어디에서 밝힐 것인지, 그리고 그 이야기를 듣는 사람들이 할 수 있는 질문들과 반응 등을 포함하는 기록을 하도록 숙제를 준다.

39. 계획에 따라 친구들, 룸메이트 또는 가족에게 자신의 성적 기호를 밝히도록 격려한다.

40. 학생이 밝힌 동성애 또는 양성애에 대한 의미 있는 중요한 사람들의 반응들(예, 수용, 거부, 경악)을 검토하고 다룬다. 격려와 긍정적인 피드백, 그리고 지지를 제공한다.

20 자기 자신이 되도록 격려하고 도와줄 수 있는 기숙사 내 지지체계를 확인한다. (41, 42)

41. 성 정체성 혼란에 따른 두려움, 불안, 고통을 줄이는 데 유용한 동료 자원(예, 게이/레즈비언 토론 집단, 관계 토론 집단, 타인 수용 교육 모임)을 탐색한다.

42. 성 정체감 혼란에 따른 두려움, 불안, 고통 그리고 특히 잠재적인 룸메이트 문제들을 다루는 데 학생에게 조언을 줄 수 있는 행정 직원(예, 기숙사 조언자 또는 기숙사 책임자)의 지원을 탐색한다.

__. ______________________

____

__. ______________________

____

__. ______________________

____

__. ______________________

____

__. ______________________

____

__. ______________________

____

진단 제안

축 I	309.0	우울감 동반 적응장애
	309.28	혼재성 불안과 우울감 동반 적응장애
	300.00	달리 분류되지 않는 불안장애
	309.24	불안 동반 적응장애
	300.4	기분부전장애
	302.85	성 정체감 장애
	300.02	범불안장애
	313.82	정체감 문제
	396.2x	주요 우울장애, 단일 삽화
	296.3x	주요 우울장애, 재발성
	V62.89	발달단계 문제
	V61.20	부모-자녀 관계 문제
	302.9	달리 분류되지 않는 성적 장애
	______	______
	______	______
축 II	301.82	회피성 성격장애
	301.83	경계성 성격장애
	301.81	자기애성 성격장애
	799.9	진단 보류
	V71.09	진단 없음
	______	______
	______	______

27 자살 사고 (Suicidal Ideation)

행동 정의

1 자신의 죽음에 대해 계속해서 반복적으로 생각하고 집착하는 것을 경험한다.

2 아무런 계획 없이 지속적이거나 반복적인 자살 사고를 경험한다.

3 구체적인 계획을 가지고 있는 만성적인 자살 사고를 말한다.

4 최근에 자살을 시도했다.

5 최근의 삶에서 겪은 고통스러운 사건들과 관련 있는 처절하고 절망적인 태도를 지속적으로 표현한다(예, 부모의 이혼, 가까운 친구나 사랑했던 사람이나 가족의 죽음, 대학 환경이나 사회 또는 학업에서의 심각한 좌절).

6 전문적인 또는 가족/친구의 관여가 어느 정도 필요한 자살 시도의 과거력을 가지고 있다(예, 병원 입원, 외래진료, 응급진료, 또는 염려하는 사람들의 근접 감시).

7 자살의 가족력이 있다.

8 우울감에서 극적으로, 그리고 갑자기 낙천적으로 바뀌고 갈등이 완전히 해결되지 않았음에도 평화로운 기분에 젖는다.

9 자살 수단에 쉽게 접근한다(예, 위험한 약 복용, 권총과 탄환, 또는 불법 약물).

10 자살 예방 계약이나 합의에 동의하지 않는다.

11 학업 그리고/또는 과외 활동은 물론 동급생, 친구 또는 가족들에 대한 무관심과 사회적 철수를 보인다.

12 개인의 안전은 무시하고, 정서적 고통에서 벗어나기 위해 결사적인 시도를 의미하는 자기 파괴 행동 양상(예, 위험한 약물이나 알코올 남용, 난폭한 운전, 공격성)을 현저하게 보인다.

__. ______________________________

____

—. ______________________________

____

—. ______________________________

____

장기 목표

1 자살 충동이나 사고를 줄이고 전에 가졌던 최고 수준의 일상적인 기능으로 돌아간다.

2 자살 위기에 대처하기 위해 적절한 수준의 보살핌을 받아들인다.

3 미래도 포함해서 자신, 삶, 학업 그리고 사회 활동에 대한 희망을 다시 갖는다.

4 자살 사고나 증후에 빠지게 하는 위기 상황에 대처하는 적응 방법을 개발한다.

5 고통이나 슬픔에 빠져 있는 동안에는 가족, 룸메이트, 친구, 상담자 또는 그 밖의 지지체계와 감정을 공유한다.

—. ______________________________

____

—. ______________________________

____

—. ______________________________

____

단기 목적

1. 자살하려는 느낌의 강도, 자살하려는 생각의 빈도, 그리고 구체적인 계획들에 유념하면서 자살에 대한 생각이나 시도를 하게 만든 관계, 사회 또는 정서 사건들을 논의한다. (1, 2, 3)

2. 개인 또는 가족의 기분장애와 자살행동의 과거력을 확인한다. (4, 5, 6)

3. 만약 자살 욕구가 심각하게 나타나면 (자살 예방 계약의 한 부분으로) 상담자, 상담센터, 응급지원, 위기 전화, 또는 적절한 가족 구성원이나 친구 등과 접촉하겠다는 약속을 구두로 표현한다. (7, 8)

치료 개입

1. 생각과 느낌을 확인하고 표현하는 학생의 능력을 키워 주기 위해 지속적인 눈 맞춤, 적극적인 경청, 무조건적인 긍정적 존중, 그리고 따뜻한 수용 등을 통해 학생과의 신뢰 수준을 적극적으로 쌓는다.
2. 대학 환경에서 자해하고 싶은 느낌을 갖게 하는 현재의 문제들을 확인하고 명료화하도록 학생을 돕는다. 강렬한 자살 욕구와 구체적인 자살 계획을 탐색한다.
3. 처음으로 혼자 살아감으로 해서 야기되는 학생의 고통을 탐색하고 그런 환경이 어떻게 자살하고 싶은 자신의 느낌과 연관되는지 알아본다.
4. 학생이 보였던 과거의 자살 사고와 자살 시도를 탐색한다.
5. 과거에서 현재까지 학생이 자해 느낌에 대처했던 과정을 탐색한다.
6. 정서장애와 자살행동에 대한 가족 구성원의 어떠한 증거라도 가족력에서 살펴본다.
7. 만약 자살 욕구가 강해지고 자해행동이 일어날 것 같으면 상담자, 병원 응급실 또는 위기 도움 전화 등에 접촉하도록 학생과 약속한다. 학생에게 24시간 통화가 가능한 응급 위기 도움 전화번호를 알려 준다.

8. 학생에게서 적절한 동의를 받은 후, 학생의 룸메이트, 가족 또는 의미 있는 중요한 사람들과 예방 행동에 대한 약속을 공유한다.

4 자살 욕구가 조절할 수 없을 정도로 심하면 입원치료 도움을 받는다. (9)

9. 자신에게 조절할 수 없는 위해를 가할 위험이 있다고 판단되면 입원치료를 준비한다.

5 쉽게 접근할 수 있는 치명적인 무기나 위험한 물건을 제거한다. (10)

10. 학생 방에서 잠재적으로 위험할 수도 있는 약물, 마약, 물건들을 제거하도록 한다. 가능하면, 학생의 룸메이트나 가족과 함께 그 물건들이 처리되었는지 확인한다.

6 항우울제의 필요성에 대한 판단 평가에 협력하고 처방된 대로 약을 복용한다. (11, 12)

11. 학생을 정신과 의사에게 의뢰해서 학생의 우울증, 치명적 수준, 자살 가능성, 그리고 정신약리학적 개입의 필요성 등을 평가한다. 정신과적인 평가를 완수해 내는지 모니터한다.

12. 처방받은 향정신성 약물을 잘 복용하고 있는지의 여부와, 약효 또는 부작용을 모니터한다. 학생의 동의하에 규칙적으로 약을 처방한 의사와 협의한다.

7 현재의 정서적 · 인지적 기능을 평가하기 위해 심리평가를 완수하고 감별진단에 도움을 준다. (13)

13. 학생의 정신과 정서 상태에 대한 정신의학적 평가를 수행(또는 준비)한다. (적절하게 동의를 얻은 후) 가족, 상담의사, 적절하다고 판단되면 학생에게 결과를 전달한다.

8 자살에 대한 긍정적인 이유, 반대하는 이유, 그리고 결과에 대한 목록을 작성한다. (14, 15, 16)

14. 자살에 대한 긍정적인 이유, 반대하는 이유, 그리고 결과에 대한 목록을 작성하도록 학생에게 요청한다.

15. 학생이 현재 느끼는 자살 우울증을 유발한 사건들을 포함해서, 초기 유년 시절부터 시작하는 간단한 자서전을 쓰도록 학생에게 요청한다.

16. 현재 학생의 위기 상황의 정점에서 자신의 모습을 그려 보도록 학생에게 요청한다. 이를 검토한다.

9 삶의 긍적적인 측면을 열거하고 논의한다. (17, 18)

17. 학생이 자신이 대학에 있는 동안 이룬 성공과 그동안의 삶 속에 존재했던 사랑의 원천과 관심사들을 확인하도록 돕는다. 학생의 (대학 환경 안팎의) 삶에서 긍정적인 측면의 목록을 기록하도록 요청한다.

18. 자신의 긍정적인 특성에 초점을 맞추는 학생의 능력을 강화하고, 비현실적이고 부정적인 직관은 자제한다.

10 자해 느낌을 유발하는 왜곡된 자기대화를 확인하고 대체한다. (19, 20, 21)

19. 자살 사고 또는 자해 느낌을 유발하거나 중재하는 학생의 부정적이고 왜곡된 자기대화를 확인하도록 학생을 돕는다(예, '내가 죽든 말든 아무도 관심이 없다.' '만일 내가 죽으면, 실제 그들에게 보여 주면, 그들이 나에게 했던 짓을 미안해할 것이다.' '상황이 결코 좋아지지 않을 것이다.').

20. 학생의 삶에서 긍정적인 면을 증가시키기 위해 현실적이고 긍정적인 자기대화를 가르친다(예, '나는 다소 문제를 가지고 있지만 내 문제를 보다 효과적으로 다룰 수 있고, 새로운 방법을 배울 능력이 있는 꽤 지적인

사람이다.' '때때로 문제가 전혀 개선 되지 않는 것처럼 보이지만, 도움과 지원 그리고 노력을 통해서 이것들은 개선될 것이다.').

21. 자기패배적인 사고(예, 절망감, 무력감, 가치 없음, 혼란감 또는 부정적인 미래 예측)를 매일 기록하도록 학생에게 요청하고, 각 생각이 가지는 정확성을 따져 보고, 각각의 역기능적인 사고를 긍정적이고 자아성장을 이룰 수 있는 생각으로 대체한다.

11 갈등 상황을 다루기 위해 자기주장과 문제해결 기술을 실행한다. (22, 23)

22. 학생의 삶 속에서 겪은 상황을 극복할 수 있게 힘을 실어 줄 수 있는 방법으로 자기주장 기술을 학생에게 가르친다. 자기주장을 실행하도록 하고 성공한 것은 강화하고 실패한 것은 재수정하도록 한다.

23. 학생에게 문제해결 기술을 가르친다. ① 행동적인 용어로 문제의 확인 또는 명료화하기, ② 가능한 대안적인 해결책에 대한 공동의 브레인스토밍과 각각의 장단점에 대해 검토하기, ③ 실행할 수 있는 대안책을 공동으로 마련하기, ④ 상호 만족이라는 관점에서 결과 평가하기, ⑤ 필요하다면 서로의 만족을 증진시키기 위한 해결책 조정하기

12 새로운 기술의 실행을 통해 사회적 상호작용을 증가시킨다. (24, 25)

24. 사회적 관계를 주도하고 유지하는 데 사용할 수 있는 사회성 기술을 역할극과 모델링 기법을 사용하여 가르친

다. 하루 한 번의 접촉을 시도하도록 과제를 주고, 성공한 것은 강화하고 실패한 것은 재수정하도록 한다.

25. 학생이 자신의 사회적 네트워크를 만들 기회를 찾아보도록 돕는다(예, 대학 활동, 클럽 또는 조직, 학내 동아리, 취미, 교회나 유대교회 활동, 기숙사 모임). 학생에게 일주일에 두 번 참석하도록 과제로 준다.

13 자해 느낌을 극복하기 위한 행동과 예방 대처 전략을 실행한다. (26, 27)

26. 학생에게 자신의 자살 유발에 대한 적응적인 반응을 가르친다(예, 룸메이트나 상담자와 상의하기, 달리기, 또는 안전하지만 육체적으로 지치는 활동하기).

27. 자살 사고를 피하기 위한 예방 전략을 개발하도록 학생을 돕는다(예, 신체적 운동에 더 많은 시간 쓰기, 학업/수업에 보다 몰두하기, 내부 성찰에는 시간 덜 쓰기, 사회 참여와 과외 활동에 더 많은 시간 쓰기, 적절한 방식으로 감정표현 더 자주 하기). 이러한 전략의 실행을 격려하고 결과에 대한 추적 모니터를 하도록 한다.

14 효과적인 문제해결을 막는 비합리적인 신념 또는 자해 느낌을 갖게 하는 감정표현을 확인하고 대체한다. (28, 29, 30)

28. 자살 사고 또는 자해 느낌에 효과적으로 대처하는 데 장애가 되는 학생의 신념을 확인하도록 돕는다(예, '나는 죽어 없어지는 게 좋다.' '이 고통을 벗어나기 위해서는 죽는 수밖에 없다.').

29. 자살 사고나 자해 느낌에 대한 장애

물들을 제거하기 위해 학생의 비합리적인 신념을 합리적으로 재구성하도록 학생을 가르친다(예, '나는 우울하지만 이런 기분 이후에도 더 많은 희망을 갖게 되는 경우들도 있다.' '나를 진정으로 돌봐주는 사람들이 이곳, 대학에도 일부 있다.').

30. 학생의 인지 과정에서 보이는 파국화 경향을 확인하고 직면하여 고통스러운 상황을 맞닥뜨려도 현실적인 희망의 시각을 수용하게 한다.

15 자해 느낌이 나타나는 동안 격려하고 도와줄 수 있는 기숙사 환경에서의 지지체계를 확인한다. (31)

31. 자살 사고나 자해 느낌이 통제할 수 없을 정도로 심해지면 학생에게 도움을 줄 수 있는 행정 직원(예, 기숙사 조언자 또는 기숙사 책임자)의 지원을 찾아보도록 학생을 돕는다.

16 가족과 관계된 갈등을 느끼고 확인하도록 가족치료 회기에 참석한다. (32, 33, 34)

32. 학생의 자살 사고에 영향을 준 가족 관련 원인을 확인하기 위해 가족치료 회기를 갖는다.

33. 학생의 가족관계와 관련된 학생 자신의 실망감을 면밀히 조사한다.

34. 학생의 중요한 사람들, 룸메이트, 가족, 친구들을 만나 학생이 겪는 고통에 대한 원인을 그들이 어떻게 이해하는지 평가한다.

17 가족 구성원들은 학생의 자살 위기에 대해 이해한다고 표현한다. (35, 36, 37, 38)

35. 학생의 가족들에게 우울감의 징조와 학생에게 정서적 지원을 제공하는 방법들을 교육한다.

36. 학생이 느끼는 슬픔, 마음의 상처, 또는 분노 등에 대한 대화를 증진시키

기 위해 가족치료 회기를 수행한다.

37. 적절한 동의를 받은 후, 학생에게 자살 사고가 다시 일어날 수 있다는 점에 유의할 것을 가족 구성원들에게 가르치고(예, 자살 위협, 죽음에 대한 집착, 심각한 사회와의 격리) 치료 반응 방법(예, 상담자, 응급 치료 서비스와 계약)을 제공한다.

38. 학생의 자살 사고에 대해 그의 가족, 룸메이트 또는 적절한 의미 있는 중요한 사람들에게 알린다. 적절하다고 생각되면 위기가 없어질 때까지 24시간 자살 감시를 요청한다.

18. 영양가 있는 규칙적인 식사, 수업 출석, 매일 밤 6~8시간 수면, 그리고 사회생활 등을 통해 사회적 기능과 자기 돌봄을 개선시킬 수 있다는 점을 보여 준다. (39, 40, 41, 42)

39. 매일의 생활, 운동, 사회적 접촉 유지, 좋은 영양 섭취 등을 추적 관리하는 것의 중요성을 학생에게 강조한다.

40. 학생이 규칙적으로 일어나고 대학과 수업의 정규적인 활동에 참가하도록 긍정적으로 강화한다.

41. 낮 동안의 스트레스를 줄이고 밤에 잘 수 있도록 학생에게 이완 기법을 가르친다(예, 점진적인 근육 이완, 심상 유도 기법).

42. 학생의 수면 패턴을 모니터하고, 원기를 회복하고 편히 쉴 수 있는 수면을 유도하기 위해 자기 몸을 조절하는 생체자기제어, 자기최면 그리고 그 외 방법들을 교육한다.

19. 자살 사고가 없고 자신과 미래에 대해 희망을 가지게 된 점을 구두로 표

20. 학생의 삶에서 긍정적인 면을 증가시키기 위해 현실적이고 긍정적인

현한다. (20, 27, 29, 43)

—. ______________________

____

자기대화를 가르친다(예, '나는 다소 문제를 가지고 있지만 내 문제를 보다 효과적으로 다룰 수 있고, 새로운 방법을 배울 능력이 있는 꽤 지적인 사람이다.' '때때로 문제가 전혀 개선되지 않는 것처럼 보이지만, 도움과 지원 그리고 노력을 통해서 이것들은 개선될 것이다.').

27. 자살 사고를 피하기 위한 예방 전략을 개발하도록 학생을 돕는다(예, 신체적 운동에 더 많은 시간 쓰기, 학업/수업에 보다 몰두하기, 내부 성찰에는 시간 덜 쓰기, 사회 참여와 과외 활동에 더 많은 시간 쓰기, 적절한 방식으로 감정표현 더 자주 하기). 이러한 전략의 실행을 격려하고 결과에 대한 추적 모니터를 하도록 한다.

29. 자살 사고나 자해 느낌에 대한 장애물들을 제거하기 위해 학생의 비합리적인 신념을 합리적으로 재구성하도록 학생을 가르친다(예, '나는 우울하지만 이런 기분 이후에도 더 많은 희망을 갖게 되는 경우들도 있다.' '나를 진정으로 돌봐주는 사람들이 이곳, 대학에도 일부 있다.').

43. 미래를 위한 학생의 희망 선언을 모니터하고 강화한다.

—. ______________________

____

___. ________________ ___. ________________

________________ ________________

___. ________________ ___. ________________

________________ ________________

진단 제안

축 I	296.2x	주요 우울장애, 단일 삽화
	296.3x	주요 우울장애, 재발성
	296.xx	양극성 I 장애
	300.4	기분부전장애
	296.89	양극성 II 장애
	____	________________
	____	________________
축 II	301.83	경계성 성격장애
	799.9	진단 보류
	V71.09	진단 없음
	____	________________
	____	________________

28 시간관리 (Time Management)

행동 정의

1 수업, 직장, 회의 그리고 사교 모임에 계속해서 늦게 도착한다.

2 과제를 완수하는 데 필요한 시간을 비현실적으로 짧게 갖는다.

3 마감 시간을 맞추기 위해 시간에 맞게 과제를 수행하기 위한 사전 계획을 만들어 내는 데 실패한다.

4 프로젝트, 논문, 읽기 또는 그 외 과제들을 완수하기 위한 계획에 전념하지 못한다.

5 마감일이나 제출 날짜까지 일을 완수하지 못한다.

6 마감일을 한참 넘겨서 과제를 완수하거나 전혀 완수하지 못한다.

7 시간을 어떻게 사용했는지 정확하게 지각하지 못한다.

8 학업성취에 대한 부정적인 효과를 예측하면서도 미룬다.

9 대인관계에 긴장을 만들어 내면서도 시간을 못 맞춘다.

10 모임 시간에 대한 약속 후에도 계속 늦게 참석하는 것에서 보이듯이 다른 사람의 시간을 존중하지 않는다.

___. ____

____

___. ____

____

___. ____

____

장기 목표

1 어떻게 시간을 전형적으로 보내는지에 대한 현실적인 평가 방법을 개발한다.

2 성공적인 시간관리를 자신에 대한 책임으로 인식한다.

3 성공적인 시간관리에 방해가 되는 특정한 장애물들을 확인한다.

4 시간관리 문제들을 극복하기 위해 구체적인 전략을 채택한다.

5 학업 수행 개선에 기여하는 요소로 시간 맞추기를 향상시킨다.

6 다른 사람의 시간을 존중하는 것을 보여 대인관계에서의 긴장감을 줄인다.

___. ____

____

___. ____

____

___. ____

____

단기 목적

1 자신의 시간관리 부족의 특성과 결과들을 기술한다. (1, 2, 3)

치료 개입

1. 효과적인 시간관리의 어려움을 나타내는 구체적인 사건들을 자세히 말하도록 학생에게 요청한다.
2. 학생이 자신과 다른 사람들의 비효과적인 시간관리로 인한 부정적인 결과를 확인하도록 돕는다. 학생이 경험한 목록을 작성하도록 요청한다.
3. 학생의 비효과적인 시간관리에 따른

부정적인 결과에 대해 정서와 행동 반응들을 탐색한다.

2 시간관리 패턴을 평가하기 위해 기록을 계속한다. (4, 5, 6)

4. 적어도 2주 동안은 30분 단위로 모든 활동 상황을 기록하도록 학생에게 시간일지 작성하기를 과제로 준다.
5. 어느 주어진 날의 문제 영역을 확인하도록 학생에게 요청하면서, 학생의 시간일지를 매일 검토한다.
6. 학생 자신에게 가장 커다란 어려움이나 상실을 가져다준 시간관리 패턴(예, 미루기, 비효율성, 느린 속도, 주의산만 또는 계획 부족)을 확인하도록 학생을 돕는다.

3 시간관리 주제에 대처하기 위한 계획을 세운다. (7, 8, 9, 10)

7. 앞으로 2주 동안 약속 이행과 책임감을 보일 목록을 작성하도록 학생에게 요청하고, 현재의 시간관리 패턴 중에서 문제를 야기할 것 같은 영역을 확인하도록 한다.
8. 학생이 검토한 시간관리상의 문제점들을 순위와 차례대로 정리하도록 하고, 효과적으로 기능하지 못하게 가장 방해하는 패턴을 맨 위에 놓도록 한다.
9. 학생이 작성한 각각의 시간관리 문제들을 확인하고 이에 대한 해결책을 기록하도록 돕는다. 다음 2주 동안 해결책들이 실행될 수 있도록 전념할 것을 간절히 요청한다.
10. 학생에게 시간관리 기법에 관한 읽을거리(예, Burka와 Yuen의 『*Pro-*

crastination』, Hettich의 『*Learning Skills for College and Career*』에 실린 「Take Charge of Your Time」)를 제공하고 중요 관심사를 나타낼 수 있는 기법을 선택하도록 요청한다. 책을 통해 얻은 아이디어들을 검토하고 실행에 대한 약속을 얻는다.

4 시간낭비 행동의 패턴을 확인한다. (4, 11)

4. 적어도 2주 동안은 30분 단위로 모든 활동 상황을 기록하도록 학생에게 시간일지 작성하기를 과제로 준다.

11. 효율적인 시간 활용과 낭비적인 시간 활용에 대한 학생의 개인적인 경향에 각별히 주의를 기울이면서, 학생이 작성한 시간일지를 함께 분석하고, 시간 활용은 늘리면서 시간 낭비는 없애기 위한 방법을 브레인스토밍한다.

5 가까운 시일 내에 완성되도록 요청되는 일과 과제, 약속들을 목록으로 작성한다. (12, 13)

12. 학기 중의 모든 학교, 일, 단체 그리고 개인적인 약속사항의 목록을 작성하도록 요청하고, 학생이 매 회기에 가져올 수 있도록 커다란 일정표에 적는다.

13. 현재 수강하고 있는 모든 수업에 대한 시험, 논문, 발표 그리고 그 외 중요한 과제들을 적으면서 각 과목의 강의 계획서를 검토한다.

6 대형 과제나 프로젝트들을 제때에 맞춰 완수하기 위해 필요한 도구들을 사용한다. (14, 15, 16)

14. 일정 기간 동안 각 시험과 과제의 결과에 대한 목표를 기록하도록 하고, 이런 목표를 달성하기 위해 필요한 계획된 활동 목록 역시 기록하도록

학생을 격려한다.

15. 학생이 계획한 시간관리 활동들을 일정으로 잡고 시행하도록 학생의 일정표에 옮겨 쓸 것을 요청한다.

16. 기록된 주당 시간일지가 일정표에 있는 목표와 활동(예, 계획된 [일정표/시간표] 공부, 연구 또는 쓰기 시간 수와 실제 일어난 [주당 시간일지] 시간 수 사이에 차이가 나는 상황이나 문제가 무엇이었는지)을 정확하게 반영할 수 있는 방법들을 결정하도록 학생을 돕는다.

7 미루는 습관을 유발하는 생각과 감정을 확인하고 교체하도록 한다. (17, 18, 19)

17. 학생의 자아개념을 형성하는 데 영향을 준 개인적인 성공과 실패 그리고 미루는 습관에 대해 논의하도록 학생을 격려한다.

18. 긍정적인 자기대화와 긍정을 사용하여 실패로 촉발된 힘든 감정을 재구성하도록 학생을 돕는다.

19. 미루는 습관을 유발한 감정을 확인하도록 학생을 격려하고(예, 완벽 추구, 실패에 대한 두려움, 다른 사람의 비판 또는 성공에 대한 비판적 검토), 이런 행동 때문에 허비된 시간을 줄이기 위해 예방 차원에서 어떤 사전행동을 할 것인지 써 보도록 격려한다.

8 과제나 목표의 성취를 위해 필요한 조직화된 기술을 실행한다. (20, 21, 22)

20. 학생이 공부하기에, 그리고 학업성취를 이루기에 도움이 되는 최적의 공간을 적어 보도록 요청한다. 이러

한 공간을 만들고 유지하기 위한 결정을 하도록 학생을 지원한다.

21. 과제를 시작할 때 조직화된 느낌을 유지할 수 있게 하는 필요한 도구들(예, 서류철, 파일, 이동식 디스크, 노트북 또는 읽기와 쓰기 자료)을 확인하고 준비해 놓도록 학생을 돕는다.
22. 일의 우선순위를 정하기 위해 학생이 일정표를 참조하도록 한다.

9 일의 완수와 목표 달성을 위해 책임지겠다고 구두로 표현한다. (23, 24, 25)

23. 학생에게 의사결정 방식에 대한 정보를 제공하여 자신의 독특한 방식(예, www.byu.edu/ccc/career/decsion.sthml에서 참조한 Dinklage의 분류에 따라 충동적인 결정자: '지금 결정하고 나중에 생각하자.' 운명론적인 결정자: '될 대로 될 것이다.' 순종적인 결정자: '네가 그리 말한다면 네가 원한다면.' 미루는 결정자: '나중에 생각해 보겠다.' 고통스러운 결정자: '고려해야 할 정보가 너무 많아 결정할 수가 없다.' 직관적 결정자: '올바른 결정같이 느껴진다.' 안전제일 결정자: '위험이 거의 없는 선택을 할 것이다.' 계획적인 결정자: '나는 내 자신의 삶에 책임이 있고 내가 자신의 주인이다.')의 장점과 단점을 확인하도록 요청한다.
24. 학생이 자신을 상황의 피해자로 여겼던 경험에 주목하면서 최근 달성했던 과제나 목표를 탐색한다.

25. 학생이 피해자로서의 역할을 거부하고 자신의 선택에 대한 책임과 그에 따른 결과를 받아들이도록 지도한다.

10 잘못된 시간관리로 상처받은 사람들에게 보상하기 위해 접촉한다. (26, 27, 28)

26. 학생의 비효과적인 시간관리 결정으로 부정적인 영향을 받은 사람들을 확인하도록 격려한다.

27. 학생이 보상한다는 목표를 가지고, 이러한 관계를 보다 건전하고 보다 동등한 관계로 유지하기 위해 이러한 사람들에게 접촉하도록 제안한다.

28. 보상하기 위한 대화의 모형을 만드는 과제를 학생에게 주고, 이러한 대화를 학생과 함께 역할극으로 해 본다. 학생이 이러한 접촉을 실행하도록 요청한 후 그 결과를 검토한다.

11 긍정적인 시간관리 활동과 그 결과를 기록하는 일지를 계속 쓴다. (29, 30)

29. 학생이 시간관리 기술 향상에 따라 자신의 삶에 나타난 긍정적인 변화를 일지에 기록하도록 한다.

30. 새로 개발된 시간관리 기술을 키우고 견고하게 하기 위해 학생에게 시간일지와 일정표 적기를 적어도 6개월 이상 유지하도록 제안한다.

__. ______________________________

____

__. ______________________________

____

__. ______________________________

____

__. ______________________________

____

__. ______________________________

____

__. ______________________________

____

진단 제안

축 I	799.9	진단 보류
	V71.09	진단 없음
	______	______________________________
	______	______________________________
축 II	799.9	진단 보류
	V71.09	진단 없음
	______	______________________________
	______	______________________________

부록

부록 A: 계량언어를 사용한 예시–학업부진

부록 B: 증상과 연관된 DSM-IV-TR 코드 색인

부록 A 계량언어를 사용한 예시
학업부진

행동 정의*

1 불안감을 유발하고 적절한 학업 수행을 저해하는 과제 또는 시험에 관한 생각이 하루에 ___번 생긴다.

2 공부하는 데 필요한 시간과 노력을 할애하는 것을 회피하게 만드는 실패에 대한 두려움이 하루에 ___번 생긴다(또는 강좌에 ___번 생긴다).

3 대학 수준에서 학업성취에 필요한 공부 기술(예, 수업 중 필기, 독서 내용 강조나 요약, 시험 전략)을 적용할 수 없거나 적용할 의지가 없는 경우가 하루에 ___번 생긴다.

4 주위 환경의 스트레스(예, 부모 이혼, 사랑하는 사람의 죽음, 관계 상실, 룸메이트와의 갈등)로 나타나는 _______에 의해 증명된 대로 학업 수행이 떨어진다.

5 _______에 의해 증명된 대로 학업성취에 비현실적인 높은 기대치를 갖는다.

6 _______에 의해 증명된 대로 학업 수행에서 가족 기대치를 충족시키지 못한다고 느낀다.

7 _______에 의해 증명된 대로 시간관리 그리고/또는 목표설정 기술이 부족하다.

8 학습방식이 대학 교수들이 사용하는 전형적인 교수법들과 _______에 의해 증명된 대로 그리고 하루에 ___번(또는 강좌에 ___번 생긴다) 충돌하게 된다.

9 _______에 의해 증명된 대로 학업의 성공을 방해/저해하는 학습장애를 가지고 있다.

10 강의와 강의실 내 토론에서 계속적으로 주의를 집중하는 데 어려움이 있고 이런 일이 하루에 ___번 생긴다(또는 강좌에 ___번 생긴다).

11 _______에 의해 증명된 대로 학업의 성공에 필요한 수준에 못 미치는 저조한 수준으로 수업에 출석하거나 참석하며 이런 일이 하루에 ___번 생긴다(또는 강좌에 ___번 생긴다).

12 _____에 의해 증명된 대로 학업 수행에 필요한 시간을 비현실적인 수준까지 줄여 가면서 가족, 업무, 사회적인 약속에 참가하는데 하루에 ___번 생긴다.

__. ______________________________

____

__. ______________________________

____

__. ______________________________

____

* 각각의 행동 정의를 위해 하루의 어느 시간인지, 한 주의 어느 날인지, 어느 친구들, 과목들 그리고 교수인지 그리고 어떤 상황인지 차별적인 수준(즉, 보다 높고 보다 낮은)의 빈도 수에 대한 타당한 보고서를 찾아보거나 포함한다.

장기 목표

1 학업성취 불안을 줄이기 위해 스트레스 관리 기술을 배우고 실천한다.

2 대학에서 학업성취에 필요한 공부 기술을 연마한다.

3 학업적인 성공에 필요한 시간관리와 목표설정 기술을 적용한다.

4 학업성취가 수준점에 도달할 수 있도록 학업능력에 대한 현실적인 기대치를 개발한다.

5 수업 출석과 수업 활동에의 참여 수준을 의미 있게 개선한다.

6 학습장애(만일 있다면)를 확인하고 학업적 성공을 위해 교육 계획을 세우고 실천한다.

7 학업성취를 위해 중요한 다른 사람들의 기대를 효과적으로 다룰 수 있는 전략을 세운다.

__. ______________________________

____

__. ______________________________

____

__. ______________________________

____

단기 목적	치료 개입
1 ____까지(날짜 기입), 학업 능력과 수행에 대한 사실, 신념 그리고 느낌을 명료화하고 회기 중에 논의한다. (1, 2, 3)	1. 학생 자신의 학업능력과 수행에 대한 신념을 탐색한다. 학생의 과거 학업 성적을 검토한다(예, 평균성적, 등급 그리고 학기당 등록한 과목 수). 2. 학생 자신의 학업능력과 수행에 대한 신념을 만들어 내기 위해 혼합된 중요 요소들을 확인한다(예, 부모의 압력, 교사의 피드백, 학력 또는 개인적인/진로에 대한 야망). 3. 학생 자신의 학업능력과 수행에 대한 신념에 의해 만들어진 느낌들(예, 불안, 의심, 갈등, 죄책감, 즐거움, 자부심, 부끄러움)을 인식하고 명료화하도록 학생을 돕는다.
2 ____까지(날짜 기입), 학업행동에 미치는 학생 개인의 신념체계의 영향을 탐색한다. (4, 5, 6)	4. 학생에게 학업능력과 수행에 대한 자신의 신념(또는 기대)을 가능한 구체적으로 열거할 것을 요구한다(예, '나는 전부 A학점을 맞아야 한다.' 또는 '나는 수학을 어떻게 해도 잘하지 못한다. 그래서 공부할 필요가 없다.'). 5. 학생 자신의 학업능력과 수행에 대한 신념을 탐색한다. 학업성취도에 대한 과거력을 검토한다(예, 평균성적, 등급, 학기당 등록 과목 수). 6. 비합리적이고 달성할 수 없는 학업에 대한 신념이나 기대가 최근 겪고 있는 정서적 갈등과 연관성이 있음을 학생이 인식할 수 있도록 돕는다.

3 ____까지(날짜 기입), 학업행동을 건설적으로 이끌기 위해 학업에 대한 기대를 합리적인 것으로 재구성한다(7, 8, 9, 10).

7. 학생 자신의 신념에 관한 각 진술이 보다 합리적이고 성취 가능한 진술이 되도록 고치는 과제를 학생에게 준다(예, '나는 학기마다 평균성적을 2.8에서 3.5를 유지하도록 하겠다.' 또는 '나는 대학에서 제공하는 학습보조 자원을 활용해서 수학 실력을 증진시킬 수 있다.').
8. 학생의 신념 진술을 검토하여 원래의 비합리적인 진술과의 유사점과 차이점을 논의한다.
9. 각각의 수정된 신념이 만들어 낸 긍정적인 정서 반응과 학업행동을 인식하고 이를 기록하도록 학생에게 요청한다.
10. 현재의 학업적인 요구에 따라 학생 자신의 긍정적인 학업행동을 구체화하고 우선순위를 매기는 행동 계획을 만들어 내는 과제를 학생에게 부과한다(예, '일요일 저녁을 이용해서 다음 주에 있을 학습 과제를 검토한 후 내 스케줄에 맞추어 조정할 것이다.' '숙제, 시험, 논문에 대한 평가에서 문제가 생기면 담당교수와 즉시 의논할 것이다.' '특정 수업에 어려움이 있으면 개인교습 알선 센터에 도움을 청하겠다.').

4 ____까지(날짜 기입), 공부 기술과 습관을 개선하기 위해 학교에서 제공하는 학습보조 자료를 활용한다.

11. 공부 기술을 가르치는 강좌에 등록하도록 학생을 격려하며 읽기, 듣기, 필기하기, 시험 보기, 그 외 효과적

(11, 12)

인 학업에서의 학습 전략을 개발하는 데 중점을 둔 워크숍이나 프로그램에 참여하도록 한다.

12. 현재 등록한 수업을 성공적으로 마치는 데 필수적인 특별한 강좌 내용을 이해하도록 도와줄 수 있는 대학의 동급생이나 전문적인 개인교수에게 학생을 의뢰한다.

5 ____까지(날짜 기입), 학생이 일지를 통해 시간 약속을 분석한다. (13, 14, 15)

13. 학생에게 주간 학업, 일 그리고 개인적인 약속들을 기재하도록 하고 개별 약속을 이행하는 데 보낸 실제 시간을 기재하도록 한다. 수업 출석과 학업과 관계된 일의 완수에 특별히 관심을 갖고 본다.
14. 시간일지는 학생의 일주일 동안의 모든 활동내용을 30분 단위로 정리, 기록하도록 한다(28 시간관리 참조).
15. 각 활동에 필요할 것으로 배정한 시간과 실제 소비된 시간을 비교해 차이가 있는 활동을 확인하도록 요청하고, 원래 시간 배정표와 실제의 시간일지를 비교한다.

6 ____까지(날짜 기입), 학업, 일, 사회 활동 그리고 개인적인 일에 시간과 에너지를 성공적으로 균형 있게 배정함으로써 학업성취를 이룰 수 있게 하는 스케줄을 유지한다. (16, 17)

16. 시간 차이가 있는 영역에서는 보다 균형 잡히고 생산적인 일주일이 되도록 시간 배정을 다시 하여 다음 일주일 스케줄을 만들 수 있도록 학생을 돕는다(28 시간관리 참조).
17. 시간 사용의 지침이 되는 계획된 주간 스케줄을 사용하도록 격려하고, 자신의 행동 계획에 잡아 놓은 학업

행동을 달성하도록 돕는다.

7 ____까지(날짜 기입), 학습장애 여부를 평가하는 데 협조한다. (18)

18. 적절하다면, 학생에게 자신의 부족한 학업 수행을 초래한 학습장애의 원인을 탐색하도록 제안하고, 정확한 진단을 위해 필요한 검사를 받도록 의뢰한다.

8 ____까지(날짜 기입), 학습방식의 강점을 구체화한 학습 계획을 실행한다. (19, 20, 21)

19. 학생이 자신에게 맞는 학습방식을 정하기 위해 여러 가지 학습방식(예, Kolb's Learning Style Inventory, Myers-Briggs Type Indicator, 그 외 사용할 수 있는 비슷한 목록)을 조사해 볼 것을 제안한다.

20. 자신의 학습방식 또는 학습장애에 가장 효과적일 수 있는 구체적인 수업과 학습행동을 찾기 위해, 개별화된 학습 계획을 만들어 낼 수 있는 학습보조 상담자와 함께 작업을 하도록 학생에게 요청한다.

21. 개별화된 학습 계획의 제안이 학생의 행동 계획에 통합되고, 학습 기술이 개발되고 있고, 학습 목표가 충족되어 가고 있다는 것을 확인하기 위하여 회기마다 진행 과정을 검토한다.

9 ____까지(날짜 기입), 쓰기를 통해 효과적으로 대화하는 데 필요한 기술을 선보인다. (22, 23)

22. 쓰기 과제에 계속적인 도움을 받을 수 있도록 학생을 대학 내 작문지도 센터 또는 동급생이 해 주는 개인교습 알선 센터에 의뢰한다.

23. 개인교수에게 검토받지 않은 과제에 감수자 역할을 해 줄 수 있는 친구를 찾도록 격려한다.

10 ____까지(날짜 기입), 수업 중 학습 과정에서 발언에 참여하는 기회를 많이 갖는다. (24, 25, 26)

24. 수업 중 참여를 가능하게 하거나 독려하는 각 강좌에서 수업당 적어도 한 번은 발언하도록 학생과 약속한다.

25. 적극적인 참여가 기본이 되는 스터디 그룹 중 적어도 한 개에 참여하도록 학생에게 제안한다.

26. 학생에게 발표나 집단 의사소통 과정에 등록하도록 요청하고, 과정을 잘 설명해 주어 다른 사람들 앞에서 말할 때 생기는 불안감을 줄일 수 있도록 한다.

11 ____까지(날짜 기입), 학업에 대한 기대, 학습 계획, 활동 등을 나눔으로써 중요한 다른 사람들의 지지를 얻는다. (27, 28)

27. 중요한 다른 사람들과 의논할 때 사용할 수 있는 학생의 학업 기대치와 행동 변화에 대한 핵심 주제를 개발하도록 도와주고, 중요한 다른 사람들의 기대에 상응하는 영향을 탐색한다.

28. 학생이 자신의 학문적 노력과 성과를 느끼게 하는 최근의 진행 상황을 중요한 다른 사람들에게 제공하도록 학생에게 권유한다.

12 ____까지(날짜 기입), 학업 수행에 대한 자기효능감을 보고한다. (10, 17, 29)

10. 현재의 학업적인 요구에 따라 학생 자신의 긍정적인 학업행동을 구체화하고 우선순위를 매기는 행동 계획을 만들어 내는 과제를 학생에게 부과한다(예, '일요일 저녁을 이용해서 다음 주에 있을 학습 과제를 검토한 후 내 스케줄에 맞추어 조정할 것이다.' '숙제, 시험, 논문에 대한 평가에서 문제가 생기면 담당교수와 즉시

의논할 것이다.' '특정 수업에 어려움이 있으면 개인교습 알선 센터에 도움을 청하겠다.').

17. 시간 사용의 지침이 되는 계획된 주간 스케줄을 사용하도록 격려하고, 자신의 행동 계획에 잡아 놓은 학업 행동을 달성하도록 돕는다.

29. 학기의 남은 기간 동안 매주 행동 계획의 진행 상황을 검토하고, 다음 학기에는 격주에서 한 달 간격으로 새로운 행동과 기술이 작동될 수 있도록 한다.

13 ____까지(날짜 기입), 학업 수행에서 심한 불안감을 초래하는 심신쇠약 효과를 확인한다. (30, 31)

30. 학생에게 학업 수행에 대한 불안이 초래하는 심신쇠약 효과를 가르친다(예, 주의력 산만함의 증가, 사물에 대한 기억력 감퇴, 부정적인 결과만을 예상, 불안의 생리적 반응에 압도됨[맥박 증가, 발한, 얕은 숨, 어지러움증], 근육 긴장과 수면장애로 인한 현기증).

31. 불안감이 학생의 학업 수행에 어떻게 부정적인 영향을 주고 있다고 느끼는지를 열거하도록 요청한다.

14 ____까지(날짜 기입), 수행불안으로 예측되는 원인들을 확인하고 논의한다. (32, 33)

32. 학생이 자신의 심신쇠약을 유발하는 수행 불안의 원인을 인식하도록 돕는다(예, 학업 수행에 대한 비합리적인 신념이나 기대, 부모의 비합리적인 기대, 과거의 실패 경험, 최근 대학생활에서의 적응 문제, 새롭고 어려운 자료에 대한 개인교습 지원의

부족, 빈약한 공부 기술과 시간관리).

33. 학생이 가지고 있는 수행 불안의 확인된 원인을 논의하기 위한 계획을 만든다(예, 학업 수행에 대한 비합리적인 신념을 대체하고, 직접적으로 부모의 기대와 직면하고, 대학생활에서 생긴 갈등에 문제해결 방식을 적용하고, 대학 내 개인교습 서비스를 활용하며, 효과적인 공부 기술과 시간관리 절차를 실행한다).

15. ____까지(날짜 기입), 시험 스트레스를 감소시키는 이완 기법을 실행할 것이고, ____주 내에 ____% 감소를 보일 것이다. (34, 35, 36)

34. 심한 시험 불안감 또는 일반적인 수행 스트레스가 있을 때 실행할 수 있는 이완 기법(예, 심부근육 이완, 심호흡, 점진적인 이완)을 가르친다.

35. 시험이나 수행 불안이 심하게 나타날 때 진정 또는 이완되며 평화로운 느낌을 유도할 수 있는 긍정적인 이미지 기법(예, 따뜻한 햇볕 아래 해변에 누워 있는 장면을 상상하거나, 시험 보는 중에 완벽하고 분명한 답을 얻은 순간을 회상하거나, 또는 집단 앞에서 역량을 성공적으로 시연한 모습)을 사용할 수 있도록 가르친다.

36. 구체적인 심신쇠약을 유발하는 수행 불안 상황에서 학생이 이완 기법과 긍정적인 이미지 기법을 사용할 수 있도록 돕기 위해 역할극을 사용한다.

16. ____까지(날짜 기입), 시험 준비에 효과적인 공부 기술을 실행 한 후 자신의 능력에 대한 높아진(____주 동

11. 공부 기술을 가르치는 강좌에 등록하도록 학생을 격려하며 읽기, 듣기, 필기하기, 시험 보기, 그 외 효과적

안에 ____% 차이) 자신감을 보고한다. (11, 37, 38)

인 학업에서의 학습 전략을 개발하는 데 중점을 둔 워크숍이나 프로그램에 참여하도록 한다.

37. 학생이 실행한 효과적인 공부 기술을 검토한다. 성공적인 것은 강화하고 실패한 것은 재수정하도록 한다.

38. 효과적인 공부 방법과 신중한 시간관리(28 시간관리 참조)를 활용한 적절한 준비는 불안감을 줄일 뿐 아니라 좋은 학업 성과도 얻을 수 있다는 점을 다시 한 번 학생에게 확신시킨다.

__. ______________________________

____

__. ______________________________

____

__. ______________________________

____

__. ______________________________

____

__. ______________________________

____

__. ______________________________

____

진단 제안

축 I	300.02	범불안장애
	300.00	달리 분류되지 않는 불안장애
	309.24	불안 동반 적응장애
	314.01	주의력 결핍/과잉행동장애, 복합형
	V62.3	학업 문제
	799.9	진단 보류
	V71.09	진단 없음
	______	______________________
	______	______________________
축 II	799.9	진단 보류
	V71.09	진단 없음
	______	______________________
	______	______________________

부록 B 증상과 연관된 DSM-IV-TR 코드 색인(가나다 순)

간헐적 폭발성 장애 312.34

반사회적 행동
아동기에 받은 학대
학습/신체 장애

강박성 성격장애 301.4

전공 선택

강박장애 300.3

전공 선택

경계성 성격장애 301.83

성 정체감 문제
아동기에 받은 학대
외로움
자살 사고
자존감 부족
자해/경계성 성격
졸업 불안
친밀감/헌신 문제

급성 스트레스 장애 308.3

강간/성폭행 피해자
다양성 수용
성행위 문제
외로움
임신
재정 문제
졸업 불안
학대적인 관계

기분부전장애 300.4

룸메이트와의 갈등
섭식장애
성 정체감 문제
성행위 문제
슬픔/상실
아동기에 받은 학대
약물 의존/남용
외로움
우울증
자살 사고
자존감 부족
자해/경계성 성격
진로 선택 혼란
향수병/독립하기

꾀병 V65.2

전공 선택

단기 정신병 장애 298.8

정신병적 와해

달리 분류되지 않는 불안장애 300.00

임신
재정 문제
친밀감/헌신 문제
학대적인 관계
학업부진

달리 분류되지 않는 섭식장애 307.50

섭식장애

달리 분류되지 않는 성격장애 301.9

가족관계 문제
강간/성폭행 피해자
다양성 수용
성행위 문제
아동기에 받은 학대
재정 문제
전공 선택
졸업 불안
친밀감/헌신 문제
학대적인 관계
학습/신체 장애

달리 분류되지 않는 성기능 부전 302.70

아동기에 받은 학대
친밀감/헌신 문제

달리 분류되지 않는 성적 장애 302.9

성 정체감 문제

달리 분류되지 않는 품행장애 294.9

학습/신체 장애

대마계 제제 남용 305.20

가족관계 문제
아동기에 받은 학대
약물 의존/남용
학습/신체 장애

대마계 제제 의존 304.30

아동기에 받은 학대
약물 의존/남용

망상장애 297.1

정신병적 와해

문화 적응 문제 V62.4

다양성 수용

반사회성 성격장애 301.7

다양성 수용
반사회적 행동
약물 의존/남용

반항성 장애 313.81

약물 의존/남용

발달단계 문제 V62.89

가족관계 문제
성 정체감 문제
성행위 문제
외로움
임신
재정 문제
졸업 불안
진로 선택 혼란
친밀감/헌신 문제
학습/신체 장애

범불안장애 300.02

룸메이트와의 갈등
성 정체감 문제
아동기에 받은 학대
약물 의존/남용
외로움
재정 문제
졸업 불안
친밀감/헌신 문제
학대적인 관계
학업부진
향수병/독립하기

복합물질 의존 304.89

반사회적 행동
성행위 문제
아동기에 받은 학대
약물 의존/남용

부모-자녀 관계 문제 V61.20

성 정체감 문제

분열성 성격장애 301.20

다양성 수용
룸메이트와의 갈등
향수병/독립하기

분열정동장애 295.70

우울증
정신병적 와해

불안 동반 적응장애 309.24

가족관계 문제
강간/성폭행 피해자
룸메이트와의 갈등
성 정체감 문제
임신
전공 선택
졸업 불안

진로 선택 혼란
친밀감/헌신 문제
학대적인 관계
학업부진
향수병/독립하기

사별 반응 V62.82

슬픔/상실
우울증

사회공포증 300.23

룸메이트와의 갈등
약물 의존/남용
자존감 부족
향수병/독립하기

산술장애 315.1

학습/신체 장애

성 정체감 장애 302.85

성 정체감 문제

성인 반사회적 행동 V71.01

다양성 수용

순환성 장애 301.13

성행위 문제
우울증

친밀감/헌신 문제

신경성 식욕 부진증 307.1

섭식장애

신경성 폭식증 307.51

섭식장애

쓰기 표현장애 315.2

학습/신체 장애

알코올 남용 305.00

가족관계 문제
성행위 문제
아동기에 받은 학대
약물 의존/남용
학대적인 관계
학습/신체 장애

알코올 의존 303.90

반사회적 행동
아동기에 받은 학대
약물 의존/남용

양극성 I 장애 296.xx

성행위 문제
우울증
자살 사고

자존감 부족
자해/경계성 성격
정신병적 와해

양극성 II 장애 296.89

성행위 문제
우울증
자살 사고
자존감 부족
자해/경계성 성격
정신병적 와해

외상후 스트레스 장애 309.81

강간/성폭력 피해자
아동기에 받은 학대

우울감 동반 적응장애 309.0

강간/성폭행 피해자
룸메이트와의 갈등
성 정체감 문제
슬픔/상실
우울증
임신
자존감 부족
전공 선택
졸업 불안
진로 선택 혼란
향수병/독립하기

의존성 성격장애 301.6

가족관계 문제
룸메이트와의 갈등
섭식장애
외로움
향수병/독립하기

인격 변화(축 III 장애에 따른) 310.1

정신병적 와해

읽기장애 315.00

학습/신체 장애

자기애성 성격장애 301.81

반사회적 행동
성 정체감 문제

적응장애 309.xx

아동기에 받은 학대
외로움
재정 문제
학대적인 관계

정신분열증 295.xx

정신병적 와해

정신분열증, 편집형 295.30

정신병적 와해

정신분열형 장애 295.40

정신병적 와해

정체감 문제 313.82

가족관계 문제
성 정체감 문제
성행위 문제
졸업 불안
친밀감/헌신 문제

주요 우울장애 296.xx

자존감 부족

주요 우울장애, 단일 삽화 296.2x

가족관계 문제
성 정체감 문제
슬픔/상실
외로움
우울증
자살 사고
자해/경계성 성격
학대적인 관계

주요 우울장애, 단일 삽화, 심한 정신병적 양상 동반 296.24

정신병적 와해

주요 우울장애, 재발성 296.3x

성 정체감 문제
슬픔/상실
우울증
자살 사고
자해/경계성 성격

주의력 결핍/과잉행동장애, 복합형 314.01

학습/신체 장애
학업부진

주의력 결핍/과잉행동장애, 주의력 결핍 우세형 314.00

학습/신체 장애

직업 문제 V62.2

재정 문제
진로 선택 혼란
학습/신제 상애

진단 보류 799.9

가족관계 문제
강간/성폭행 피해자
다양성 수용
반사회적 행동
섭식장애
성 정체감 문제
성행위 문제
슬픔/상실

시간관리
아동기에 받은 학대
외로움
우울증
임신
자살 사고
자존감 부족
자해/경계성 성격
재정 문제
정신병적 와해
진로 선택 혼란
친밀감/헌신 문제
학대적인 관계
학습/신체 장애
학업부진

진단이나 조건 없음 V71.09

가족관계 문제
강간/성폭행 피해자
다양성 수용
반사회적 행동
섭식장애
성 정체감 문제
성행위 문제
슬픔/상실
시간관리
아동기에 받은 학대
약물 의존/남용
외로움
우울증
임신
자살 사고
자존감 부족
자해/경계성 성격
재정 문제
전공 선택
정신병적 와해
졸업 불안
진로 선택 혼란
친밀감/헌신 문제
학대적인 관계
학습/신체 장애
학업부진

진정제, 수면제, 항불안제 의존 304.10

약물 의존/남용

충동조절장애 312.30

다양성 수용
자해/경계성 성격

코카인 남용 305.60

아동기에 받은 학대
약물 의존/남용

코카인 의존 304.20

반사회적 행동
아동기에 받은 학대
약물 의존/남용

품행장애 312.8

반사회적 행동

품행장애 동반 적응장애 309.3

룸메이트와의 갈등
반사회적 행동
슬픔/상실
졸업 불안
향수병/독립하기

학업 문제 V62.3

외로움
전공 선택
졸업 불안
학습/신체 장애
학업부진

혼재성 불안과 우울감 동반 적응장애 309.28

룸메이트와의 갈등
성 정체감 문제
임신
진로 선택 혼란
향수병/독립하기

환각제 남용 305.30

약물 의존/남용

환각제 의존 304.50

약물 의존/남용

회피성 성격장애 301.82

성 정체감 문제
아동기에 받은 학대
졸업 불안
학습/신체 장애

흡입제 남용 305.90

약물 의존/남용

흡입제 의존 304.60

약물 의존/남용

히스테리성 성격장애 301.50

성행위 문제
아동기에 받은 학대
학습/신체 장애

참고문헌 및 추천도서

서론

Chickering, A. W. (1969). *Education and Identity.* San Francisco, CA: Jossey-Bass.

Chickering, A. W., & Reisser, L. (1993). *Education and Identity.* San Francisco, CA: Jossey-Bass.

Erickson, E. H. (1963). *Childhood and Society* (2nd ed.). New York: W.W. Norton & Company.

Erickson, E. H. (1968). *Identity: Youth and Crisis.* New York: W.W. Norton & Company.

Erickson, E. H. (1980). *Identity and Life Cycle.* New York: W.W. Norton & Company.

Marcia, J. E. (1966). Development and Validation of Ego-Identity Status. *Journal of Personality and Social Psychology, 3,* 551-558.

Marcia, J. E. (1980). Identity in Adolescent. In J. Adelson (Ed.), *Handbook of Adolescent Psychology* (pp. 159-187). New York: John Wiley & Sons, Inc.

Parks, S. D. (2000). *Big Questions, Worthy Dreams.* San Francisco, CA: Jossey-Bass.

학대적인 관계

Gray, J. (2002). *Men, Women and Relationships: Making Peace with the Opposite Sex.* New York: Quill.

Lerner, H. G. (1990). *The Dance of Intimacy.* New York: HarperPerennial.

Middelton-Moz, J. (1990). *Shame and Guilt: Masters of Disguise.* Deerfield Beach, FL: Health Communications.

Munsch, R., & Martchenko, M. (2003). *The Paper Bag Princess.* Buffalo, NY: Annick Press.

Norwood, R. (1997). *Women Who Love Too Much.* New York: Pocket Books.

전공 선택

Malnig, L., Case, E., & Malnig, A. (1984). *What Can I Do with a Major in...? How to Choose and Use Your College Major.* Ridgefield, NJ: Abbot Press.

Phifer, P. (1993). *College Majors and Careers.* Garrett Park, MD: Garrett Park Press.

학업부진

Hettich, P. (1998). *Learning Skills for College and Career.* Pacific Grove, CA: Brooks/Cole Publishing Company.

Juster, N. (1996). *The Phantom Tollbooth.* New York: Random House.

McCall, R. B., Evahn, C., & Kratzer, L. (1992). *High School Underachievers: What Do They Achieve as Adults?* London, UK: Sage Publications.

반사회적 행동

Bradshaw, J. (1988). *Healing the Shame.* Deerfield Beach, FL: Health Communications.

Pittman, F. (1998). *Grow Up!* New York: Golden Books.

Smedes, L. (1991). *Forgive and Forget.* San Francisco: HarperSanFrancisco.

Williams, R., & Williams, V. (1993). *Anger Kills.* New York: Time Books.

진로 선택 혼란

Carter, C. (1999). *Majoring in the Rest of Your Life.* New York: Farrar, Straus, and Giroux.

Eikleberry, C. (1999). *The Career Guide for Creative and Unconventional People.* Berkeley, CA: Ten Speed Press.

Gabler, L. R. (2000). *Career Exploration on the Internet.* Chicago, IL: Ferguson Publishing Company.

Mitchell, J. S. (1994). *The College Board Guide to Jobs and Career Planning.* New York: College Board Publications.

Montross, D. H., Liebowitz, Z. B., & Shinkman, C. J. (1995). *Real Jobs, Real People: Reflecting Your Interests in the World of Work.* Palo Alto, CA: Davies-Black Publishing.

약물 의존/남용

Fanning, P., & O'Neil, J. (1996). *The Addiction Workbook.* Oakland, CA: New Harbinger Publications.

Johnson, V. (1980). *I'll Quit Tomorrow.* New York: Harper & Row.

아동기에 받은 학대

Bass, E., & Davis, L. (1988). *The Courage to Heal.* New York: Harper & Row.

Bradshaw, J. (1988). *Healing the Shame That Binds You.* Deerfield Beach, FL: Health Communications.

Brady, M. (1992). *Beyond Survival: A Writing Journal for Healing Childhood Sexual Abuse.* New York: HarperCollins.

Clarke, J. I., & Dawson, C. (1998). *Growing Up Again.* Center City, MN: Hazelden.

Gil, E. (1988). *Outgrowing the Pain.* Rockville, MD: Launch Press.

Hunter, M. (1990). *Abused Boys: The Neglected Victims of Sexual Abuse.* New York: Fawcett Columbine.

Katherine, A. (1993). *Boundaries: When You End and I Begin.* New York: Simon & Schuster.

Simon, S. B., & Simon, S. (1990). *Forgiveness: How to Make Peace with Your Past and Get on with Your Life.* New York: Warner Books.

Witfield, C. L. (1994). *Boundaries and Relationships.* Deerfield Beach, FL: Health Communications.

우울증

Alberti, R., & Emmons, M. (2001). *Your Perfect Right: Assertiveness and Equality in Your Life and Relationships.* San Luis Obispo, CA: Impact Publishers.

Burns, D. (1989). *The Feeling Good Handbook.* New York: Blume.

Helmstetter, S. (1986). *What to Say When You Talk to Yourself.* New York: Fine Communications.

Leith, L. (1998). *Exercising Your Way to Better Mental Health.* Morgantown, WV: Fitness Information Technology.

Smith, M. (1975). *When I Say No, I Feel Guilty.* New York: Bantam.

다양성 수용

Briggs Myers, I. (1997). *Gifts Differing.* Palo Alto, CA: Consulting Psychologists Press.

Light, R. J. (2001). *Making the Most of College.* Cambridge, MA: Harvard University Press.

섭식장애

Fairburn, C. (1995). *Overcoming Binge Eating.* New York: Guilford Publications.

Siegel, M., Brisman, J., & Weinshel, M. (1997). *Surviving an Eating Disorder.* San Francisco: HarperCollins.

가족관계 문제

Bower, S. A., & Bower, G. H. (1991). *Asserting Yourself.* Cambridge, MA: Perseus Books.

Clarke, J. I., & Dawson, C. (1998). *Growing Up Again.* Center City, MN: Hazelden.

Forward, S., & Buck, C. (2002). *Toxic Parents.* New York: Bantam Books.

Friel, J., & Friel, L. (1990). *An Adult Child's Guide to What's "Normal."* Deerfield Beach, FL: Health Communications.

Kerr, M. E. (1988). *Family Evaluation: An Approach Based on Bowen Theory.* New York: W.W. Norton & Company.

Lerner, H. G. (1990). *The Dance of Intimacy.* New York: HarperPerennial.

Lerner, H. G. (2001). *The Dance of Anger.* New York: Quill Publications.

Pipher, M. (1997). *The Shelter of Each Other: Rebuilding Our Families.* New York: Ballantine Books.

Tannen, D. (2001). *I Only Say This Because I Love You.* New York: Ballantine Books.

재정 문제

Arndt, T., & Ricchini, J. (2003). *Life After Graduation: Financial Advice and Money Saving Tips.* Alexandria, VA: Life After Graduation.

Baker, M. (2000). *The Debt-Free Graduate: How to Survive College Without Going Broke.* Franklin Lakes, NJ: Career Press.

Braitman, E. (1998). *Dollars and Sense for College Students.* New York: Princeton Review Publishing.

Peterson's. (2004). *Peterson's Scholarships, Grants, and Prizes 2004.* Princeton, NJ: Peterson's.

Schlatchter, G. (2003). *How to Find Out about Financial Aid and Funding, 2003-2005.* El Dorado Hills, CA: Reference Service Press.

졸업 불안

Beck, M. (2001). *Finding Your Own North Star.* New York: Three Rivers Press.

Burka, J. B., & Yuen, L. M. (1983). *Procrastination.* Cambridge, MA: Perseus Books.

Burns, D. D. (1993). *Ten Days to Self-Esteem.* New York: Quill.

Davis, M., Eshelman, E., & McKay, M. (2000). *The Relaxation and Stress Reduction Workbook.* Oakland, CA: New Harbinger Publications, Inc.

Helmstetter, S. (1990). *What to Say When You Talk to Yourself.* New York: Pocket Books.

Hettich, P., & Helkowski, C. (2005). *Connect College to Career: A Student's Guide to Work and Life Transitions.* Belmont, CA: Wadsworth.

Luppert, E. (1998). *Rules of the Road: Surviving Your First Job Out of School.* New York: Berkley Publishing Group.

Margolis, G. (1980). Learning to Leave: Problems of Graduating. *Journal of American College Health Association, 28.*

Robbins, A., & Wilner, A. (2001). *Quarterlife Crisis: The Unique Challenge of Life in Your Twenties.* New York: Tarcher/Putnam.

Sullivan, R. (2002). *Getting Your Foot in the Door When You Don't Have a Leg to Stand On.* New York: Contemporary Books.

슬픔/상실

Kushner, H. (1981). *When Bad Things Happen to Good People.* New York: Schocken Books.

Schiff, N. (1977). *The Bereaved Parent.* New York: Crown Publication.

Smedes, L. (1982). *How Can It Be All Right When Everything Is All Wrong.* San Francisco: HarperSanFrancisco.

Smedes, L. (1991). *Forgive and Forget: Healing the Hurts We Don't Deserve*. San Francisco: HarperSanFrancisco.

Smedes, L. (1993). *The Art of Forging*. New York: Ballantine Books.

Westberg, G. (1962). *Good Grief*. Philadelphia: Augsburg Fortress Press.

향수병/독립하기

Anderson, H., & Mitchell, K. R. (1993). *Leaving Home*. Louisville, KY: Westminster/John Knox Press.

Coelho, P. (1998). *The Alchemist*. New York: HarperPerennial.

Johnson, S. (1998). *Who Moved My Cheese?* New York: Putnam.

March. J. (1994). *A Primer on Decision Making: How Decisions Happen*. New York: The Free Press.

Levoy, G. (1998). *Callings: Finding and Following an Authentic Life*. New York: Three Rivers Press.

Ricchini, J., & Arndt, T. (2002). *Life During College: Valuable Advice & Tips for Success*. Alexandria, VA: Life After Graduation.

친밀감/헌신 문제

Covey, S. (1990). *The Seven Habits of Highly Effective People*. New York: Simon & Schuster.

Gray, J. (2002). *Men, Women and Relationships: Making Peace with the Opposite Sex*. New York: Quill.

Kasl, C. (1999). *If the Buddha Dated*. New York: Penguin Putnam.

Kerr, M. E. (1988). *Family Evaluation: An Approach Based on Bowen Theory*. New York: W.W. Norton & Company.

Lerner, H. G. (1990). *The Dance of Intimacy*. New York: HarperPerennial.

Louden, J. (1994). *The Couple's Comfort Book*. San Francisco, CA: HarperSanFrancisco.

McCann, E., & Shannon, D. (1985). *The Two Step: The Dance Toward Intimacy*. New York: Grove Press.

McFarland, E., & Saywell, J. (2001). *If⋯*. New York: Villard Books.

Mountain Dreamer, O. (1999). *The Invitation*. San Francisco, CA: HarperSanFrancisco.

Piver, S. (2000). *The Hard Questions*. New York: Penguin Putnam.

Sternberg, R. (1988). *The Triangle of Love.* New York: Basic Books.

Tannen, D. (1990). *You Just Don't Understand: Men and Women in Conversation.* New York: Ballantine Books.

학습/신체 장애

Clayton, L., & Morrison, J. (1999). *Coping with a Learning Disability.* New York: Rosen Publishing Group.

Disability Resource Directory(http://www.kansas.net/~cbaslock/olc_dl.html).

Ryan, D. J. (2000). *Job Search Book for People with Disabilities.* Indianapolis, IN: JIST Works.

Weiss, L. (1997). *Attention Deficit Disorder in Adults.* Dallas, TX: Taylor Publishing Company.

Yahoo! Disabilities Directory(http://d2.dir.dcn/yahoo.com/society_and_culture/disabilities).

외로움

Antony, M., & Swinson, R. (2000). *The Shyness & Social Anxiety Workbook: Proven Techniques for Overcoming Your Fears.* New York: New Harbinger Publications.

Butler, G. (2001). *Overcoming Social Anxiety and Shyness: A Self-Help Guide Using Cognitive Behavior Techniques.* New York: New York University Press.

Lerner, H. G. (1990). *The Dance of Intimacy.* New York: HarperPerennial.

임신

Planned Parenthood(www.plannedparenthood.org).

Smith, S., & Smith, C. (1992). *College Student's Health Guide.* Los Altos, CA: Westchester Publishing Company.

정신병적 와해

Carter, R., & Golant, S. (1998). *Helping Someone with Mental Illness: A Compassionate Guide for Family, Friends, and Caregivers.* New York: Time Books.

Torrey, M. D., & Fuller, E. (1988). *Surviving Schizophrenia: A Family Manual.* New York: Harper & Row.

강간/성폭력 피해자

Baty, K. (2003). *A Girl's Gotta Do What A Girl's Gotta Do*. New York: Rodale.

Brownmiller, S. (1993). *Against Our Will: Women, Men and Rape*. New York: Fawcett Columbine.

Hasselbrack, A. (1999). *Extra-Curricular: A Novel of Rape on Campus*. College Park, MD: Anne M. Hasselbrack.

Scott, K. (1993). *Sexual Assault: Will I Ever Feel OK Again?* Minneapolis, MN: Bethany House Publishers.

Warshaw, R. (1994). *I Never Called It Rape*. New York: HarperPerennial.

룸메이트와의 갈등

Bower, S. A., & Bower, G. H. (1991). *Asserting Yourself*. Cambridge, MA: Perseus Books.

Katherine, A. (1993). *Boundaries: Where You End and I Begin*. New York: Simon & Schuster.

Lieberman, D. J. (2002). *Make Peace With Anyone*. New York: St. Martin's Griffin.

Pachter, B. (2000). *The Power of Positive Confrontation*. New York: Marlowe & Company.

Whitfield, C. (1990). *A Gift to Myself*. Deerfield Beach, FL: Health Communications.

자존감 부족

Burns, D. (1993). *Ten Days to Self-Esteem!* New York: William Morrow.

Helmstetter, S. (1986). *What to Say When You Talk to Yourself*. New York: Fine Communications.

Shapiro, L. (1993). *Building Blocks to Self Esteem*. King of Prussia, PA: Center for Applied Psychology.

자해/경계성 성격

Cudney, M., & Handy, R. (1993). *Self-Defeating Behaviors*. San Francisco: Harper SanFrancisco.

Linehan, M., & Goodstein, J. (1993). Reasons for Staying Alive When You Are Thinking of Killing Yourself. *Journal of Consulting and Clinical Psychology, 51,* 276-286.

성행위 문제

Myss, C. (1996). *Anatomy of the Spirit.* New York: Three Rivers Press.

Nevid, J. S., & Gotfried, F. (1995). *Choices: Sex in the Age of STDs.* Boston, MA: Allyn & Bacon.

Planned Parenthood(www.plannedparenthood.org).

Smith, S., & Smith, C. (1992). *College Student's Health Guide.* Los Altos, CA: Westchester Publishing Company.

Sternberg, R. (1988). *The Triangle of Love.* New York: Basic Books.

성 정체감 문제

Eichberg, R. (1991). *Coming Out: An Act of Love.* New York: Penguin.

Katz, J. (1996). *The Invention of Heterosexuality.* New York: Plume

Marcus, E. (1993). *Is It a Choice? Answers to 300 of the Most Frequently Asked Questions About Gays and Lesbians.* San Francisco: HarperSanFrancisco.

Signorile, M. (1996). *Outing Yourself: How to Come Out as Lesbian or Gay to Your Family, Friends, and Coworkers.* New York: Fireside Books.

자살 사고

Hutschnecker, A. (1951). *The Will to Live.* New York: Cornerstone Library.

Linehan, M., & Goodstein, J. (1993). Reasons for Staying Alive When You Are Thinking of Killing Yourself. *Journal of Consulting and Clinical Psychology, 51,* 276-286.

시간관리

Burka, J. B., & Yuen, L. M. (1983). *Procrastination.* Cambridge, MA: Perseus Books.

Davidson, J. (2002). *The Complete Idiot's Guide to Managing Your Time.* Indianapolis, IN: Alpha Books.

Hettich, P. (1998). *Learning Skills for College and Career.* Pacific Grove, CA: Brooks/

Cole Publishing Company.

Morgenstern, J. (1998). *Organizing from the Inside Out*. New York: Henry Holt and Company.

Morgenstern, J. (2000). *Time Management from the Inside Out*. New York: Henry Holt and company.

저자 소개

■ **Arthur E. Jongsma, Jr.** PhD

PracticePlanners 시리즈의 편집자다. 미국 미시간 주 그랜드 래피즈의 사설 클리닉인 Psychological Consultants의 설립자이자 소장이다.

■ **Camille Helkowski** MEd, NCC, LCPC

상담과 훈련에서 25년간의 경험을 가진 임상전문 상담가다. 시카고 Loyola 대학의 Career Center 부소장이며 사설 클리닉에서 심리치료와 진로상담을 하고 있다.

■ **Chris E. Stout** PsyD

임상심리학자이며 일리노이 Department of Human Service/Office of Mental Health의 Psychological Services 제1 책임자로 일하고 있다. 심리학 분야에서 300편 이상의 논문과 29권의 책, 매뉴얼을 출간하고 발표했다.

역자 소개

■ **강순화**

이화여자대학교 심리학과 문학박사(상담 및 임상 전공)
영국 Reading 대학교 Guidance and Counselling, Diploma
한국상담학회 집단상담학회 집단상담 수련감독자
한국상담심리학회 상담심리사 1급(상담심리전문가)
이화여자대학교 학생상담센터 연구원 및 상담실장 역임
한국상담심리학회 학회장 역임
전국대학(교)학생생활연구소협의회 회장 역임
현 한국상담대학원대학교 부교수

〈저서 · 역서〉
『행동요법 II』(공저, 양서원, 2006)
『상담전문가 11인의 만남과 치유』(공저, 학지사, 2004)
『청소년 진로상담』(공저, 한국청소년상담원, 2002)
『청년심리학』(공저, 학문사, 1998)
『싸이코 드라마의 토대』(공역, 중앙문화사, 1997)
『한국 대학생의 삶의 만족도』(공저, 집문당, 1997)

대학생을 위한 상담플래너

The College Student Counseling Treatment Planner

2012년 11월 26일 1판 1쇄 인쇄
2012년 11월 30일 1판 1쇄 발행

지은이 • Arthur E. Jongsma, Jr. · Camille Helkowski · Chris E. Stout
옮긴이 • 강순화
펴낸이 • 김진환
펴낸곳 • (주) 학지사
121-837 서울특별시 마포구 서교동 352-29 마인드월드빌딩 5층
대표전화 • 02)330-5114 팩스 • 02)324-2345
등록번호 • 제313-2006-000265호

홈페이지 • http://www.hakjisa.co.kr
커뮤니티 • http://cafe.naver.com/hakjisa

ISBN 978-89-6330-860-9 93180

정가 15,000원

역자와의 협약으로 인지는 생략합니다.
파본은 구입처에서 교환해 드립니다.